全国农业系统国有单位人事劳动统计
网上直报

丁红军　编著

海洋出版社

2017年·北京

图书在版编目(CIP)数据

全国农业系统国有单位人事劳动统计网上直报 / 丁
红军编著. — 北京：海洋出版社, 2017.12
ISBN 978-7-5027-9996-0

Ⅰ.①全… Ⅱ.①丁… Ⅲ.①农业系统－劳动人事－
人事管理－统计报表制度－中国 Ⅳ.①F324

中国版本图书馆CIP数据核字(2017)第312880号

责任编辑：杨　　明
责任印制：赵麟苏

海洋出版社 出版发行

http://www.oceanpress.com.cn
北京市海淀区大慧寺路 8 号　　邮编：100081
北京朝阳印刷厂有限责任公司印刷　　新华书店北京发行所经销
2017年12月第1版　　2017年12月第1次印刷
开本：787mm×1092mm　　1 / 16　　印张：22.75
字数：431千字　　定价：100.00元

发行部：62132549　　邮购部：68038093　　总编室：62114335
海洋版图书印、装错误可随时退换

前　言

　　全国农业系统国有单位人事劳动统计网上直报系统全面推广意义重大，顺应了大数据时代需要，有望彻底解决重统、漏统问题。让每一位统计人员正确使用网上直报系统，是提高统计数据质量的关键，希望统计人员按照本书操作，即可顺利完成农业人事劳动统计工作。

　　全国农业系统国有单位人事劳动统计网上直报系统部署在互联网上，基层统计单位通过安全认证登录该系统后，可直接填报统计数据信息；汇总单位设定汇总范围后，可自动提取基层单位统计数据并形成汇总数据。单机版统计软件与网上直报系统配合使用，可发挥单机和网络各自优点，使填报工作更加轻松。信息采集功能可将机构、人员和工资等指标信息自动转化为统计报表数据，实现数据反查验证。提高统计人员对报表制度的理解和认识，是保证统计数据质量的基础环节，通过统计案例分析，可以帮助统计人员掌握统计分析方法，提高统计分析水平。

　　本书围绕 2017 年最新修订的《全国农业系统国有单位人事劳动统计报表制度》，从上述四个方面阐述了人事劳动统计工作的基本方法和操作步骤。本书是农业系统国有单位开展人事劳动统计工作的实用工具，可用于各级农业主管部门开展人事劳动统计业务技术培训。

　　由于时间仓促，书中尚有许多不足与疏漏之处，恳请广大读者批评指正！

丁红军

2017 年 10 月

目　录

第一章　报表制度

　　《全国农业系统国有单位人事劳动统计报表制度》根据《中华人民共和国统计法》的有关规定制定。本报表制度由中华人民共和国农业部制定，2017 年 8 月，经中华人民共和国国家统计局备案批准实施，备案文号是：国统办函 [2017]336 号。

　　《中华人民共和国统计法》第七条规定：国家机关、企业事业单位和其他组织以及个体工商户和个人等统计调查对象，必须依照本法和国家有关规定，真实、准确、完整、及时地提供统计调查所需的资料，不得提供不真实或者不完整的统计资料，不得迟报、拒报统计资料。

　　《中华人民共和国统计法》第九条规定：统计机构和统计人员对在统计工作中知悉的国家秘密、商业秘密和个人信息，应当予以保密。

第一节 报表说明

（一）目的和意义：为了解全国农业系统国有单位的机构、人员和工资情况，特别是农业公共服务机构情况，根据国家统计局统计调查制度和农业部门工作实际需要，制定本报表制度。

（二）统计对象和调查范围：各省（自治区、直辖市）、地（市、州、盟）、县（市、区、旗）、乡（镇）农业系统的具有法人资格的机关、事业单位及国有企业（含国有控股企业）。

（三）主要指标内容：机构数、编制数、从业人员数、在岗职工数、工资总额、平均工资、管理人员、专业技术人员、工人及其他人员情况等。

（四）时间要求和调查频率：各省（自治区、直辖市）农业系统国有单位人事劳动统计数据需与统计部门核对后，于每年3月底之前上报，于4月集中审核汇总。

（五）调查方法：各省（自治区、直辖市）农业（农村经济、农牧）、农机、畜牧、兽医、农垦、渔业厅（局、委、办）分别负责布置所辖地（市、州、盟）、县（市、区、旗）本领域内国有单位的填报工作，并负责审核、汇总；各级农业（农村经济、农牧）厅（局、委、办）在其他农业领域主管部门的配合下，负责牵头组织本行政辖区内农业系统全领域的数据汇总和上报工作。

（六）统计资料公布及数据共享：调查获得的统计资料不公开发布，统计数据在农业系统内部共享；统计资料形成汇编，发放到省级农业行政管理部门。

（七）本报表制度中的工资总额以"千元"为单位取整数，平均工资以"元"为单位取整数，实行四舍五入。

（八）本报表制度实行全国统计分类标准，各地必须严格贯彻执行。

第二节　调查表式

一、统计表

《全国农业系统国有单位人事劳动统计报表制度》共有 5 张统计表和 1 张附表，分别是：

（1）全国农业系统国有单位机构、人员与工资总体情况（总表）；

（2）全国农业系统国有单位从业人员基本情况（人员表）；

（3）全国农业系统国有单位公务员及管理人员情况（公管表）；

（4）全国农业系统国有单位专业技术人员情况（专技表）；

（5）全国农业系统国有单位工人及其他人员情况（工人表）；

（6）全国农业系统国有单位机构情况（机构表）。

本报表填报范围是全国农业系统机关、事业单位及国有企业（含国有控股企业），由各省（自治区、直辖市）农业（农村经济、农牧）厅（局、委、办）报送给农业部。本报表报告期别是年报，统计时间点是本年 12 月 31 日，报送时间是次年 3 月 31 日前。

二、采集表

全国农业系统国有单位人事劳动统计软件和网上直报系统中还增设了 2 张信息采集表：一是"机构信息采集表"，用于采集有关机构和工资的统计信息；二是"人员信息采集表"，用于采集有关人员的统计信息。增设这 2 张表的目的是实现统计数据自动生成，用信息化手段减轻基层统计单位的工作量。

全国农业系统国有单位机构、人员及工资总体情况（总表）

表　　号：农市（人）年1表
制定机关：农业部
备案机关：国家统计局
备案文号：国统办函[2017]336号
有效期至：2020年8月
单　　位：个、人、千元、元

项目		编号	机构数	核定编制数	财政补贴编制	在册正式工作人员数	上年末在岗职工数	在岗职工年平均人数	从业人员数	在岗职工数	女性	少数民族	中共党员	博士	硕士	学士	从业人员工资总额	在岗职工工资总额	农业行业特有津贴	在岗职工年平均工资（元）
甲		乙	1	2	3	4	5	6	7	8	9	10	11	12	13	14	15	16	17	18
	总计	1																		
类型	一、机关	2																		
	二、事业	3																		
	其中：参公	4																		
	三、企业	5		——	——														——	
层次	中央	6																		
	省（区、市）	7																		
	地（市、州、盟）	8																		
	县（市、区、旗）	9																		
	乡（镇）	10																		
领域	种植业	11																		
	农机化	12																		
	畜牧/兽医	13																		
	农垦	14																		
	渔业	15																		
	综合	16																		
公共服务	小计	17																		
	技术推广	18																		
	经营管理	19																		
	动植物疫病防控	20																		
	农产品质量监管	21																		
	环境能源生态	22																		
	教育科研信息	23																		
	园区基地场站	24																		
	其他	25																		

全国农业系统国有单位从业人员基本情况（人员表）

表　　号：农市（人）年2表
制定机关：农业部
备案机关：国家统计局
备案文号：国统办函[2017]336号
有效期至：2020年8月
单　　位：人

项目		编号	合计	学历情况					年龄情况						人员类型					
				研究生	大学本科	大学专科	中专	高中及以下	35岁及以下	36岁至40岁	41岁至45岁	46岁至50岁	51岁至54岁	55岁及以上	公务员	管理人员	专业技术人员	工人	劳务派遣人员	其他从业人员
甲		乙	1	2	3	4	5	6	7	8	9	10	11	12	13	14	15	16	17	18
	总计	1																		
类型	一、机关	2																		
	二、事业	3																		
	其中：参公	4																		
	三、企业	5																		
层次	中央	6																		
	省（区、市）	7																		
	地（市、州、盟）	8																		
	县（市、区、旗）	9																		
	乡（镇）	10																		
领域	种植业	11																		
	农机化	12																		
	畜牧/兽医	13																		
	农垦	14																		
	渔业	15																		
	综合	16																		
公共服务	小计	17																		
	技术推广	18																		
	经营管理	19																		
	动植物疫病防控	20																		
	农产品质量监管	21																		
	环境能源生态	22																		
	教育科研信息	23																		
	园区基地场站	24																		
	其他	25																		

全国农业系统国有单位公务员及管理人员情况（公管表）

表　　号：农市（人）年3表
制定机关：农业部
备案机关：国家统计局
备案文号：国统办函[2017]336号
有效期至：2020年8月
单　位：人

项目		编号	合计	正部级/一级职员	副部级/二级职员	正厅级/三级职员	副厅级/四级职员	正处级/五级职员	副处级/六级职员	正科级/七级职员	副科级/八级职员	科员/九级职员	办事员/十级职员	其他等级
甲		乙	1	2	3	4	5	6	7	8	9	10	11	12
总计		1												
基本情况	女性	2												
	少数民族	3												
	中共党员	4												
	博士	5												
	硕士	6												
	学士	7												
学历情况	研究生	8												
	大学本科	9												
	大学专科	10												
	中专	11												
	高中及以下	12												
年龄情况	35岁及以下	13												
	36岁至40岁	14												
	41岁至45岁	15												
	46岁至50岁	16												
	51岁至54岁	17												
	55岁及以上	18												
专业情况	种植业	19												
	农机	20												
	畜牧	21												
	兽医	22												
	渔业	23												
	农经	24												
	其他	25												

全国农业系统国有单位专业技术人员情况（专技表）

表　　号：农市（人）年4表
制定机关：农业部
备案机关：国家统计局
备案文号：国统办函[2017]336号
有效期至：2020年8月
单　位：人

项目		编号	合计	在管理岗的	正高				副高			中级			初级			其他等级
					一级	二级	三级	四级	五级	六级	七级	八级	九级	十级	十一级	十二级	十三级	
甲		乙	1	2	3	4	5	6	7	8	9	10	11	12	13	14	15	16
总计		1																
基本情况	女性	2																
	少数民族	3																
	中共党员	4																
	博士	5																
	硕士	6																
	学士	7																
学历情况	研究生	8																
	大学本科	9																
	大学专科	10																
	中专	11																
	高中及以下	12																
年龄情况	35岁及以下	13																
	36岁至40岁	14																
	41岁至45岁	15																
	46岁至50岁	16																
	51岁至54岁	17																
	55岁及以上	18																
专业情况	种植业	19																
	农机	20																
	畜牧	21																
	兽医	22																
	渔业	23																
	农经	24																
	其他	25																

全国农业系统国有单位工人及其他人员情况（工人表）

表　　号：农市（人）年5表
制定机关：农业部
备案机关：国家统计局
备案文号：国统办函[2017]336号
有效期至：2020年8月
单　　位：人

项目		编号	合计	技术工人							普通工人	劳务派遣人员	其他从业人员
				小计	一级/高级技师	二级/技师	三级/高级工	四级/中级工	五级/初级工	其他等级			
甲		乙	1	2	3	4	5	6	7	8	9	10	11
总计		1											
基本情况	女性	2											
	少数民族	3											
	中共党员	4											
	博士	5											
	硕士	6											
	学士	7											
学历情况	研究生	8											
	大学本科	9											
	大学专科	10											
	中专	11											
	高中及以下	12											
年龄情况	35岁及以下	13											
	36岁至40岁	14											
	41岁至45岁	15											
	46岁至50岁	16											
	51岁至54岁	17											
	55岁及以上	18											
专业情况	种植业	19											
	农机	20											
	畜牧	21											
	兽医	22											
	渔业	23											
	农经	24											
	其他	25											

全国农业系统国有单位机构情况（机构表）

表　　号：农市（人）年附表
制定机关：农业部
备案机关：国家统计局
备案文号：国统办函[2017]336号
有效期至：2020年8月

序号	机构全称	通讯地址	邮政编码	联系电话	联系人	职务	电子信箱
1							
2							
3							
4							
5							
6							
7							
8							
9							
10							
11							
12							
13							
14							
15							
16							
17							
18							
19							
...							

全国农业系统国有单位机构信息采集表（机构采集表）

单位名称								是否参加汇总	○
单位类型	○	机关	○	事业	□	其中参公	○	企业	
层次	○ 乡（镇）	○ 县（市、区、旗）		○ 地（市、州、盟）		○ 省（区、市）		○	中央	
领域	○ 种植业	○ 农机化	○ 畜牧/兽医	○ 农垦		○ 渔业		○	综合	
公共服务	○ 技术推广	○ 经营管理	○ 动植物疫病防控	○ 农产品质量监管						
	○ 环境能源生态	○ 科研教育信息	○ 园区基地场站	○ 其他						
基础数据	核定编制数	财政补助编制数	在册正式工作人员数	上年末在岗职工数	在岗职工年平均人数	从业人员工资总额	在岗职工工资总额	农业行业特有津贴	（单位：个、人、千元）
通讯地址								邮政编码	
联系人		职务		联系电话			电子信箱		
副牌机构名称	1								
	2								
	3								
	4								
	5								
	…								

全国农业系统国有单位人员信息采集表（人员采集表）

姓名					出生年月			是否参加统计	○
从业人员基本情况	□ 女性	□ 少数民族	□ 中共党员	○ 博士		○ 硕士		○ 学士	
	○ 公务员	○ 管理人员	○ 专业技术人员	○ 工勤技能人员		○ 劳务派遣人员		○ 其他从业人员	
	○ 35岁及以下	○ 36岁至40岁	○ 41岁至45岁	○ 46岁至50岁		○ 51岁至54岁		○ 55岁及以上	
	○ 研究生	○ 大学本科	○ 大学专科	○ 中专		○ 高中及以下			

专业情况	○ 种植业	○ 农机	○ 畜牧	○ 兽医	○ 渔业	○ 农经	○ 其他	

公务员及管理人员岗位等级情况	正部级/一级职员	副部级/二级职员	正厅级/三级职员	副厅级/四级职员	正处级/五级职员	副处级/六级职员	正科级/七级职员	副科级/八级职员	科员/九级职员	办事员/十级职员	其他等级
	○	○	○	○	○	○	○	○	○	○	

专业技术人员岗位等级情况	正高				副高			中级			初级			其他等级	在管理岗的
	一级	二级	三级	四级	五级	六级	七级	八级	九级	十级	十一级	十二级	十三级		
	○	○	○	○	○	○	○	○	○	○	○	○	○	○	□

工勤技能人员岗位等级及其他从业人员情况	技术工人						普通工人
	一级/高级技师	二级/技师	三级/高级工	四级/中级工	五级/初级工	其他等级	
	○	○	○	○	○	○	○

第三节　指标解释及校核关系

一、全国农业系统国有单位机构、人员与工资总体情况

1. 指标解释

（1）机构数：即单位数，是指期末实有的各级各类机关、企业、事业单位的个数。各机关、企业、事业单位均按其经济上具有法人资格，行政上有独立组织的形式，作为划分基本统计单位的依据。"一套人马，多块牌子"的单位只统计一次。

（2）核定编制数：指机构编制主管部门核定批准的独立组织机构的人员数量的定额。

（3）财政补助编制：指核定编制数内享受国家财政补贴的人员数量。

（4）在册正式工作人员：指本单位在编人员和经上级部门批准超编配备的人员。

（5）从业人员数：从业人员指在各级国家机关、党政机关、社会团体及企业、事业单位中工作，取得工资或其他形式的劳动报酬的全部人员，但不含退休返聘人员、借调人员。

年末从业人员数是指报告期最后一天实际领取工资的从业人员总数，已经招用但报告期最后一天尚未报到的人员，不计入年末从业人员数。

（6）在岗职工数：在岗职工指在本单位工作并由单位支付工资的人员，以及有工作岗位，但由于学习、病伤产假等原因暂未工作，仍由单位支付工资的人员。

年末在岗职工数，是指报告期最后一天实际由单位支付工资的在岗职工总数。

（7）从业人员工资总额：指各单位在一定时期内直接支付给本单位全部从业人员的工资总额。在有关工资总额的统计中，不管支付的形式如何、经费来源如何，只要是工资总额组成范围的内容，均应统计在工资总额范围以内，不得漏统、少统。

（8）在岗职工工资总额：指各单位在一定时期内直接支付给本单位全部在岗职工的工资总额。工资总额的计算应以直接支付给职工的全部工资为依据。各单位在统计工资总额时，应按实发数计算。

（9）农业行业特有津贴：指农业有毒有害保健津贴、畜牧兽医医疗卫生津贴等两项津贴，两项津贴不能同时享受。

（10）上年末在岗职工数：上一年报告期最后一天实际在岗职工人数。

（11）在岗职工年平均工资：报告期内在岗职工工资总额除以在岗职工平均人数，以"元"为单位，得数按四舍五入取整。

（12）参公：指事业单位中，经公务员管理部门批准参照公务员法管理的单位。

（13）层次：主要参照填报单位行政隶属关系进行填报，例如：农业部系统单位的层次属性都是"中央"，各省级农业主管部门所属单位的层次属性都是"省级"。

（14）领域：农业系统主要分为种植业、农机化、畜牧／兽医、农垦、渔业等五大领域，不能明确纳入上述五个领域的单位，统计时填入"综合"栏。

（15）公共服务：农业系统承担公共服务职能的机构，本表统计范围主要列举了技术推广、经营管理、动植物疫病防控、农产品质量监管、环境能源生态、教育科研信息、园区基地场站及其他等类型。

2. 校核关系

（1）列间关系：列 2>= 列 3，列 7>= 列（8、9…14），列 15>= 列 16，列 15>= 列 17。

列 2>= 列 3：核定编制数应大于等于财政补贴编制数；

列 7>= 列（8、9…14）：在岗职工数包含于从业人员数，女性、少数民族、中共党员、博士、硕士、学士等指标统计数是从业人员数的分项；

列 15>= 列 16：从业人员年工资总额应大于或等于在岗职工年工资总额；

列 15>= 列 17：从业人员年工资总额应大于或等于农业行业特有津贴。

（2）行间关系（列 18 除外）：行 1= 行 (2+3+5)= 行 (6+7…10)= 行 (11+12…16)，行 17= 行 (18+19…25)，行 3>= 行 4，行 1>= 行 17。

列 18 除外：在岗职工年平均工资不满足此校核关系；

行 1= 行 (2+3+5)= 行 (6+7…10)= 行 (11+12…16)：总计一行数据应等于三大类型单位（机关、事业及企业）数据的和，并等于各层次（中央、省、地、县、乡）数据的和，还等于各领域（种植业、农机化、畜牧／兽医、农垦、渔业、综合）数据的和；

行 17= 行 (18+19…25)：公共服务机构小计一行数据应等于各类型公共服务机构数据的和；

行 3>= 行 4：事业单位的数据应大于或等于参公事业单位的数据；

行 1>= 行 17：总计一行数据应大于或等于公共服务机构的小计数。

（3）表间关系：总表列 7 = 人员表列 1，总表列 8 = 人员表列（13+14+15+16）。

总表列 7 = 人员表列 1：总表中从业人员数应等于人员表中从业人员合计数；

总表列 8 = 人员表列（13+14+15+16）：总表中在岗职工数应等于人员表中公务员、管理人员、专业技术人员和工人之和。

（4）自动计算：列 18=1000* 列 16/ 列 6。

在岗职工年平均工资等于在岗职工年工资总额除以在岗职工年平均人数，求得数乘以 1000，计量单位换算为元。

二、全国农业系统国有单位从业人员基本情况

1. 指标解释

（1）学历情况：指在教育机构中接受科学、文化知识训练的学习经历，以经教育行政部门批准，有国家认可的文凭颁发权力的学校及其他教育机构所颁发的毕业学历证书为凭证。

有两个及以上学历的，按接受教育的最高学历统计。在校学习及参加不脱产的夜校、业余学校、函授、自学考试等成人教育学习的，未取得新的学历之前，按现有学历统计。

取得两个及以上同等学历的，学历仍填报在对应的同等学历栏。取得中等技工学历的，学历填报在"高中及以下"栏。

参加各种课程进修班学习获得结业证书的和仅获得硕士以上学位证书而未取得学历证书的，仍按原学历统计。

具有学籍但未学完教学计划规定的课程而中途退学肄业生（被开除学籍者除外）的学历均按下一层次学历统计。研究生肄业统计在"大学本科"栏，大学本科肄业统计在"大学专科"栏，大学专科肄业统计在"中专"栏，以此类推。

1970—1976 年入学的大学普通班毕业生，统计在大学专科栏。

（2）年龄情况：指统计截止日期时的实足年龄（周岁）。如 1955 年 12 月出生的人员，在 2005 年 12 月 31 日统计时计算为 50 周岁；而 1956 年 1 月出生的人员，则计算为 49 周岁。

2. 校核关系

（1）列间关系：列 1= 列 (2+3…6)= 列 (7+8…12)= 列 (13+14…18)。

从业人员合计数应等于各人员类型中人数的和，并等于各学历情况中人数的和，还等于各年龄情况中人数的和。

（2）行间关系：行 1= 行 (2+3+5)= 行 (6+7…10)= 行 (11+12…16)，行 17= 行 (18+19…25)，行 3>= 行 4，行 1>= 行 17。

行 1= 行 (2+3+5)= 行 (6+7…10)= 行 (11+12…16)：总计一行数据应等于三大类型单位（机关、事业及企业）数据的和，并等于各层次（中央、省、地、县、乡）数据的和，还等于各领域（种植业、农机化、畜牧 / 兽医、农垦、渔业、综合）数据的和；

行 17= 行 (18+19…25)：公共服务机构小计一行数据应等于各类型公共服务机构数据的和；

行 3>= 行 4：事业单位的数据应大于或等于参公事业单位的数据；

行 1>= 行 17：总计一行数据应大于或等于公共服务机构的小计数。

（3）表间关系：人员表列 13 行 1+ 列 14 行 1= 公管表列 1 行 1，人员列 15 行 1= 专技表列 1 行 1– 列 2 行 1，人员列 16 行 1= 工人表列 1 行 1，人员列 17 行 1= 工人表列 10 行 1，人员列 18 行 1= 工人表列 11 行 1。

即人员表中各人员类型总计数等于公管表、专技表、工人表中各人员类型总计数。其中，专业技术人员不含"在管理岗的"人员。

三、全国农业系统国有单位公务员及管理人员情况

1. 指标解释

（1）管理人员：指在管理岗位从事管理工作的人员。公务员也合并在此表中统计。

（2）专业情况：公务员及管理人员专业情况按照所学专业填报。

2. 校核关系

（1）列间关系：列 1= 列（2+3…12）。

公务员及管理人员合计数应等于各任职情况中人数的和。

（2）行间关系：行 1= 行 (8+9…12)= 行 (13+14…18)= 行 (19+20…25)，行 1>= 行 (2、3…7)。

行 1= 行 (8+9…12)= 行 (13+14…18)= 行 (19+20…25)：公务员及管理人员总计数应等于各学历情况人数的和，并等于各年龄情况人数的和，还等于各专业情况人数的和；

行 1>= 行 (2、3…7)：公务员及管理人员总计数应大于或等于其中任意一种人员基本情况的数据。

四、全国农业系统国有单位专业技术人员情况

1. 指标解释

（1）专业技术人员：指聘用到专业技术岗位上的工作人员，以及从事专业技术管理工作且已在 1983 年以前评定了专业技术职称或在 1984 年以后聘任了专业技术职务

的人员。

（2）专业情况：结合农业行业特点，将专业技术人员涉及专业类别划分为种植业、农机、畜牧、兽医、渔业、农经及其他。

（3）在管理岗的：又称"双肩挑人员"，指在专业技术管理岗位工作的或在管理岗位工作具有专业技术职务的人员。

2. 校核关系

（1）列间关系：列 1= 列 (3+4…16)，列 1>= 列 2。

列 1= 列 (3+4…16)：专业技术人员的合计数应等于各级专业技术职务人数的和；

列 1>= 列 2：专业技术人员的合计数应大于或等于"在管理岗的"的数据。

（2）行间关系：行 1= 行 (8+9…12)= 行 (13+14…18)= 行 (19+20…25)，行 1>= 行 (2、3…7)。

行 1= 行 (8+9…12)= 行 (13+14…18)= 行 (19+20…25)：专业技术人员总计数应等于各学历情况人数的和，并等于各年龄情况人数的和，还等于各专业情况人数的和；

行 1>= 行 (2、3…7)：专业技术人员总计数应大于或等于其中任意一种人员基本情况的数据。

五、全国农业系统国有单位工人及其他人员情况

1. 指标解释

（1）技术工人：指在国家机关中执行岗位技术等级（职务）工资制，在事业单位中执行技术等级工资制和在企业从事国家颁布的《工种分类目录》上规定的工种岗位上工作的人员。

技术工人的技术等级岗位分为一级 / 高级技师、二级 / 技师、三级 / 高级工、四级 / 中级工、五级 / 初级工及其他六类。

（2）普通工人：指技术工人以外的各类工人。

（3）专业情况：工人及其他人员专业情况参考所从事职业类别或工种分类填报。

2. 校核关系

（1）列间关系：列 1= 列 (2+9)，列 2= 列（3+4…8）。

列 1= 列 (2+9)：工人的合计数应等于技术工人数和普通工人数的和；

列 2= 列（3+4…8）：技术工人小计数应等于各技术等级技术工人数的和。

（2）行间关系：行 1= 行 (8+9…12)= 行 (13+14…18)= 行 (19+20…25)，行 1>= 行 (2、

3…7）。

行 1= 行 (8+9…12)= 行 (13+14…18)= 行 (19+20…25)：工人及其他人员总计数应等于各学历情况人数的和，并等于各年龄情况人数的和，还等于各专业情况人数的和；

行 1>= 行 (2、3…7)：工人及其他人员总计数应大于或等于其中任意一种人员基本情况的数据。

六、全国农业系统国有单位机构情况

1. 指标说明

（1）机构全称：统计单位的标准名称。

（2）通讯地址：统计单位所在地址，要求详细到门牌号。

（3）邮政编码：统计单位所在地址的邮政编码。

（4）联系电话：统计单位固定联系电话或手机号码。

（5）联系人：统计单位填报人员的姓名。

（6）职务：联系人的职务名称。

（7）电子邮箱：联系人的电子信箱。

2. 校核关系

表间关系：机构表机构登记数 = 总表机构总计数。

即机构表中登记的机构条数与总表中统计的机构总计数一致。

第四节　工作布置

一、省级汇总单位

各省、自治区、直辖市农业（农牧、农村经济）、农机、畜牧、兽医、农垦、渔业厅（局、委、办）（简称省级汇总单位）分别负责布置所辖地（市、州、盟、师）、县（市、旗、团）系统内国有单位的填报工作，并负责审核、汇总统计数据。

二、省级牵头汇总单位

各省、自治区、直辖市农业（农牧、农村经济）厅（局、委、办）（简称省级牵头汇总单位）在其他农业领域省级主管部门的配合下，负责牵头组织本省、自治区、直辖市农业系统全领域的数据汇总和上报工作。

三、各级汇总单位

各级农业（农牧、农村经济）厅（局、委、办）（简称牵头汇总单位）在其他农业领域主管部门（简称分领域汇总单位）的配合下，负责牵头组织本行政辖区内农业系统全领域的数据汇总和上报工作。

四、网上直报

省级汇总单位要督促基层统计单位使用"全国农业系统国有单位人事劳动统计网上直报系统"填报统计数据和机构登记信息，加强对基层统计单位的业务指导和技术培训，严格审核统计数据，杜绝重统、漏统现象，进一步加大分析研究力度，确保数据信息真实准确。

省级牵头汇总单位需于统计年度次年2月，通过"网上直报系统"上报本省、自治区、直辖市农业系统全领域的统计数据和机构登记信息。

五、纸质材料

省级汇总单位需于统计年度次年3月，将统计报表、综合分析等纸质材料（A4幅面并加盖公章，各1份），统一寄送至农业部人力资源开发中心。统计报表数据质量、工作布置情况和材料报送及时程度，将作为统计工作综合会审评比的重要参考因素。

六、支持帮助

网上直报系统、统计汇总软件及年报表式等相关资料可从中国农业人才网（www.moahr.cn）查询、下载。统计工作中如遇有问题，可与农业部人力资源开发中心信息处联系，通讯地址：北京市朝阳区麦子店街22号楼，邮编：100125；联系电话：010-59194221、59194267（传真）；邮箱：tongji@moahr.cn。

第五节　填报要点

全国农业系统国有单位人事劳动统计报表制度的主要任务是要统计调查全国农业系统的"机构""人员"和"工资"情况，统计对象限定为"国有单位"，使统计目标更加明确，统计结果反映的是全国农业系统"国家队"的整体情况。

一、机构指标

1. 类型

单位类型划分问题，国家统计局是按《调查单位基本情况（101-1 表）》中"登记注册类型"（图 1-5-1）和"执行会计标准类别"（图 1-5-2）进行确定的。

205	登记注册类型			
	内资		港澳台商投资	外商投资
	110 国有	159 其他有限责任公司	210 与港澳台商合资经营	310 中外合资经营
	120 集体	160 股份有限公司	220 与港澳台商合作经营	320 中外合作经营
	130 股份合作	171 私营独资	230 港澳台商独资	330 外资企业
	141 国有联营	172 私营合伙	240 港澳台商投资股份有限公司	340 外商投资股份有限公司
	142 集体联营	173 私营有限责任公司	290 其他港澳台投资	390 其他外商投资
	143 国有与集体联营	174 私营股份有限公司		
	149 其他联营	190 其他		
	151 国有独资公司			

图1-5-1　登记注册类型

211	机构类型				
	10 企业	20 事业单位	30 机关	40 社会团体	51 民办非企业单位
	52 基金会	53 居委会	54 村委会	90 其他组织机构	

图1-5-2　执行会计标准类别

按照人力资源和社会保障部的《工资福利统计报表》制度，事业单位分为：1 类事业单位，国家重点扶持、以社会效益为主、基本不具有创收能力、经费来源主要由财政拨款的事业单位。2 类事业单位，以社会效益为主、具有一定创收能力和市场开发前景、经费来源部分由财政支持的事业单位。3 类事业单位，主要面向市场、创收能力强、经费自理的事业单位。企业化管理事业单位，是指不享受财政资金补助，实行企业会计制度的事业单位。

按照人力资源和社会保障部的《事业单位工作人员统计报表》制度，参照公务员法管理事业单位指事业单位中，经公务员管理部门批准参照公务员法管理的单位。

结合农业系统国有单位实际情况，本报表制度只统计"机关""事业"和"企业"三种类型。其中，在事业单位中，列出了"参公"类型。

2. 层次

按照我国行政隶属关系层级，机构分为"中央""省（区、市）""地（市、州、盟）""县（市、区、旗）""乡（镇）"五个层次。层次不等于行政级别，层次主要按行政隶属关系确定。例如：坐落在某地市的农垦企业，原来归当地市政府管，层次属于"地（市、州、盟）"；后来，该农垦企业被省农垦集团收购，成为其子公司，其层次也按照省农垦集团确定为"省（区、市）"。

3. 领域

农业系统主要包括：农业（农牧、农村经济）、农机、畜牧、兽医、农垦、农产品加工、渔业等领域，按照惯例归纳为种植业、农机化、畜牧/兽医、农垦、渔业五大领域，不能明确纳入上述五个领域的，归类为"综合"。乡镇综合设站的，可能跨越多个领域，归类为某一个领域都不太合适，统计时归为"综合"。以农业部直属单位为例，领域分类举例如下：

（1）种植业：全国农业技术推广服务中心、农业部农药检定所；

（2）农机化：农业部农业机械试验鉴定总站、农业部农业机械化技术开发推广总站；

（3）畜牧/兽医：农业部草原监理中心、全国畜牧总站、中国饲料工业协会、中国动物疫病预防控制中心、中国兽医药品监察所、中国动物卫生与流行病学中心；

（4）农垦：中国农垦经济发展中心；

（5）渔业：中国水产科学研究院、农业部渔业船舶检验局、全国水产技术推广总站、中国水产学会；

（6）综合：农业部机关服务中心、中国农业科学院、中国热带农业科学院、全国农业展览馆、中国农业电影电视中心、农民日报社、中国农村杂志社、中央农业干部教育培训中心（农业部管理干部学院、中国共产党农业部党校）、农业部人力资源开发中心、中国农学会、农业部农村经济研究中心、农业部农村合作经济经营管理总站、农业部信息中心、农业部农产品质量安全中心、中国绿色食品发展中心、农业部规划设计研究院、农业部工程建设服务中心、农业部财会服务中心、中华农业科教基金会、农业部对外经济合作中心（中国、欧洲联盟农业技术中心）、农业部农业贸易促进中心、农业部国际交流服务中心、中央农业广播电视学校、中国农民体育协会、农业部科技发展中心、农业部农业生态与资源保护总站、农业部优质农产品开发服务中心、农业部农村社会事业发展中心。

4. 公共服务

公共服务是 21 世纪公共行政和政府改革的核心理念，包括加强城乡公共设施建设，发展教育、科技、文化、卫生、体育等公共事业，为社会公众参与社会经济、政治、文化活动等提供保障。公共服务可以根据其内容和形式分为基础公共服务，经济公共服务，公共安全服务，社会公共服务。农业系统公共服务主要属于经济公共服务，本报表统计范围主要列举了技术推广、经营管理、动植物疫病防控、农产品质量监管、环境能源生态、教育科研信息、园区基地场站等类型。以农业部直属单位为例，公共服务机构分类举例如下：

（1）技术推广：全国农业技术推广服务中心、农业部农业机械化技术开发推广总站、全国畜牧总站、中国饲料工业协会、全国水产技术推广总站（中国水产学会）；

（2）经营管理：农业部农村合作经济经营管理总站；

（3）动植物疫病防控：中国动物疫病预防控制中心、中国动物卫生与流行病学中心、农业部农药检定所；

（4）农产品质量监管：农业部农产品质量安全中心、中国兽医药品监察所、中国绿色食品发展中心、农业部优质农产品开发服务中心；

（5）环境能源生态：农业部农业生态与资源保护总站；

（6）教育科研信息：中国农业科学院、中国水产科学研究院、中国热带农业科学院、中央农业干部教育培训中心（农业部管理干部学院、中国共产党农业部党校）、农业部信息中心、农业部农村经济研究中心、农业部规划设计研究院、中央农业广播电视学校、中国农民体育协会；

（7）园区基地场站：全国农业展览馆、农业部农业机械试验鉴定总站；

（8）其他：农业部机关服务中心、中国农业电影电视中心、农民日报社、中国农村杂志社、农业部人力资源开发中心、中国农学会、农业部工程建设服务中心、农业部财会服务中心、中华农业科教基金会、农业部对外经济合作中心（中国、欧洲联盟农业技术中心）、农业部农业贸易促进中心、农业部国际交流服务中心、农业部科技发展中心、农业部草原监理中心、中国农垦经济发展中心、农业部农村社会事业发展中心。

5. 基础数据

与机构属性有关的基础数据有：核定编制数、财政补贴编制数、在册正式工作人员数、上年末在岗职工数、在岗职工年平均人数、从业人员工资总额、在岗职工工资总额、农业行业特有津贴总额。这些数据是需要直接填出来的，不是通过机构属性转化得来的。

6. 副牌机构名称

各企业、事业、机关均按其经济上具有法人资格，行政上有独立组织的形式，作为划分基本统计单位的依据，"一套人马，多块牌子（含法人）"的单位只统计一次。农业系统基层单位普遍存在"一套人马，多块牌子"的现象，通过登记其副牌名称，可以反映统计单位的实际职能情况。

二、人员指标

1. 从业人员基本情况

从业人员基本情况主要指标集有：性别情况、民族情况、政治面貌、学位情况、岗位类别、年龄情况。岗位类别指标项有：公务员、管理人员、专业技术人员、工勤技能人员、劳务派遣人员、其他从业人员。学位指标项有：博士、硕士、学士。年龄情况采用分段统计：35 岁及以下、36 岁至 40 岁、41 岁至 45 岁、46 岁至 50 岁、51岁至 54 岁、55 岁及以上。

2. 专业情况

农业系统主要专业分类有：种植业、农机、畜牧、兽医、渔业、农经，不能纳入上述专业的列入"其他"。

3. 公务员及管理人员岗位等级情况

机关公务员和参照公务员管理人员的职务层次分为：正部级、副部级、正厅级、副厅级、正处级、副处级、正科级、副科级、科员、办事员、其他等级。

事业单位的管理岗位指担负领导职责或管理任务的工作岗位，这一岗位的设置要适应增强单位运转效能、提高工作效率、提升管理水平的需要。管理岗位分为 10 个等级，即一至十级职员岗位。事业单位现行的部级正职、部级副职、厅级正职、厅级副职、处级正职、处级副职、科级正职、科级副职、科员、办事员依次分别对应管理岗位一到十级职员岗位。

4. 专业技术人员岗位等级情况

专业技术岗位指从事专业技术工作，具有相应专业技术水平和能力要求的工作岗位。专业技术岗位的设置要符合专业技术工作的规律和特点，适应发展社会公益事业与提高专业水平的需要。专业技术岗位分为 13 个等级，包括高级岗位、中级岗位、初级岗位。高级岗位分为 7 个等级，即由高到低分为一至七级，其中高级专业技术职务正高级岗位包括一至四级，副高级岗位包括五至七级；中级岗位分为 3 个等级，即由高到低分为八至十级；初级岗位分为 3 个等级，即由高到低分为十一至十三级，其中十三级是员级岗位。其他等级是指在册正式人员中未评定岗位等级或者岗位等级不明确的人员。

专业技术人员中在管理岗工作的（又称"双肩挑人员"）：指在专业技术管理岗工

作的或在管理岗工作具有专业技术职务（资格）的人员。

5. 工勤技能人员岗位等级情况

工勤技能岗位指承担技能操作和维护、后勤保障、服务等职责的工作岗位，这一岗位的设置要适应提高操作维护技能，提升服务水平的要求，满足单位业务工作的实际需要。工勤技能岗位包括技术工岗位和普通工岗位，其中技术工岗位分为5个等级，即一至五级。普通工岗位不分等级。事业单位中的高级技师、技师、高级工、中级工、初级工，依次分别对应一至五级工勤技能岗位。

三、工资指标

1. 工资总额

指各单位在一定时期内直接支付给本单位全部职工的劳动报酬总额。机关工作人员工资总额包括公务员的职务工资、级别工资，机关技术工人的岗位工资、技术等级（职务）工资和普通工人的岗位工资，以及艰苦边远地区津贴、岗位津贴、其他津贴补贴和奖金等。事业单位工作人员的工资总额包括岗位工资、薪级工资、绩效工资和津贴补贴等。

公务员工资制度和事业单位收入分配制度改革前各单位实际支付的工资总额仍按照上年度的指标解释进行填报。

各单位在统计工资总额时，应按实发数计算。在实际操作中，要注意工资总额不包括的项目有：

（1）根据国务院有关规定颁发的创造发明奖、国家星火奖、自然科学奖、科学技术进步奖和支付的合理化建议和技术改进奖以及支付给运动员在重大体育比赛中的重奖。

（2）有关劳动保险和职工福利方面的费用。具体有：职工死亡丧葬费及抚恤费、医疗卫生费或公费医疗费用、职工生活困难补助费、集体福利事业补贴、工会文教费、集体福利费、探亲路费等。

（3）有关离休、退休、退职人员待遇的各项支出。

（4）支付给聘用或留用的离休、退休人员的各项补贴。

（5）发给外单位人员的稿费、讲课费及其他专门工作报酬。

（6）出差伙食补助费、调动工作的旅费、安家费和计划生育独生子女补贴。

（7）因聘用临时工而在工资以外向提供劳动力单位支付的手续费或管理费。

2. 基本工资

在机关中包括公务员的职务工资和级别工资、技术工人的岗位工资和技术等级（职务）工资、普通工人的岗位工资。在事业单位中包括岗位工资和薪级工资。

3. 绩效工资

指事业单位在上级主管部门核定的绩效工资总量内，自主决定分配的、体现工作人员实绩和贡献的工资。

4. 津贴和补贴

是指基本工资外，为了补偿职工特殊或额外的劳动消耗和因其他特殊原因支付给职工的津贴、补贴。

（1）国家统一津贴补贴：是指国务院或国务院授权的人力资源和社会保障部（原人事部）、财政部出台的津贴补贴。包括艰苦边远地区津贴、岗位津贴等。

（2）规范津贴补贴：是指根据《中央纪委、中央组织部、监察部、财政部、人事部、审计署关于规范公务员津贴补贴问题的通知》（中纪发〔2006〕17号）规定，并归地方和部门原自行发放津贴补贴和奖金项目后设立的津贴补贴。

（3）改革性补贴：是指根据推进福利待遇货币化改革的需要，通过转化原有用于职工福利待遇的资金，向职工直接发放的货币补贴。包括住房分配货币化改革补贴、交通补贴等。

（4）奖励性补贴和其他：是指除国家统一规定的津贴补贴、规范津贴补贴、改革性补贴之外发放的奖励性补贴和根据中央组织部、原人事部《关于印发〈公务员奖励规定（试行）〉的通知》（中组发〔2008〕2号）规定发放的奖金。

（5）年终一次性奖金：公务员的年终一次性奖金是指根据原人事部、财政部《关于印发〈公务员工资制度改革实施办法〉的通知》（中组发〔2006〕58号）规定向年度考核称职及以上的人员发放的年终一次性奖金；尚未按国家规定实施绩效工资的事业单位年终一次性奖金相当于职工上一年度12月份基本工资额度的奖金。

5. 农业行业特有津贴

人力资源社会保障部、财政部《关于调整农业有毒有害保健津贴和畜牧兽医医疗卫生津贴的通知》（人社部发[2015]99号）最新明确了津贴执行范围和标准。

（1）农业有毒有害保健津贴

农业事业单位中专职从事和直接接触有毒有害物质工作的人员，根据工作量大小、时间长短、条件好坏、防护难易及危害身体健康程度等情况，分别享受一、二、三类农业有毒有害保健津贴。

一类津贴：每人每月 450 元。

①专职从事放射性装置及同位素应用科研工作的人员；

②专职从事强致癌物质研究和测试工作的人员；

③专职从事有机合成、化学分析、环境有毒物质监测分析或其他科研工作，经常使用剧毒化学药品或强致癌物质的人员；

④在田间、温室管理中，经常喷洒施用剧毒化学农药和直接接触或使用致癌物质的人员；

⑤专职从事农药合成、生产、加工、分析、残留量测定、使用技术研究工作，经常接触高毒以上致癌物质的人员；

⑥在动植物检疫中，经常接触高毒以上药品、熏蒸消毒处理的人员。

二类津贴：每人每月 350 元。

①一般使用放射性装置及同位素应用科研工作的人员；

②专职从事有机合成、化学分析、环境有毒物质监测分析或其他科研工作，经常使用高毒以上化学药品或强致癌物质的人员；

③专职从事癌细胞培养、分析研究工作的人员；

④专职从事微生物培养、分离、接种及菌种分类、保藏，经常在强毒、强菌室工作的人员；

⑤专职从事生物能源研究工作，经常接触有毒气体的人员；

⑥在田间、温室管理中，经常喷洒使用各类高毒以上农药和其他有毒化学药品的人员；

⑦在动植物检疫中，经常参加熏蒸消毒、监测或现场货检、接触高毒药品残留或毒气的人员；

⑧专门操作能产生强刺激性、有毒、有害蒸汽的大型仪器设备的人员；

⑨专职操作 X 光机或电子显微镜的人员。

三类津贴：每人每月 260 元。

①在从事有机合成、化学分析、环境有毒物质监测分析或其他科研工作中，经常使用中毒以上化学药品或大量使用低毒化学药品的人员；

②在田间、温室管理中，经常喷洒使用低毒以上农药和其他有毒化学药品的人员；

③专职从事饲草料、有机肥料、药材加工等接触粉尘严重的人员；

④专职从事实验动物、有鳞片飞扬污染的昆虫的饲养人员；

⑤专职从事动植物及病虫分类、标本制作与管理的人员；

⑥专职从事有毒化学药品及农药、兽药仓库的保管、搬运人员；

⑦经常在田间野外、38℃以上的、热辐射强度达每分钟每平方厘米3卡以上的工作地点，以及经常在高温、低湿环境下工作的人员；

⑧经常从事农作物副产品氨化处理的人员。

（2）畜牧兽医医疗卫生津贴

畜牧兽医事业单位中专职从事和直接接触有毒、有害、有传染危险工作的人员，根据工作性质、工作量大小、时间长短、条件好坏、防护难易及危害身体健康程度，分别享受一、二、三类畜牧兽医医疗卫生津贴。

一类津贴：每人每月450元。

①专职从事炭疽、鼻疽、乙型脑炎、狂犬、伪狂犬、布氏杆菌、棘球蚴、囊尾蚴、钩端螺旋体、结核病、疯牛病的科研、防疫、检疫诊断、治疗以及相关产品的制备与检验的人员；

②专职从事强致癌物质研究；从事放射性物质保管、监测或放射性同位素诊断、治疗和科研工作的人员；

③专职从事上述炭疽、鼻疽等人畜共患病病畜的饲养、病理解剖、尸体处理、标本制作以及有接触该类病畜的调查、配种（不包括本交）、接产工作人员。

二类津贴：每人每月350元。

①专职从事破伤风、口蹄疫、日本血吸虫、丹毒以及其他人畜共患的强毒、强菌、寄生虫的科研、防疫、检疫、诊断、治疗以及相关产品的制备与检验人员；

②专职从事和直接接触有毒化学药品、生物制品、生物工程的分析、制造、提纯、监察、检验以及经常使用有毒药品和致癌物质的人员；

③专职从事上述破伤风、口蹄疫等人畜共患病病畜的饲养、病理解剖、尸体处理、标本制作以及有接触该类病畜的调查、配种（不包括本交）、接产工作人员；或从事上述炭疽、破伤风等两类人畜共患病的污水、污物的化验、处理、清除、洗涤工作的人员。

三类津贴：每人每月260元。

①直接进行大手术、直肠检查、病理实验、防疫、检疫、诊断、治疗、尸体解剖、标本制作以及从事病畜的调查、配种、接产工作的人员；

②专职从事毛、皮等动物产品分析、鉴定、检验工作的人员；

③专职从事病理科研、生物制药、实验动物饲养工作的人员；

④从事自然疫源性疫病调查、病媒或动物采集工作的人员；

⑤从事药物加工和饲草加工直接接触粉尘严重工作的人员。

（3）农业行业特有津贴发放办法

①兼做两种类别以上工作时，只能享受一种类别津贴；

②享受津贴的人员工作变动后，津贴标准应及时调整或取消，调离本单位时津贴不随工资转移；

③临时参加上述工作的人员，根据实际接触情况享受相应类别的津贴，按实际接触天数折算发放。

调整农业有毒有害保健津贴和畜牧兽医医疗卫生津贴，体现了党中央、国务院对农业和畜牧兽医事业单位从事有毒有害有传染危险工作职工的关怀和重视。

6. 平均工资

平均工资是一项反映工资总体水平的指标，指企业、事业、机关单位的职工在一定时期内平均每人所得的货币工资额。它不同于每一个人的具体工资水平。年平均工资是单位工资总额除以年平均职工人数得出的。

年平均人数是指报告年内每天平均拥有的人数。职工年平均人数计算方法是：以12个月的平均人数（月平均人数是以报告月内每天实有的全部人数之和，被报告月的日历天数除求得）之和被12除求得，或四个季度平均人数之和被4除求得。

四、汇总关系

对于基层统计单位，只要了解机构情况、人员情况和工资情况，即可正确填报统计报表。对于统计汇总单位，除了统计其本单位外，还要汇总其所有下属单位的统计数据。农业系统主要有五大领域：种植业、农机化、畜牧/兽医、农垦、渔业，每个领域都是相对独立的体系。农业系统国有单位又分为五个层次：中央、省级、地级、县级、乡级，每个层次都有可能分布着5个领域的统计单位。理想的汇总关系有两种，一种是按行政区划汇总，另一种是按领域分类汇总。常用的汇总方案有两种：一种是逐级汇总，另一种是超级汇总。在实际统计工作中，五个领域和五个层次的汇总关系有交叉、有错位，造成重统、漏统现象大量存在。现实的汇总关系是纵横交错的立体交叉网络，各汇总单位就分布在各个交叉节点上，需要各汇总单位自己去厘清、理顺，汇总方案也可根据实际情况交叉使用。2016年全国省级以上汇总关系如下：

全国＝农业部＋各省（区、市）全领域；

各省（区、市）全领域＝北京市＋天津市＋河北省＋山西省＋内蒙古自治区＋辽宁省＋吉林省＋黑龙江省＋上海市＋江苏省＋浙江省＋安徽省＋福建省＋江西省＋山东省＋河南省＋湖北省＋湖南省＋广东省＋广西壮族自治区＋海南省＋重庆市＋

四川省＋贵州省＋云南省＋西藏自治区＋陕西省＋甘肃省＋青海省＋宁夏回族自治区＋新疆维吾尔自治区；

天津市＝天津市市本级＋东丽区＋西青区＋津南区＋北辰区＋武清区＋宝坻区＋滨海新区＋宁河县＋静海县＋蓟州区；

河北省＝河北省省本级＋石家庄市＋辛集市＋唐山市＋秦皇岛市＋邯郸市＋邢台市＋保定市＋定州市＋张家口市＋承德市＋沧州市＋廊坊市＋衡水市＋河北省农垦系统；

山西省＝山西省种植业＋山西省农机化；

内蒙古自治区＝内蒙古自治区区本级＋呼和浩特市＋包头市＋乌海市＋赤峰市＋通辽市＋鄂尔多斯市＋呼伦贝尔市＋巴彦淖尔市＋乌兰察布市＋兴安盟＋锡林郭勒盟＋阿拉善盟；

辽宁省＝辽宁省农业＋辽宁省畜牧兽医＋辽宁省农垦＋辽宁省海洋与渔业厅；

吉林省＝吉林省省本级＋长春市＋吉林市农业委员会（全领域）＋四平市＋公主岭市＋辽源市＋通化市＋梅河口市＋白山市＋松原市＋白城市＋延边朝鲜族自治州＋吉林省珲春市农业局；

黑龙江省＝黑龙江省省本级＋哈尔滨市＋齐齐哈尔市＋鸡西市＋鹤岗市＋双鸭山市＋大庆市＋伊春市＋佳木斯市＋七台河市＋牡丹江市＋黑河市＋绥化市＋大兴安岭地区＋黑龙江省农垦＋黑龙江省畜牧兽医＋抚远县＋绥芬河市；

上海市＝上海市市本级＋上海市市辖区＋光明食品（集团）有限公司；

江苏省＝江苏省省本级农业＋江苏省省本级农机＋江苏省海洋与渔业局（汇总）＋江苏省农科院＋南京市＋江苏省无锡市＋江苏省徐州市市本级＋江苏省徐州市鼓楼区农机管理服务站＋江苏省徐州市云龙区＋江苏省徐州市贾汪区＋江苏省徐州市泉山区＋江苏省徐州市铜山区农业机械管理局＋江苏省徐州市丰县＋江苏省徐州市沛县＋江苏省徐州市睢宁县＋江苏省徐州市新沂市＋江苏省徐州市邳州市＋江苏省徐州市经济开发区＋江苏省常州市农机＋江苏省常州市海洋渔业＋常州市农经汇总＋江苏省苏州市＋南通市种植业＋江苏省南通市农机＋连云港市＋淮安市种植业＋淮安市农机化＋淮安市渔业＋盐城市＋江苏省扬州市＋镇江市＋泰州市＋宿迁市＋江苏省农机化＋江苏省农垦＋江苏省海洋与渔业局；

浙江省＝衢州市＋台州市＋金华市＋嘉兴市＋温州市＋浙江省省本级＋宁波市＋丽水市＋绍兴市＋湖州市＋杭州市＋舟山市；

安徽省＝安徽省种植业＋安徽省农业机械管理局＋安徽省农垦集团有限公司；

福建省＝莆田市种植业＋三明市种植业＋龙岩市种植业＋宁德市种植业＋福建省

省本级农业＋福州市种植业＋福建省平潭县农业＋福建省厦门市农业＋泉州市＋漳州市种植业＋南平市种植业；

江西省＝江西省农业厅＋江西省农垦事业管理办公室；

山东省＝山东省种植业＋山东省省本级农机化＋山东省畜牧兽医＋山东省农业厅农垦局＋山东省渔业；

河南省＝河南省种植业＋河南省农机化＋河南省畜牧兽医＋河南省农垦；

湖北省＝湖北省种植业＋湖北省农机化＋湖北省畜牧兽医＋湖北省农垦事业管理局（汇总）＋湖北省渔业；

湖南省＝长沙市＋株洲市＋湘潭市＋衡阳市＋邵阳市＋岳阳市＋常德市＋张家界市＋湖南省益阳市农业委员会＋郴州市＋永州市＋怀化市＋娄底市＋湘西土家族苗族自治州＋湖南省省本级；

广东省＝广东省种植业＋广东省农垦＋广东省海洋与渔业厅；

广西壮族自治区＝广西种植汇总＋广西壮族自治区农机化＋广西壮族自治区水产畜牧兽医局＋广西壮族自治区农垦；

海南省＝海南省农业厅＋海南农垦投资控股集团＋海南省海洋与渔业厅；

重庆市＝重庆市万盛经开区＋重庆市万州区＋重庆市涪陵区＋渝中区＋重庆市大渡口区＋重庆市江北区＋重庆市沙坪坝区＋重庆市九龙坡区＋南岸区＋重庆市北碚区＋重庆市綦江区＋重庆市大足区＋重庆市渝北区＋重庆市巴南区＋重庆市黔江区＋重庆市长寿区＋重庆市江津区＋重庆市合川区＋重庆市永川区＋重庆市南川区＋重庆市潼南区＋重庆市铜梁区＋重庆市荣昌区＋重庆市璧山区＋重庆市梁平县＋重庆市城口县＋重庆市丰都县＋重庆市垫江县农业委员会＋重庆市武隆县＋重庆市忠县＋重庆市开州区＋重庆市云阳县＋重庆市奉节县＋重庆市巫山县＋重庆市巫溪县＋重庆市石柱县＋重庆市秀山县＋重庆市酉阳县＋重庆市彭水县＋重庆市市本级；

四川省＝四川省省本级＋成都市＋自贡市农牧业局＋攀枝花市＋泸州市＋德阳市＋绵阳市＋广元市＋遂宁市＋内江市＋乐山市＋南充市＋眉山市＋宜宾市＋广安市＋达州市＋雅安市＋巴中市＋资阳市＋阿坝藏族羌族自治州＋甘孜藏族自治州＋凉山彝族自治州；

贵州省＝贵州省农科院＋贵州省农业综合服务＋贵阳市汇总＋六盘水市＋遵义市＋安顺市＋毕节市＋铜仁市＋黔西南布依族苗族自治州＋黔东南苗族侗族自治州＋黔南布依族苗族自治州＋贵安新区；

云南省＝云南省农垦＋云南省省本级＋昆明市＋曲靖市＋玉溪市＋保山市＋云南省昭通市农业局＋丽江市＋普洱市＋临沧市＋楚雄彝族自治州＋红河哈尼族彝族自

治州+文山壮族苗族自治州+西双版纳傣族自治州农业局+大理白族自治州+德宏傣族景颇族自治州+怒江傈僳族自治州+迪庆藏族自治州；

西藏自治区＝西藏自治区区本级+拉萨市+昌都地区+山南地区+日喀则地区+那曲地区+阿里地区+林芝市；

陕西省＝陕西省省本级农业+陕西省西安市农业委员会+陕西省宝鸡市农业局+陕西省咸阳市农业局+陕西省咸阳市农机管理中心+陕西省渭南市农业局+陕西省渭南市农机局+陕西省渭南市畜牧局+陕西省汉中市农业局+陕西省铜川市农业局+陕西省铜川市果业局+陕西省榆林市农业局+陕西省榆林市畜牧兽医局+陕西省榆林市农机服务中心+陕西省延安市农业局+陕西省延安市畜牧兽医局+陕西省商洛市农业局+陕西省安康市农业局+陕西省农垦+陕西省杨凌示范区农业局+陕西省韩城市农林局；

甘肃省＝甘肃省种植业+甘肃省农业机械管理局+甘肃省畜牧兽医+甘肃省农垦+甘肃省渔业+甘肃省农业综合服务；

青海省＝青海省省本级+西宁市+海东地区+海北藏族自治州+黄南藏族自治州+青海省海南藏族自治州+果洛藏族自治州+青海省玉树藏族自治州+青海省海西州；

宁夏回族自治区＝宁夏回族自治区区本级+宁夏回族自治区农垦+宁夏回族自治区银川市本级+宁夏回族自治区兴庆区+宁夏回族自治区西夏区+宁夏回族自治区金凤区+宁夏回族自治区永宁县+宁夏回族自治区贺兰县+宁夏回族自治区灵武市农牧局+宁夏回族自治区石嘴山市本级+大武口区园林农牧水务局+宁夏回族自治区惠农区农牧水务局+宁夏回族自治区平罗县+宁夏回族自治区吴忠市本级+宁夏回族自治区利通区+宁夏回族自治区红寺堡区+宁夏回族自治区盐池县+宁夏回族自治区同心县+宁夏回族自治区青铜峡市+宁夏回族自治区固原市本级+宁夏回族自治区原州区农牧局+宁夏回族自治区西吉县+宁夏回族自治区隆德县农牧局+宁夏回族自治区泾源县+宁夏回族自治区彭阳县+宁夏回族自治区中卫市本级+宁夏回族自治区沙坡头区+宁夏回族自治区中宁县+宁夏回族自治区海原县；

新疆维吾尔自治区＝新疆维吾尔自治区种植业+新疆维吾尔自治区农牧业机械管理局+新疆维吾尔自治区畜牧兽医+新疆维吾尔自治区农垦+新疆维吾尔自治区渔业+新疆维吾尔自治区乡镇企业局+新疆自治区农科院。

2016年天津市、河北省、广西壮族自治区的汇总关系参见附录四。天津市全部是按照行政区划逐级汇总的；河北省主体是按照行政区划逐级汇总，部分小范围采用超级汇总；广西是按照分领域汇总，然后将领域汇总数进行合计。

2016 年汇总关系有许多不合理、不严谨的地方，部分省、市统计误差较大。2017 年汇总关系将根据各省级农业主管部门需求重新调整。

第六节　考评办法

为了加强全国农业系统人事劳动统计工作，充分调动统计单位和统计人员的积极性，进一步提高人事劳动统计的工作质量，更好地为农业宏观经济决策服务，农业部人事劳动司制订了《全国农业系统人事劳动统计工作考评办法》，该办法适用于执行农业部制定的《全国农业系统国有单位人事劳动统计年报制度》的各省、自治区、直辖市农业（农牧、农村经济）、农机、畜牧、兽医、农垦、渔业厅（局、委、办、中心、总公司）及农业（农林）科学院等负责农业系统人事劳动统计工作的部门。

农业系统人事劳动统计工作考评内容包括：统计报表、统计分析材料、统计工作的组织情况、网上直报工作开展情况。考评采取分项计分、累计总评的办法，以统计报表、网上数据、统计分析报告、组织工作文件等为依据开展评比。考评总分为 100 分，其中统计报表满分为 50 分，统计分析满分为 20 分，统计组织工作满分为 20 分，网上直报工作满分为 10 分。

1. 统计报表评分标准（满分 50 分）

（1）统计报表报送及时（5 分）

（2）统计报表整洁程度（5 分）

（3）网上数据完整（20 分）

（4）报表数字准确、符合逻辑（20 分）

2. 统计分析评分标准（满分 20 分）

（1）结合统计数据阐述机构、人员及工资等情况（5 分）

（2）分析材料内容翔实、结合实际（5 分）

（3）分析合理、观点明确、重点突出、针对性强（5 分）

（4）分析中能对相关工作提出合理化建议（5 分）

3. 统计组织工作评分标准（满分 20 分）

（1）领导重视，有具体指示（5 分）

（2）开会布置、印发文件、组织培训、指导下一级统计部门开展统计工作（10 分）

（3）组织本地区或本行业统计会审情况（5 分）

4. 网上直报工作开展情况评分标准（满分 10 分）

（1）统计汇总关系定义准确（5分）

（2）基层统计单位数据齐全（5分）

全国农业系统人事劳动统计工作考评每年进行一次，由农业部人事劳动司负责组织，农业部人力资源开发中心具体承担，时间安排在每年的统计年报会审会期间，会前将组织人员进行初审。统计数据会审期间，考评专家组负责对各单位上报的统计报表、网上数据和分析材料进行评比打分，并按得分情况提出先进单位的初步意见，报农业部人事劳动司审批，考评结果通过《人事劳动信息》予以公告。

第二章 手工填报

对于乡镇基层单位，使用网上直报或单机填报的方式，可能受到上网条件、电脑技能等条件限制，反而不如手工填报便捷、实用。手工填报的缺点是数据准确率低，校核关系把握不准，数据核对工作量大，借助信息采集表可解决这个问题。如果采用手工填报，信息采集表和统计表都必须填写，才能保证统计信息真实准确，才能实现统计数据可追溯。

第一节 机构信息采集

　　机构信息指标有 20 项，可分为 3 种类型：一是需要填写具体信息的，如单位名称、通讯地址等；二是需要填写统计数据的，如核定编制数、在岗职工年平均人数等；三是需要选择属性指标的，如单位类型、层次等。机构信息表每个单位只要填写 1 张表，一般由统计单位的人事干部填写。

一、机构信息

全国农业系统国有单位机构信息采集表（机构信息表）									
单位名称	农业部人力资源开发中心						是否参加汇总		○
单位类型	○	机关	○	事业	□	其中参公	○	企业	
层次	○	乡（镇）	○	县（市、区、旗）	○	地（市、州、盟）	○	省（区、市）	○ 中央
领域	○	种植业	○	农机化	○	畜牧/兽医	○	农垦	○ 渔业 ○ 综合
公共服务	○	技术推广	○	经营管理	○	动植物疫病防控	○	农产品质量监管	
	○	环境能源生态	○	科研教育信息	○	园区基地场站	○	其他	
基础数据	核定编制数	财政补贴编制数	在册正式工作人员数	上年末在岗职工数	在岗职工年平均人数	从业人员工资总额	在岗职工工资总额	农业行业特有津贴	
通讯地址	北京市朝阳区麦子店街22号						邮政编码		100125
联系人	黄丹		职务	副主任科员	联系电话	1059194267	电子信箱	xxc@moahr.cn	
副牌机构名称	1	中国农学会							
	2								
	3								
	4								
	5								
	...								

图2-1-1　机构信息指标项

　　机构信息表需要填写具体信息的指标共有 8 项（图 2-1-1），举例填写如下：

（1）单位名称：农业部人力资源开发中心

（2）通讯地址：北京市朝阳区麦子店街 22 号

（3）邮政编码：100125

（4）联系人：黄丹

（5）职务：副主任科员

（6）联系电话：01059194267

（7）电子信箱：xxc@moahr.cn

（8）副牌机构名称：中国农学会

二、机构数据

全国农业系统国有单位机构信息采集表(机构信息表)										
单位名称								是否参加汇总		○
单位类型	○	机关	○	事业	□	其中参公	○	企业		
层次	○	乡(镇)	○	县(市、区、旗)	○	地(市、州、盟)	○	省(区、市)	○	中央
领域	○	种植业	○	农机化	○	畜牧/兽医	○	农垦	○	渔业	○	综合
公共服务	○	技术推广	○	经营管理	○	动植物疫病防控	○	农产品质量监管		
	○	环境能源生态	○	科研教育信息	○	园区基地场站	○	其他		
基础数据	核定编制数	财政补贴编制数	在册正式工作人员数	上年末在岗职工数	在岗职工年平均人数	从业人员工资总额	在岗职工工资总额	农业行业特有津贴	(单位:个、人、千元)	
	80	70	75	73	74	9180	8880	0		
通讯地址								邮政编码		
联系人		职务		联系电话			电子信箱			
副牌机构名称	1									
	2									
	3									
	4									
	5									
	...									

图2-1-2 机构数据指标项

机构信息表需要填写统计数据的指标也有 8 项(图 2-1-2),举例填写如下:

(1)核定编制数(个):80

(2)财政补贴编制数(个):70

(3)在册正式工作人员数(人):75

(4)上年末在岗职工数(人):73

(5)在岗职工年平均人数(人):74

(6)从业人员工资总额(千元):9180

(7)在岗职工工资总额(千元):8880

(8)农业行业特有津贴(千元):0

三、机构属性

机构信息表需要选择的属性指标有 4 项:单位类型、层次、领域、公共服务。单位类型可单选指标为:机关、事业、企业,事业可进一步选择其中参公;层次可单选指标为:乡(镇)、县(市、区、旗)、地(市、州、盟)、省(区、市)、中央;领域可单选指标为:种植业、农机化、畜牧/兽医、农垦、渔业、综合;公共服务可单选指标为:技术推广、经营管理、动植物疫病防控、农产品质量监管、环境能源生态、科研教育信息、园区基地场站、其他（图2-1-3）。是否参加汇总指标项是为统计软件取数设置的，对于手工填报来说，该指标没有实际意义。举例填写如下：

（1）是否参加汇总：√

（2）单位类型：√事业

（3）层次：√中央

（4）领域：√综合

（5）公共服务：√其他

全国农业系统国有单位机构信息采集表（机构信息表）											
单位名称								是否参加汇总		√	
单位类型	○	机关	√	事业	□	其中参公	○	企业			
层次	○	乡（镇）	○	县（市、区、旗）	○	地（市、州、盟）	○	省（区、市）	√	中央	
领域	○	种植业	○	农机化	○	畜牧/兽医	○	农垦	○	渔业	√ 综合
公共服务	○	技术推广		经营管理	○	动植物疫病防控		农产品质量监管			
	○	环境能源生态		科研教育信息	○	园区基地场站	√	其他			
基础数据	核定编制数	财政补贴编制数	在册正式工作人员数	上年末在岗职工数	在岗职工年平均人数	从业人员工资总额	在岗职工工资总额	农业行业特有津贴	（单位：个、人、千元）		
通讯地址								邮政编码			
联系人		职务			联系电话		电子信箱				
副牌机构名称	1										
	2										
	3										
	4										
	5										
	...										

图2-1-3　机构属性指标项

上述数据信息填写完毕后，总表和机构表中相关数据信息就能提取出来（图2-1-4和图2-1-5）。

项目		编号	机构数	核定编制数	财政补贴编制	在册正式工作人员数	上年末在岗职工数	在岗职工年平均人数	从业人员数	在岗职工总数	女性	少数民族	中共党员	博士	硕士	学士	从业人员资总额	在岗职工工资总额	农业行业特有津贴	在岗职工年平均工资（元）
甲		乙	1	2	3	4	5	6	7	8	9	10	11	12	13	14	15	16	17	18
总计		1																		
类型	一、机关	2																		
	二、事业	3																		
	其中：参公	4																		
	三、企业	5		—	—														—	
层次	中央	6																		
	省（区、市）	7																		
	地（市、州、盟）	8																		
	县（市、区、旗）	9																		
	乡（镇）	10																		
领域	种植业	11																		
	农机化	12																		
	畜牧/兽医	13																		
	农垦	14																		
	渔业	15																		
	综合	16																		
公共服务	小计	17																		
	技术推广	18																		
	经营管理	19																		
	动植物疫病防控	20																		
	农产品质量监管	21																		
	环境能源生态	22																		
	教育科研信息	23																		
	园区基地场站	24																		
	其他	25																		

图2-1-4　总表中提取的机构数据

序号	机构全称	通讯地址	邮政编码	联系电话	联系人	职务	电子信箱
1							
2							
3							
4							
5							
6							
7							
8							
9							

图2-1-5 机构表中提取的机构信息

第二节 人员信息采集

人员信息指标有 7 项，可分为 2 种类型：一是需要填写具体信息的，如姓名等；二是需要选择属性指标的，如专业情况等。人员信息表要求统计单位每人填写 1 张表，可发给每位从业人员自行填写，也可由统计单位的人事干部代为填写。

一、人员信息

人员信息表需要填写具体信息的指标只有 2 项：姓名和出生年月（图 2-2-1）。

全国农业系统国有单位人员信息采集表（人员信息表）													
姓名	丁红军					出生年月		1971年2月				是否参加统计	○
从业人员基本情况	□ 女性		□ 少数民族		□ 中共党员		○ 博士		○ 硕士		○ 学士		
	○ 公务员		○ 管理人员		○ 专业技术人员		○ 工勤技能人员		○ 劳务派遣人员		○ 其他从业人员		
	○ 35岁及以下		○ 36岁至40岁		○ 41岁至45岁		○ 46岁至50岁		○ 51岁至54岁		○ 55岁及以上		
	○ 研究生		○ 大学本科		○ 大学专科		○ 中专				○ 高中及以下		
专业情况	○ 种植业		○ 农机		○ 畜牧		○ 兽医		○ 渔业		○ 农经		其他

公务员及管理人员岗位等级情况	正部级/一级职员	副部级/二级职员	正厅级/三级职员	副厅级/四级职员	正处级/五级职员	副处级/六级职员	正科级/七级职员	副科级/八级职员	科员/九级职员	办事员/十级职员	其他等级	
	○	○	○	○	○	○	○	○	○	○		

专业技术人员岗位等级情况	正高				副高			中级			初级			其他等级	在管理岗的
	一级	二级	三级	四级	五级	六级	七级	八级	九级	十级	十一级	十二级	十三级		
	○	○	○	○	○	○	○	○	○	○	○	○	○	○	□

工勤技能人员岗位等级情况	技术工人						普通工人	
	一级/高级技师	二级/技师	三级/高级工	四级/中级工	五级/初级工	其他等级		
	○	○	○	○	○	○	○	

图2-2-1 人员信息指标项

二、人员属性

人员属性指标共有 5 大项：从业人员基本情况、专业情况、公务员及管理人员岗位等级情况、专业技术人员岗位等级情况、工勤技能人员岗位等级情况。

（1）从业人员基本情况。从业人员基本情况侧重于统计从业人员的基本属性，细分 5 方面情况：一是"性别、民族、党派"情况，可复选女性、少数民族、中共党员等指标；二是学位情况，单选博士、硕士、学士等指标；三是人员类型情况，单选公务员、管理人员、专业技术人员（不含"在管理岗的"）、工勤技能人员、劳务派遣人员、其他从业人员等指标；四是年龄情况，划分为 35 岁及以下、36 岁至 40 岁、41 岁至 45 岁、46 岁至 50 岁、51 岁至 54 岁、55 岁及以上等年龄段，只能单选；五是学历情况，单选研究生、大学本科、大学专科、中专、高中及以下等指标。

（2）专业情况。此处专业概念是广义的，是对所学专业、评聘专业、工种职业等各类标准的大分类，侧重农业行业专业特点，设置了种植业、农机、畜牧、兽医、渔业、农经、其他等指标项。

（3）公务员及管理人员岗位等级情况。机关公务员和企事业单位管理人员都可在此单选指标：正部级 / 一级职员、副部级 / 二级职员、正厅级 / 三级职员、副厅级 / 四级职员、正处级 / 五级职员、副处级 / 六级职员、正科级 / 七级职员、副科级 / 八级职员、科员 / 九级职员、办事员 / 十级职员、其他等级。

（4）专业技术人员岗位等级情况。企事业单位具有专业技术职务的人员都可在此单选指标：一级至十三级或其他等级。"在管理岗的"是复选指标项，选中时，要求公务员及管理人员岗位等级情况和专业技术人员岗位等级情况都要有属性选择，公管表和专技表都计数。"在管理岗的"选中时，从业人员基本情况中人员类型属性必须单选为"专业技术人员"，人员表中只计算为管理人员。

（5）工勤技能人员岗位等级情况。工人分为技术工人和普通工人，技术工人又分为：一级 / 高级技师、二级 / 技师、三级 / 高级工、四级 / 中级工、五级 / 初级工、其他等级，指标属性单选。

统计单位将所有从业人员的人员信息表都填写完整，核实是否参加统计后，整套报表的数据信息就可以完整提取出来了（图 2-2-2）。

全国农业系统国有单位人员信息采集表(人员信息表)

姓名	丁红军			出生年月	1971年2月		是否参加统计	√

从业人员基本情况	□ 女性	□ 少数民族	√ 中共党员	○ 博士	○ 硕士	√ 学士
	○ 公务员	√ 管理人员	○ 专业技术人员	○ 工勤技能人员	○ 劳务派遣人员	○ 其他从业人员
	○ 35岁及以下	○ 36岁至40岁	○ 41岁至45岁	√ 46岁至50岁	○ 51岁至54岁	○ 55岁及以上
	○ 研究生	√ 大学本科	○ 大学专科	○ 中专	○ 高中及以下	

专业情况	○ 种植业	○ 农机	○ 畜牧	○ 兽医	○ 渔业	○ 农经	√ 其他

公务员及管理人员岗位等级情况	正部级/一级职员	副部级/二级职员	正厅级/三级职员	副厅级/四级职员	正处级/五级职员	副处级/六级职员	正科级/七级职员	副科级/八级职员	科员/九级职员	办事员/十级职员	其他等级
	○	○	○	○	○	√	○	○	○	○	

专业技术人员岗位等级情况	正高				副高				中级			初级		其他等级	在管理岗的
	一级	二级	三级	四级	五级	六级	七级	八级	九级	十级	十一级	十二级	十三级		
	○	○	○	○	○	○	○	○	○	○	○	○	○	○	□

工勤技能人员岗位等级情况	技术工人						普通工人
	一级/高级技师	二级/技师	三级/高级工	四级/中级工	五级/初级工	其他等级	
	○	○	○	○	○	○	○

图2-2-2 人员属性指标项

第三节 统计数据填写

采集到机构信息表和人员信息表的全部数据信息后,统计单位就可以准确填写6张统计报表了。如果不借助统计软件,采用单纯的手工填报,统计数据校核关系可能不符合要求。下面以某参公管理事业单位为例填写统计数据。

一、基础数据

基础数据包括1张机构信息表和全体从业人员信息表。举例单位有12名从业人员,则有12张人员信息表。

1. 机构信息

单位名称:渤海渔政管理局;通讯地址:天津市静海区大港镇大鱼路22号;邮政编码:301600;联系人:黄海;职务:副主任科员;联系电话:02212345678;电子信箱:dgyzgl@163.com;副牌机构名称:渤海水产推广站。

核定编制数:10个;财政补贴编制数:8个;在册正式工作人员数:10人;上年末在岗职工数:8人;在岗职工年平均人数:9人;从业人员工资总额:1000千元;在岗职工工资总额:900千元;农业行业特有津贴:10千元。需要特别注意的是,从业人员工资总额、在岗职工工资总额、农业行业特有津贴是以"千元"为单位的。

是否参加汇总:√;单位类型:√事业、√其中参公;层次:√中央;领域:√渔业;公共服务:√技术推广(图2-3-1)。

全国农业系统国有单位机构信息采集表（机构信息表）

单位名称	渤海渔政管理局						是否参加汇总		√
单位类型	○	机关	√	事业	√	其中参公	○	企业	
层次	√	乡（镇）	○	县（市、区、旗）	○	地（市、州、盟）	○	省（区、市）	○ 中央
领域	○	种植业	○	农机化	○	畜牧/兽医	○	农垦	√ 渔业 ○ 综合
公共服务	○	技术推广	○	经营管理	○	动植物疫病防控	○	农产品质量监管	
	○	环境能源生态	○	科研教育信息	○	园区基地场站	○	其他	
基础数据	核定编制数	财政补贴编制数	在册正式工作人员数	上年末在岗职工数	在岗职工年平均人数	从业人员工资总额	在岗职工工资总额	农业行业特有津贴	（单位：个、人、千元）
	10	8	10	8	9	1000	900	10	
通讯地址	天津市静海区大港镇大鱼路22号						邮政编码		301600
联系人	黄海	职务	副主任科员	联系电话	02212345678	电子信箱	dgyzgl@163.com		
副牌机构名称	1	渤海水产推广站							
	2								
	3								
	4								
	5								
	…								

图2-3-1　机构信息

2. 人员信息

该机构属于混编参公管理事业单位，共有 12 名从业人员，其中：公务员 3 人，在管理岗工作的 3 人，在专技岗工作的 3 人，在工勤技能岗工作的 2 人，劳务派遣人员 1 人，其他从业人员 1 人。

（1）公务员 1（图2-3-2）

1961 年 1 月出生，中共党员、学士学位、公务员身份、大学本科学历、农经专业、正厅级。

全国农业系统国有单位人员信息采集表（人员信息表）

姓名		公务员1			出生年月			1961年1月		是否参加统计		√
从业人员基本情况	□	女性	□	少数民族	√	中共党员	○	博士	○	硕士	√	学士
	√	公务员	○	管理人员	○	专业技术人员	○	工勤技能人员	○	劳务派遣人员		其他从业人员
	○	35岁及以下	○	36岁至40岁	○	41岁至45岁	○	46岁至50岁	○	51岁至54岁	○	55岁及以上
		研究生	√	大学本科	○	大学专科	○	中专	○	高中及以下		
专业情况	○	种植业	○	农机	○	畜牧	○	兽医	√	渔业	○	农经 ○ 其他
公务员及管理人员岗位等级情况	正部级/一级职员	副部级/二级职员	正厅级/三级职员	副厅级/四级职员	正处级/五级职员	副处级/六级职员	正科级/七级职员	副科级/八级职员	科员/九级职员	办事员/十级职员	其他等级	
	○	○	√	○	○	○	○	○	○	○		
专业技术人员岗位等级情况	正高				副高			中级		初级		其他等级	在管理岗的
	一级	二级	三级	四级	五级	六级	七级	八级	九级	十级	十一级	十二级	十三级		□
	○	○	○	○	○	○	○	○	○	○	○	○	○		
工勤技能人员岗位等级情况	技术工人						普通工人	
	一级/高级技师	二级/技师	三级/高级工	四级/中级工	五级/初级工	其他等级		
	○	○	○	○	○	○		

图2-3-2　公务员1

（2）公务员 2（图 2-3-3）

1965 年 2 月出生，中共党员、硕士学位、公务员身份、大学本科学历、农经专业、副厅级。

全国农业系统国有单位人员信息采集表（人员信息表）

姓名		公务员2				出生年月			1965年2月			是否参加统计		√
从业人员基本情况	□	女性	□	少数民族	√	中共党员	○	博士	√	硕士	○	学士		
	√	公务员	○	管理人员		专业技术人员	○	工勤技能人员		劳务派遣人员	○	其他从业人员		
	○	35岁及以下	○	36岁至40岁		41岁至45岁	○	46岁至50岁	√	51岁至54岁	○	55岁及以上		
	○	研究生		√	大学本科		○	大学专科		○	中专		○	高中及以下
专业情况	○	种植业		农机		畜牧		兽医		渔业	√	农经	○	其他
公务员及管理人员岗位等级情况	正部级/一级职员	副部级/二级职员	正厅级/三级职员	副厅级/四级职员	正处级/五级职员	副处级/六级职员	正科级/七级职员	副科级/八级职员	科员/九级职员	办事员/十级职员	其他等级			
	○	○	○	√	○	○	○	○	○	○				

专业技术人员岗位等级情况	正高				副高		中级		初级			其他等级	在管理岗的
	一级	二级	三级	四级	五级	六级	七级	八级	九级	十级	十一级	十二级	十三级		
															□

工勤技能人员岗位等级情况	技术工人						普通工人
	一级/高级技师	二级/技师	三级/高级工	四级/中级工	五级/初级工	其他等级	
	○	○	○	○	○	○	○

图2-3-3　公务员2

（3）公务员 3（图 2-3-4）

1968 年 3 月出生，女性、中共党员、硕士学位、公务员身份、研究生学历、农学专业、正处级。

全国农业系统国有单位人员信息采集表（人员信息表）

姓名		公务员3				出生年月			1968年3月			是否参加统计		√
从业人员基本情况	√	女性	□	少数民族	√	中共党员	○	博士	√	硕士	○	学士		
	√	公务员	○	管理人员	○	专业技术人员	○	工勤技能人员		劳务派遣人员	○	其他从业人员		
	○	35岁及以下	○	36岁至40岁		41岁至45岁	√	46岁至50岁	○	51岁至54岁	○	55岁及以上		
	√	研究生		○	大学本科		○	大学专科		○	中专		○	高中及以下
专业情况	√	种植业	○	农机	○	畜牧		兽医		渔业		农经	○	其他
公务员及管理人员岗位等级情况	正部级/一级职员	副部级/二级职员	正厅级/三级职员	副厅级/四级职员	正处级/五级职员	副处级/六级职员	正科级/七级职员	副科级/八级职员	科员/九级职员	办事员/十级职员	其他等级			
	○	○	○	○	√	○	○	○	○	○				

专业技术人员岗位等级情况	正高				副高		中级		初级			其他等级	在管理岗的
	一级	二级	三级	四级	五级	六级	七级	八级	九级	十级	十一级	十二级	十三级		
	○	○	○	○	○	○	○	○	○	○	○	○	○		□

工勤技能人员岗位等级情况	技术工人						普通工人
	一级/高级技师	二级/技师	三级/高级工	四级/中级工	五级/初级工	其他等级	
	○	○	○	○	○	○	○

图2-3-4　公务员3

（4）管理人员1（图2-3-5）

1962年1月出生，中共党员、学士学位、在管理岗工作、大学本科学历、水产专业、副厅级。

全国农业系统国有单位人员信息采集表（人员信息表）

姓名	管理人员1			出生年月		1962年1月			是否参加统计	√
从业人员基本情况	□ 女性	□ 少数民族	√ 中共党员	○ 博士		○ 硕士		√ 学士		
	○ 公务员	√ 管理人员	○ 专业技术人员	○ 工勤技能人员		○ 劳务派遣人员		其他从业人员		
	○ 35岁及以下	○ 36岁至40岁	○ 41岁至45岁	○ 46岁至50岁		○ 51岁至54岁		√ 55岁及以上		
	○ 研究生	√ 大学本科	○ 大学专科			○ 中专		○ 高中及以下		
专业情况	○ 种植业	○ 农机	○ 畜牧	○ 兽医		√ 渔业		○ 农经		其他

公务员及管理人员岗位等级情况	正部级/一级职员	副部级/二级职员	正厅级/三级职员	副厅级/四级职员	正处级/五级职员	副处级/六级职员	正科级/七级职员	副科级/八级职员	科员/九级职员	办事员/十级职员	其他等级
	○	○	○	○	○	○	○	○	○	○	

专业技术人员岗位等级情况	正高				副高		中级				初级			其他等级	在管理岗的
	一级	二级	三级	四级	五级	六级	七级	八级	九级	十级	十一级	十二级	十三级		
	○	○	○	○	○	○	○	○	○	○	○	○	○	○	□

工勤技能人员岗位等级情况	技术工人						普通工人
	一级/高级技师	二级/技师	三级/高级工	四级/中级工	五级/初级工	其他等级	
	○	○	○	○	○	○	○

图2-3-5　管理人员1

（5）管理人员2（图2-3-6）

1966年1月出生，少数民族、博士学位、在管理岗工作、研究生学历、兽医专业、正处级，同时聘在专技岗四级，属于"双肩挑"人员。

全国农业系统国有单位人员信息采集表（人员信息表）

姓名	管理人员2			出生年月		1966年1月			是否参加统计	√
从业人员基本情况	□ 女性	√ 少数民族	□ 中共党员	√ 博士		○ 硕士		○ 学士		
	○ 公务员	√ 管理人员	○ 专业技术人员	○ 工勤技能人员		○ 劳务派遣人员		其他从业人员		
	○ 35岁及以下	○ 36岁至40岁	○ 41岁至45岁	○ 46岁至50岁		√ 51岁至54岁		○ 55岁及以上		
	√ 研究生	○ 大学本科	○ 大学专科			○ 中专		○ 高中及以下		
专业情况	○ 种植业	○ 农机	○ 畜牧	√ 兽医		○ 渔业		○ 农经		其他

公务员及管理人员岗位等级情况	正部级/一级职员	副部级/二级职员	正厅级/三级职员	副厅级/四级职员	正处级/五级职员	副处级/六级职员	正科级/七级职员	副科级/八级职员	科员/九级职员	办事员/十级职员	其他等级
	○	○	○	○	√	○	○	○	○	○	

专业技术人员岗位等级情况	正高				副高		中级				初级			其他等级	在管理岗的
	一级	二级	三级	四级	五级	六级	七级	八级	九级	十级	十一级	十二级	十三级		
	○	○	○	√	○	○	○	○	○	○	○	○	○		√

工勤技能人员岗位等级情况	技术工人						普通工人
	一级/高级技师	二级/技师	三级/高级工	四级/中级工	五级/初级工	其他等级	
	○	○	○	○	○	○	○

图2-3-6　管理人员2

（6）管理人员3（图2-3-7）

1971年3月出生，女性、中共党员、硕士学位、在管理岗工作、研究生学历、农机专业、副处级。

全国农业系统国有单位人员信息采集表（人员信息表）

姓名	管理人员3							出生年月		1971年3月			是否参加统计		√
从业人员基本情况	√	女性	□	少数民族	√	中共党员	○	博士	√	硕士	○	学士			
	○	公务员	√	管理人员	○	专业技术人员	○	工勤技能人员	○	劳务派遣人员	○	其他从业人员			
	○	35岁及以下	○	36岁至40岁	○	41岁至45岁	√	46岁至50岁	○	51岁至54岁	○	55岁及以上			
	√	研究生		○	大学本科		○	大学专科		○	中专		○	高中及以下	
专业情况	○	种植业	√	农机	○	畜牧	○	兽医	○	渔业	○	农经	○	其他	

公务员及管理人员岗位等级情况	正部级/一级职员	副部级/二级职员	正厅级/三级职员	副厅级/四级职员	正处级/五级职员	副处级/六级职员	正科级/七级职员	副科级/八级职员	科员/九级职员	办事员/十级职员	其他等级	
	○	○	○	○	○	○	○	○	○	○		

专业技术人员岗位等级情况	正高				副高		中级			初级			其他等级	在管理岗的
	一级	二级	三级	四级	五级	六级	七级	八级	九级	十级	十一级	十二级	十三级	
	○	○	○	○	○	○	○	○	○	○	○	○	○	□

工勤技能人员岗位等级情况	技术工人						普通工人
	一级/高级技师	二级/技师	三级/高级工	四级/中级工	五级/初级工	其他等级	
	○	○	○	○	○	○	○

图2-3-7　管理人员3

（7）专技人员1（图2-3-8）

1963年1月出生，中共党员、学士学位、在专业技术岗工作、大学本科学历、畜牧专业、专技三级。

全国农业系统国有单位人员信息采集表（人员信息表）

姓名	专技人员1							出生年月		1963年1月			是否参加统计		√
从业人员基本情况	□	女性	□	少数民族	√	中共党员	○	博士	○	硕士	√	学士			
	○	公务员	○	管理人员	√	专业技术人员	○	工勤技能人员	○	劳务派遣人员	○	其他从业人员			
	○	35岁及以下	○	36岁至40岁	○	41岁至45岁	○	46岁至50岁	√	51岁至54岁	○	55岁及以上			
	○	研究生		√	大学本科		○	大学专科		○	中专		○	高中及以下	
专业情况	○	种植业	○	农机	√	畜牧	○	兽医	○	渔业	○	农经	○	其他	

公务员及管理人员岗位等级情况	正部级/一级职员	副部级/二级职员	正厅级/三级职员	副厅级/四级职员	正处级/五级职员	副处级/六级职员	正科级/七级职员	副科级/八级职员	科员/九级职员	办事员/十级职员	其他等级	

专业技术人员岗位等级情况	正高				副高		中级			初级			其他等级	在管理岗的
	一级	二级	三级	四级	五级	六级	七级	八级	九级	十级	十一级	十二级	十三级	
	○	○	√	○	○	○	○	○	○	○	○	○	○	□

工勤技能人员岗位等级情况	技术工人						普通工人
	一级/高级技师	二级/技师	三级/高级工	四级/中级工	五级/初级工	其他等级	
	○	○	○	○	○	○	○

图2-3-8　专技人员1

（8）专技人员 2（图 2-3-9）

1967 年 8 月出生，少数民族、博士学位、在专业技术岗工作、研究生学历、食品加工专业、专技四级。

全国农业系统国有单位人员信息采集表（人员信息表）

姓名		专技人员2				出生年月		1967年8月				是否参加统计	√
从业人员基本情况	□	女性	√	少数民族	□	中共党员	√	博士	○	硕士	○	学士	
	○	公务员	○	管理人员	√	专业技术人员	○	工勤技能人员	○	劳务派遣人员	○	其他从业人员	
	○	35岁及以下	○	36岁到40岁	○	41岁至45岁	√	46岁至50岁	○	51岁至54岁	○	55岁及以上	
	√	研究生	○	大学本科	○	大学专科		○	中专		○	高中及以下	
专业情况	○	种植业	○	农机	○	畜牧	○	兽医	○	渔业	√	农经	其他
公务员及管理人员岗位等级情况	正部级/一级职员	副部级/二级职员	正厅级/三级职员	副厅级/四级职员	正处级/五级职员	副处级/六级职员	正科级/七级职员	副科级/八级职员	科员/九级职员	办事员/十级职员	其他等级		
	○	○	○	○	○	○	○	○	○	○			

专业技术人员岗位等级情况	正高				副高				中级				初级		其他等级	在管理岗的
	一级	二级	三级	四级	五级	六级	七级	八级	九级	十级	十一级	十二级	十三级			
	○	○	○	√	○	○	○	○	○	○	○	○	○		○	○

工勤技能人员岗位等级情况	一级/高级技师	二级/技师	三级/高级工	四级/中级工	五级/初级工	其他等级	普通工人
	○	○	○	○	○	○	○

图2-3-9　专技人员2

（9）专技人员 3（图 2-3-10）

1982 年 9 月出生，女性、中共党员、硕士学位、在专业技术岗工作、研究生学历、农机专业、专技八级。

全国农业系统国有单位人员信息采集表（人员信息表）

姓名		专技人员3				出生年月		1982年9月				是否参加统计	√
从业人员基本情况	√	女性	□	少数民族	√	中共党员	○	博士	√	硕士	○	学士	
	○	公务员	○	管理人员	√	专业技术人员	○	工勤技能人员	○	劳务派遣人员	○	其他从业人员	
	√	35岁及以下	○	36岁到40岁	○	41岁至45岁	○	46岁至50岁	○	51岁至54岁	○	55岁及以上	
	√	研究生	○	大学本科	○	大学专科		○	中专		○	高中及以下	
专业情况	○	种植业	√	农机	○	畜牧	○	兽医	○	渔业	○	农经	其他
公务员及管理人员岗位等级情况	正部级/一级职员	副部级/二级职员	正厅级/三级职员	副厅级/四级职员	正处级/五级职员	副处级/六级职员	正科级/七级职员	副科级/八级职员	科员/九级职员	办事员/十级职员	其他等级		
	○	○	○	○	○	○	○	○	○	○			

专业技术人员岗位等级情况	正高				副高				中级				初级		其他等级	在管理岗的
	一级	二级	三级	四级	五级	六级	七级	八级	九级	十级	十一级	十二级	十三级			
	○	○	○	○	○	○	○	√	○	○	○	○	○		○	□

工勤技能人员岗位等级情况	一级/高级技师	二级/技师	三级/高级工	四级/中级工	五级/初级工	其他等级	普通工人
	○	○	○	○	○	○	○

图2-3-10　专技人员3

（10）工人1（图2-3-11）

1964年5月出生，中共党员、技术工人、高中学历、农机专业、技师。

全国农业系统国有单位人员信息采集表（人员信息表）

姓名		工人1				出生年月		1964年5月			是否参加统计	√
从业人员基本情况	□	女性	□	少数民族	√	中共党员	○	博士	○	硕士	○	学士
	○	公务员	○	管理人员	○	专业技术人员	√	工勤技能人员	○	劳务派遣人员	○	其他从业人员
	○	35岁及以下	○	36岁至40岁	○	41岁至45岁	○	46岁至50岁	√	51岁至54岁	○	55岁及以上
	○	研究生	○	大学本科	○	大学专科	○	中专	√	高中及以下		

专业情况	○	种植业	√	农机	○	畜牧	○	兽医	○	渔业	○	农经	○	其他

公务员及管理人员岗位等级情况	正部级/一级职员	副部级/二级职员	正厅级/三级职员	副厅级/四级职员	正处级/五级职员	副处级/六级职员	正科级/七级职员	副科级/八级职员	科员/九级职员	办事员/十级职员	其他等级		
	○	○	○	○	○	○	○	○	○	○			

专业技术人员岗位等级情况	正高				副高				中级			初级			其他等级	在管理岗的
	一级	二级	三级	四级	五级	六级	七级	八级	九级	十级	十一级	十二级	十三级			
	○	○	○	○	○	○	○	○	○	○	○	○	○			□

工勤技能人员岗位等级情况	技术工人						普通工人	
	一级/高级技师	二级/技师	三级/高级工	四级/中级工	五级/初级工	其他等级		
	○	√	○	○	○	○	○	

图2-3-11　工人1

（11）工人2（图2-3-12）

1970年9月出生，在工勤技能岗工作、中专学历、中文专业、技术等级三级。

全国农业系统国有单位人员信息采集表（人员信息表）

姓名		工人2				出生年月		1970年9月			是否参加统计	√
从业人员基本情况	□	女性	□	少数民族	□	中共党员	○	博士	○	硕士	○	学士
	○	公务员	○	管理人员	○	专业技术人员	√	工勤技能人员	○	劳务派遣人员	○	其他从业人员
	○	35岁及以下	○	36岁至40岁	○	41岁至45岁	√	46岁至50岁	○	51岁至54岁	○	55岁及以上
	○	研究生	○	大学本科	○	大学专科	√	中专	○	高中及以下		

专业情况	○	种植业	○	农机	○	畜牧	○	兽医	○	渔业	○	农经	√	其他

公务员及管理人员岗位等级情况	正部级/一级职员	副部级/二级职员	正厅级/三级职员	副厅级/四级职员	正处级/五级职员	副处级/六级职员	正科级/七级职员	副科级/八级职员	科员/九级职员	办事员/十级职员	其他等级		
	○	○	○	○	○	○	○	○	○	○			

专业技术人员岗位等级情况	正高				副高				中级			初级			其他等级	在管理岗的
	一级	二级	三级	四级	五级	六级	七级	八级	九级	十级	十一级	十二级	十三级			
	○	○	○	○	○	○	○	○	○	○	○	○	○			□

工勤技能人员岗位等级情况	技术工人						普通工人	
	一级/高级技师	二级/技师	三级/高级工	四级/中级工	五级/初级工	其他等级		
	○	○	√	○	○	○	○	

图2-3-12　工人2

（12）劳务派遣人员（图2-3-13）

1984年11月出生，学士学位、劳务派遣人员、大学本科学历、农经专业。

全国农业系统国有单位人员信息采集表（人员信息表）												
姓名		派遣人员1				出生年月			1984年11月		是否参加统计	√
从业人员基本情况	□	女性	□	少数民族	□	中共党员	○	博士	○	硕士	√	学士
	○	公务员	○	管理人员	○	专业技术人员	○	工勤技能人员	√	劳务派遣人员	○	其他从业人员
	√	35岁及以下		36岁至40岁	○	41岁至45岁		46岁至50岁	○	51岁至54岁		55岁及以上
专业情况	○	研究生	√	大学本科	○	大学专科	○	中专		○	高中及以下	
	○	种植业	○	农机	○	畜牧	○	兽医	○	渔业	√	农经	○	其他

公务员及管理人员岗位等级情况	正部级/一级职员	副部级/二级职员	正厅级/三级职员	副厅级/四级职员	正处级/五级职员	副处级/六级职员	正科级/七级职员	副科级/八级职员	科员/九级职员	办事员/十级职员	其他等级	
	○	○	○	○	○	○	○	○	○	○	○	

专业技术人员岗位等级情况	正高				副高				中级		初级			其他等级	在管理岗的
	一级	二级	三级	四级	五级	六级	七级	八级	九级	十级	十一级	十二级	十三级		
	○	○	○	○	○	○	○	○	○	○	○	○	○	○	□

工勤技能人员岗位等级情况	技术工人						普通工人
	一级/高级技师	二级/技师	三级/高级工	四级/中级工	五级/初级工	其他等级	
	○	○	○	○	○	○	○

图2-3-13　劳务派遣人员

（13）其他从业人员（图2-3-14）

1985年9月出生，女性、其他从业人员、大学专科学历、计算机专业。

全国农业系统国有单位人员信息采集表（人员信息表）												
姓名		其他人员1				出生年月			1985年9月		是否参加统计	√
从业人员基本情况	√	女性	□	少数民族	□	中共党员	○	博士	○	硕士	○	学士
	○	公务员	○	管理人员	○	专业技术人员	○	工勤技能人员	○	劳务派遣人员	√	其他从业人员
	√	35岁及以下		36岁至40岁	○	41岁至45岁		46岁至50岁	○	51岁至54岁		55岁及以上
专业情况	○	研究生	○	大学本科	√	大学专科	○	中专		○	高中及以下	
	○	种植业	○	农机	○	畜牧	○	兽医	○	渔业	√	农经		其他

公务员及管理人员岗位等级情况	正部级/一级职员	副部级/二级职员	正厅级/三级职员	副厅级/四级职员	正处级/五级职员	副处级/六级职员	正科级/七级职员	副科级/八级职员	科员/九级职员	办事员/十级职员	其他等级	
	○	○	○	○	○	○	○	○	○	○	○	

专业技术人员岗位等级情况	正高				副高				中级		初级			其他等级	在管理岗的
	一级	二级	三级	四级	五级	六级	七级	八级	九级	十级	十一级	十二级	十三级		
	○	○	○	○	○	○	○	○	○	○	○	○	○	○	□

工勤技能人员岗位等级情况	技术工人						普通工人
	一级/高级技师	二级/技师	三级/高级工	四级/中级工	五级/初级工	其他等级	
	○	○	○	○	○	○	○

图2-3-14　其他从业人员

二、填写总表

全国农业系统国有单位机构、人员及工资总体情况

表　号：农市（人）年1表
制定机关：农业部
备案机关：国家统计局
备案文号：国统办函[2017]336号
有效期至：2020年8月
单位：个、人、千元、元

项目		编号	机构数	核定编制数	财政补贴编制	在册正式工作人员数	上年末在岗职工数	在岗职工年平均人数	从业人员总数	在岗职工总数	女性	少数民族	中共党员	博士	硕士	学士	从业人员工资总额	在岗职工工资总额	农业行业特有津贴	在岗职工年平均工资（元）
甲		乙	1	2	3	4	5	6	7	8	9	10	11	12	13	14	15	16	17	18
总计		1	1	10	8	10	8	9	12	10	3	2	8	2	4	4	1000	900	10	100000
类型	一、机关	2																		
	二、事业	3	1	10	8	10	8	9	12	10	3	2	8	2	4	4	1000	900	10	100000
	其中：参公	4	1	10	8	10	8	9	12	10	3	2	8	2	4	4	1000	900	10	100000
	三、企业	5		——	——														——	
层次	中央	6																		
	省（区、市）	7																		
	地（市、州、盟）	8																		
	县（市、区、旗）	9																		
	乡（镇）	10	1	10	8	10	8	9	12	10	3	2	8	2	4	4	1000	900	10	100000
领域	种植业	11																		
	农机化	12																		
	畜牧/兽医	13																		
	农垦	14																		
	渔业	15	1	10	8	10	8	9	12	10	3	2	8	2	4	4	1000	900	10	100000
	综合	16																		
公共服务	小计	17	1	10	8	10	8	9	12	10	3	2	8	2	4	4	1000	900	10	100000
	技术推广	18	1	10	8	10	8	9	12	10	3	2	8	2	4	4	1000	900	10	100000
	经营管理	19																		
	动植物疫病防控	20																		
	农产品质量监管	21																		
	环境能源生态	22																		
	教育科研信息	23																		
	园区基地场站	24																		
	其他	25																		

图2-3-15　总表填写

根据上述基础数据填写总表（图2-3-15），首先填写一行数，然后再复制到相关行即可。一般从类型开始选择一行填写，例如从第3行"事业"开始填写，然后将该行数据复制到其他相关行。

总表中横向指标共18项，可分为三大类：一是机构类信息，二是人员类信息，三是工资类信息。为便于信息采集，工资类信息按机构总体采集，人员信息中上年末在岗职工数、在岗职工年平均人数按机构总体采集。因此，总表中横向指标又可简化为两大类：一是按机构总体采集的信息，共10项；二是按人员个体采集的信息，共8项。

三、填写人员表

根据基础数据填写人员表（图2-3-16），首先填写一行数，然后再复制到相关行即可。一般从类型开始选择一行填写，例如从第3行"事业"开始填写，然后将该行数据复制到其他相关行。

人员表中横向指标共3大项：学历情况、年龄情况、人员情况，每个指标项又设置了6个单选指标。

本表中的专业技术人员是"纯粹"的专业技术人员，不含"在管理岗的"专业技术人员。"在管理岗的"专业技术人员（俗称"双肩挑"人员）按管理人员统计。

全国农业系统国有单位从业人员基本情况

表　号：农市（人）年2表
制定机关：农业部
备案机关：国家统计局
备案文号：国统办函[2017]336号
有效期至：2020年8月
单　位：人

项目	编号	合计	学历情况					年龄情况						公务员	人员类型				
			研究生	大学本科	大学专科	中专	高中以下	35岁及以下	36岁至40岁	41岁至45岁	46岁至50岁	51岁至54岁	55岁以上		管理人员	专业技术人员	工勤技能人员	劳务派遣人员	其他从业人员
甲	乙	1	2	3	4	5	6	7	8	9	10	11	12	13	14	15	16	17	18
总计	1	12	5	5		1	1	2			4	4	2	3	3	3	2	1	
类型 一、机关	2																		
二、事业	3	12	5	5		1	1	2			4	4	2	3	3	3	2	1	
其中：参公	4	12	5	5		1	1	2			4	4	2	3	3	3	2	1	
三、企业	5																		
层次 中央	6	12	5	5		1	1	2			4	4	2	3	3	3	2	1	
省（区、市）	7																		
地（市、州、盟）	8																		
县（市、区、旗）	9																		
乡（镇）	10																		
领域 种植业	11																		
农机化	12																		
畜牧/兽医	13																		
农垦	14																		
渔业	15																		
综合	16	12	5	5		1	1	2			4	4	2	3	3	3	2	1	
公共服务 小计	17	12	5	5		1	1	2			4	4	2	3	3	3	2	1	
技术推广	18																		
经营管理	19																		
动植物疫病防控	20																		
农产品质量监管	21																		
环境能源生态	22																		
教育科研信息	23																		
园区基地场站	24																		
其他	25	12	5	5		1	1	2			4	4	2	3	3	3	2	1	

图2-3-16　人员表填写

四、填写公管表

公管表（图2-3-17）的纵向指标分为4大类：基本情况、学历情况、年龄情况、专业情况，基本情况可分为2类：性别、民族、党派和学位情况。需要注意的是：学历情况与学位情况的指标设置名称相似，但是概念不同，容易引起混淆。

全国农业系统国有单位公务员及管理人员情况

表　号：农市（人）年3表
制定机关：农业部
备案机关：国家统计局
备案文号：国统办函[2017]336号
有效期至：2020年8月
单　位：人

项目	编号	合计	正部级/一级职员	副部级/二级职员	正厅级/三级职员	副厅级/四级职员	正处级/五级职员	副处级/六级职员	正科级/七级职员	副科级/八级职员	科员/九级职员	办事员/十级职员	其他等级
甲	乙	1	2	3	4	5	6	7	8	9	10	11	12
总计	1	6			2		2	2					
基本情况 女性	2	2					1	1					
少数民族	3	1					1						
中共党员	4	5			2		2	1					
博士	5	1					1						
硕士	6	3					2	1					
学士	7	2			1		1						
学历情况 研究生	8	3					2	1					
大学本科	9	3			1		2						
大学专科	10												
中专	11												
高中及以下	12												
年龄情况 35岁及以下	13												
36岁至40岁	14												
41岁至45岁	15												
46岁至50岁	16	1						1					
51岁至54岁	17	2					1	1					
55岁及以上	18	2			1			1					
专业情况 种植业	19												
农机	20	1						1					
畜牧	21												
兽医	22	1					1						
渔业	23	1					1						
农经	24	2					1	1					
其他	25												

图2-3-17　公管表填写

　　公管表的横向指标是职务、职级情况，机关和参公单位的公务员、事业单位的管理人员和企业的管理人员都在此表中详细统计。企业的管理人员如果无法对应到相应职务、职级，就统一填写到"其他等级"。

　　如果不借助统计软件填写公管表的数据，会有一定的难度。如果对本单位人员情况比较熟悉，勉强可以直接填写数据，否则，就要"数人头"填数了。后面的专技表和工人表也面临手工填写难度较大问题。

五、填写专技表

　　专技表的纵向指标分为4大类：基本情况、学历情况、年龄情况、专业情况，基本情况可分为2类：性别、民族、党派和学位情况。

　　专技表的横向指标是专业技术等级情况，事业单位的在专业技术岗工作的人员和企业的专业技术人员都在此表中详细统计。企业的专业技术人员如果对应不上相应的专业技术等级，就统一填写到"其他等级"（图2-3-18）。

全国农业系统国有单位专业技术人员情况

表　　号：农市（人）年4表
制定机关：农业部
备案机关：国家统计局
备案文号：国统办函[2017]336号
有效期至：2020年8月
单　位：人

项目		编号	合计	正高					副高			中级			初级			其他等级
				在管理岗上	一级	二级	三级	四级	五级	六级	七级	八级	九级	十级	十一级	十二级	十三级	
甲		乙	1	2	3	4	5	6	7	8	9	10	11	12	13	14	15	16
总计		1	4	1			1	2				1						
基本情况	女性	2	1									1						
	少数民族	3	2	1				2										
	中共党员	4	2				1					1						
学历情况	博士	5	2	1				1										
	硕士	6	1									1						
	学士	7	1				1											
	研究生	8	1					2				1						
	大学本科	9	1	1														
	大学专科	10																
	中专	11																
	高中及以下	12																
年龄情况	35岁及以下	13	1									1						
	36岁至40岁	14																
	41岁至45岁	15																
	46岁至50岁	16	1					1										
	51岁至54岁	17	2	1			1	1										
	55岁及以上	18																
专业情况	种植业	19																
	农机	20	1															
	畜牧	21	1			1												
	兽医	22	1	1				1										
	渔业	23																
	农经	24																
	其他	25	1	1														

图2-3-18　专技表填写

六、填写工人表

　　工人表的纵向指标分为4大类：基本情况、学历情况、年龄情况、专业情况。工人表的横向分为两栏：一栏是工人情况，包括技术工人和普通工人；另一栏是其他人员情况，包括劳务派遣人员和其他从业人员。技术工人指标又列出了详细岗位技术等级（图2-3-19）。

全国农业系统国有单位工人及其他人员情况（工人表）

项目		编号	合计	技术工人							普通工人	劳务派遣人员	其他从业人员
				小计	一级/高级技师	二级/技师	三级/高级工	四级/中级工	五级/初级工	其他等级			
甲		乙	1	2	3	4	5	6	7	8	9	10	11
总计		1	2	2			1	1				1	1
基本情况	女性	2										1	1
	少数民族	3											
	中共党员	4	1	1			1						
	博士	5											
	硕士	6											
	学士	7											
学历情况	研究生	8											
	大学本科	9										1	
	大学专科	10											
	中专	11	1	1				1					
	高中及以下	12	1	1									1
年龄情况	35岁及以下	13											
	36岁至40岁	14										1	1
	41岁至45岁	15											
	46岁至50岁	16	1	1				1					
	51岁至54岁	17	1	1			1						
	55岁及以上	18											
专业情况	种植业	19											
	农机	20	1	1			1						
	畜牧	21											
	兽医	22											
	渔业	23											
	农经	24										1	
	其他	25						1					

图2-3-19 工人表填写

七、填写机构表

机构表填写如下图2-3-20。

全国农业系统国有单位机构情况（机构表）

表 号：农市（人）年附表
制定机关：农业部
备案机关：国家统计局
备案文号：国统办函[2017]336号
有效期至：2020年8月

序号	机构全称	通讯地址	邮政编码	联系电话	联系人	职务	电子信箱
1	渤海渔政管理局（渤海水产推广站）	天津市静海区大港镇大鱼路22号	301600	02212345678	黄海	副主任科员	dgyzgl@163.com
2							
3							
4							
5							
6							
7							
8							
9							
10							
11							
12							
13							
14							
15							
16							
17							
18							
19							
...							

图2-3-20 机构表填写

第三章 单机填报

开发设计单机版统计汇总软件的目的主要有两点：一是提升手工填报数据质量，将相关逻辑关系定义到软件中，通过计算程序自动取数、汇总、校核；二是生成标准格式的上报文件，与网上直报系统无缝对接，便于数据导入、导出和储存。在使用软件之前，我们要简单了解一下软件运行的逻辑关系，用电脑思维分析如何开展统计汇总工作。

第一节　逻辑关系

一、取数逻辑

《全国农业系统国有单位人事劳动统计报表制度》统计内容有三大项：机构、人员和工资。1个机构有 N 个人员，工资是人员的统计指标，但工资总额和平均工资都是机构的统计指标。如果能将统计指标划归为机构属性，该指标只要填报 1 次即可；如果统计指标必须划归为人员属性，则该指标需要填报 N 次。

1. 机构指标（图 3-1-1）

全国农业系统国有单位机构信息采集表（机构信息表）								
单位名称	渤海渔政管理局					是否参加汇总		√
单位类型	○	机关	√	事业	√	其中参公	○	企业	○
层次	√	乡（镇）	○	县（市、区、旗）	○	地（市、州、盟）	○	省（区、市）	○	中央	○
领域	○	种植业	○	农机化	○	畜牧/兽医	○	农垦	√	渔业	○	综合
公共服务	√	技术推广	○	经营管理	○	动植物疫病防控	○	农产品质量监管			
	○	环境能源生态	○	科研教育信息	○	园区基地场站	○	其他			
基础数据	核定编制数		财政补贴编制数	在册正式工作人员数	上年末在岗职工数	在岗职工年平均人数	从业人员工资总额	在岗职工工资总额	农业行业特有津贴	
	10		8	10	8	9	1000	900	10	（单位：个、人、千元）
通讯地址	天津市静海区大港镇大鱼路22号						邮政编码		301600
联系人	黄海	职务	副主任科员	联系电话	02212345678	电子信箱		dgyzgl@163.com
副牌机构名称	1	渤海水产推广站							
	2								
	3								
	4								
	5								
	...								

图3-1-1　机构指标

是否参加汇总：设置该指标是考虑到机构有撤销、合并、划转等情况，为保留历史数据，可以设置为不参加汇总，不必删除数据。

单位类型：机关、事业、企业是排他的单选项，即只能从这 3 个指标中选择一种类型。如果选中事业，还可以进一步选择为其中参公。

层次：乡（镇）、县（市、区、旗）、地（市、州、盟）、省（区、市）、中央是排他的单选项，即只能从这 5 个指标中选择一种类型。

领域：种植业、农机化、畜牧/兽医、农垦、渔业、综合是排他的单选项，即只能从这 6 个指标中选择一种类型。现实中机构职能存在跨领域情况，按其主要职能选择一项；无法确定主要职能的，就选择为"综合"领域。

公共服务：技术推广、经营管理、动植物疫病防控、农产品质量监管、环境能源生态、科研教育信息、园区基地场站、其他是排他的单选项，即只能从这 8 个指标中选择一种类型。无法归类为某一项的，就选择为"其他"。

基础数据：核定编制数、财政补贴编制数、在册正式工作人员数、上年末在岗职工数、在岗职工年平均人数、从业人员工资总额、在岗职工工资总额、农业行业特有津贴等8个指标是需要填写具体数据的，需要注意的是从业人员工资总额、在岗职工工资总额、农业行业特有津贴是以"千元"为单位的。

单位名称、通讯地址、邮政编码、联系人、职务、联系电话、电子信箱都是必填项，保证机构表能取到信息；副牌机构名称是选填项，有则填。

上述信息填写完成后，总表中部分数据和机构表中信息就能提取到了。总表中能提取到的机构部分数据如图3-1-2绿色部分。

全国农业系统国有单位机构、人员及工资总体情况

表　　号：农市（人）年1表
制定机关：农业部
备案机关：国家统计局
备案文号：国统办函〔2017〕336号
有效期至：2020年8月
单　　位：个、人、千元、元

项目	编号	机构数	核定编制数	财政补贴编制数	在册正式工作人员数	上年末在岗职工数	在岗职工年平均人数	从业人员数	在岗职工数	女性	少数民族	中共党员	博士	硕士	学士	从业人员工资总额	在岗职工工资总额	农业行业特有津贴	在岗职工年平均工资（元）
甲	乙	1	2	3	4	5	6	7	8	9	10	11	12	13	14	15	16	17	18
总计	1	1	10	8	10	8	9	12	10	3	2	8	2	4	4	1000	900	10	100000
类型 一、机关	2																		
二、事业	3	1	10	8	10	8	9	12	10	3	2	8	2	4	4	1000	900	10	100000
其中：参公	4	1	10	8	10	8	9	12	10	3	2	8	2	4	4	1000	900	10	100000
三、企业	5		—	—														—	
层次 中央	6																		
省（区、市）	7																		
地（市、州、盟）	8																		
县（市、区、旗）	9																		
乡（镇）	10	1	10	8	10	8	9	12	10	3	2	8	2	4	4	1000	900	10	100000
领域 种植业	11																		
农机化	12																		
畜牧/兽医	13																		
农垦	14																		
渔业	15	1	10	8	10	8	9	12	10	3	2	8	2	4	4	1000	900	10	100000
综合	16																		
公共服务 小计	17	1	10	8	10	8	9	12	10	3	2	8	2	4	4	1000	900	10	100000
技术推广	18	1	10	8	10	8	9	12	10	3	2	8	2	4	4	1000	900	10	100000
经营管理	19																		
动植物疫病防控	20																		
农产品质量监管	21																		
环境能源生态	22																		
教育科研信息	23																		
园区基地场站	24																		
其他	25																		

图3-1-2 从机构信息表提取的数据

2. 人员指标

是否参加汇总：设置该指标是考虑到人员有调出、退休、辞职等情况，为保留历史数据，可以设置为不参加汇总，不必删除数据。另外，该指标是总表中"从业人员数"的取数依据（图3-1-3）。

从业人员基本情况：细分为"性别、民族、党派"情况、学位情况、人员类别情况、年龄情况、学历情况。其中，"性别、民族、党派"情况各指标可多选，其他情况各指标都是单选。人员类别情况中，公务员、管理人员、专业技术人员、工勤技能人员4项指标是总表中"在岗职工"的取数依据，即在岗职工＝公务员＋管理人员＋专业技术人员＋工勤技能人员。

专业情况：种植业、农机、畜牧、兽医、渔业、农经、其他等指标是单选。

公务员及管理人员岗位等级情况：从业人员基本情况选中"公务员"或"管理人员"时，才能进一步选择职务职级。

专业技术人员岗位等级情况：从业人员基本情况选中选中"专业技术人员"或"管理人员＋在管理岗的"时，才能进一步选择专技职务等级。

工勤技能人员岗位等级情况：从业人员基本情况选中"工勤技能人员"时，才能进一步选择工人岗位等级。

全国农业系统国有单位人员信息采集表（人员信息表）

姓名		公务员1				出生年月			1961年1月			是否参加统计	√
从业人员基本情况	□	女性	□	少数民族	√	中共党员	○	博士	○	硕士	√	学士	
	√	公务员	○	管理人员	○	专业技术人员	○	工勤技能人员	○	劳务派遣人员	○	其他从业人员	
	○	35岁及以下	○	36岁至40岁	○	41岁至45岁	○	46岁至50岁	√	51岁至54岁	○	55岁及以上	
专业情况	○	研究生	√	大学本科		大学专科	○		中专			高中及以下	
	○	种植业	○	农机	○	畜牧	○	兽医	○	渔业	√	农经	○	其他

专业情况	○	种植业	○	农机	○	畜牧	○	兽医	○	渔业	√	农经	○	其他

公务员及管理人员岗位等级情况	正部级/一级职员	副部级/二级职员	正厅级/三级职员	副厅级/四级职员	正处级/五级职员	副处级/六级职员	正科级/七级职员	副科级/八级职员	科员/九级职员	办事员/十级职员	其他等级
	○	○	√	○	○	○	○	○	○	○	○

专业技术人员岗位等级情况	正高				副高				中级				初级		其他等级	在管理岗的
	一级	二级	三级	四级	五级	六级	七级	八级	九级	十级	十一级	十二级	十三级			
	○	○	○	○	○	○	○	○	○	○	○	○	○		○	□

工勤技能人员岗位等级情况	技术工人						普通工人
	一级/高级技师	二级/技师	三级/高级工	四级/中级工	五级/初级工	其他等级	
	○	○	○	○	○	○	○

图3-1-3　人员指标

上述信息填写完成后，人员表、公管表、专技表、工人表和总表中部分数据就能提取到了。总表中能提取到的人员部分数据如图 3-1-4 黄色部分。

全国农业系统国有单位机构、人员及工资总体情况

表　号：农市（人）年1表
制定机关：农业部
备案机关：国家统计局
备案文号：国统办函〔2017〕336号
有效期至：2020年8月
单　位：个、人、千元、元

项目		编号	机构数	核定编制数	财政补贴编制	在册正式工作人员数	上年末在岗职工数	在岗职工年平均人数	从业人员数	在岗职工数	女性	少数民族	中共党员	博士	硕士	学士	从业人员工资总额	在岗职工工资总额	农业行业特有津贴	在岗职工年平均工资（元）
甲		乙	1	2	3	4	5	6	7	8	9	10	11	12	13	14	15	16	17	18
总计		1	1	10	8	10	8	9	12	10	3	2	8	2	4	4	1000	900	10	100000
类型	一、机关	2																		
	二、事业	3	1	10	8	10	8	9	12	10	3	2	8	2	4	4	1000	900	10	100000
	其中：参公	4	1	10	8	10	8	9	12	10	3	2	8	2	4	4	1000	900	10	100000
	三、企业	5		—	—													—		
层次	中央	6																		
	省（区、市）	7																		
	地（市、州、盟）	8																		
	县（市、区、旗）	9																		
	乡（镇）	10	1	10	8	10	8	9	12	10	3	2	8	2	4	4	1000	900	10	100000
领域	种植业	11																		
	农机化	12																		
	畜牧/兽医	13																		
	农垦	14																		
	渔业	15	1	10	8	10	8	9	12	10	3	2	8	2	4	4	1000	900	10	100000
	综合	16																		
公共服务	小计	17	1	10	8	10	8	9	12	10	3	2	8	2	4	4	1000	900	10	100000
	技术推广	18	1	10	8	10	8	9	12	10	3	2	8	2	4	4	1000	900	10	100000
	经营管理	19																		
	动植物疫病防控	20																		
	农产品质量监管	21																		
	环境能源生态	22																		
	教育科研信息	23																		
	园区基地场站	24																		
	其他	25																		

图3-1-4　从人员信息表提取的数据

对于人员比较少的单位，可能直接填写统计数据更简单。因此，统计软件设计规则是：机构信息采集表为必填，人员信息采集表为选填。

二、汇总逻辑

使用统计软件时，有些数据是通过计算、汇总得来的，这部分数据就不需要填写了，相关数据填写后就会自动生成。

1. 总表汇总

总计数＝类型合计数（机关＋事业＋企业）＝层次合计数（中央＋省＋地＋县＋乡）＝领域合计数（种植业＋农机化＋畜牧／兽医＋农垦＋渔业＋综合），公共服务小计数等于各公共服务类型合计数（技术推广＋经营管理＋动植物疫病防控＋农产品质量监管＋环境能源生态＋教育科研信息＋园区基地场站＋其他）。

但是，在岗职工平均工资的总计数和小计数都不是合计数，通俗地说，总平均不是平均数的和（图3-1-5）。

全国农业系统国有单位机构、人员及工资总体情况

表　　号：农市（人）年1表
制定机关：农业部
备案机关：国家统计局
备案文号：国统办函[2017]336号
有效期至：2020年8月
单　位：个、人、千元、元

项目	编号	机构数	核定编制数	财政补贴编制数	在册正式工作人员数	上年末在岗职工数	在岗职工年平均人数	从业人员数	在岗职工数	女性	少数民族	中共党员	博士	硕士	学士	从业人员工资总额	在岗职工工资总额	农业行业特有津贴	在岗职工年平均工资（元）
甲	乙	1	2	3	4	5	6	7	8	9	10	11	12	13	14	15	16	17	18
总计	1	1	10	8	10	8	9	12	10	3	2	8	2	4	4	1000	900	10	100000
类型 一、机关	2																		
二、事业	3	1	10	8	10	8	9	12	10	3	2	8	2	4	4	1000	900	10	100000
其中：参公	4	1	10	8	10	8	9	12	10	3	2	8	2	4	4	1000	900	10	100000
三、企业	5		——	——														——	
层次 中央	6																		
省（区、市）	7																		
地（市、州、盟）	8																		
县（市、区、旗）	9																		
乡（镇）	10	1	10	8	10	8	9	12	10	3	2	8	2	4	4				100000
领域 种植业	11																		
农机化	12																		
畜牧/兽医	13																		
农垦	14																		
渔业	15	1	10	8	10	8	9	12	10	3	2	8	2	4	4				100000
综合	16																		
小计	17	1	10	8	10	8	9	12	10	3	2	8	2	4	4	1000	900	10	100000
公共服务 技术推广	18	1	10	8	10	8	9	12	10	3	2	8	2	4	4	1000	900	10	100000
经营管理	19																		
动植物疫病防控	20																		
农产品质量监管	21																		
环境能源生态	22																		
教育科研信息	23																		
园区基地场站	24																		
其他	25																		

图3-1-5　总表汇总逻辑

2. 人员表汇总

从行看，总计数＝类型合计数（机关＋事业＋企业）＝层次合计数（中央＋省＋地＋县＋乡）＝领域合计数（种植业＋农机化＋畜牧／兽医＋农垦＋渔业＋综合），公共服务小计数等于各公共服务类型合计数（技术推广＋经营管理＋动植物疫病防控＋

农产品质量监管＋环境能源生态＋教育科研信息＋园区基地场站＋其他）。

从列看，合计数＝学历情况合计数（研究生＋大学本科＋大学专科＋中专＋高中及以下）＝年龄情况合计数（35 岁及以下＋36 岁至 40 岁＋41 岁至 45 岁＋46 岁至 50 岁＋51 岁至 54 岁＋55 岁及以上）＝人员类型合计数（公务员＋管理人员＋专业技术人员＋工勤技能人员＋劳务派遣人员＋其他从业人员）。

人员表中，管理人员数和专业技术人员数没有重叠部分，"双肩挑"人员数计入管理人员数中。因此，公务员＋管理人员＋专业技术人员＋工勤技能人员＋劳务派遣人员＋其他从业人员＝从业人员数，公务员＋管理人员＋专业技术人员＋工勤技能人员＝在岗职工数（图 3-1-6）。

全国农业系统国有单位从业人员基本情况

表　号：农市（人）年2表
制定机关：农业部
备案机关：国家统计局
备案文号：国统办函〔2017〕336号
有效期至：2020年8月
单　位：人

项目	编号	合计	学历情况					年龄情况						人员类型					
			研究生	大学本科	大学专科	中专	高中及以下	35岁及以下	36岁至40岁	41岁至45岁	46岁至50岁	51岁至54岁	55岁及以上	公务员	管理人员	专业技术人员	工勤技能人员	劳务派遣人员	其他从业人员
甲	乙	1	2	3	4	5	6	7	8	9	10	11	12	13	14	15	16	17	18
总计	1	12	5	5		1	1	2		4	4	2		3	3	3	2	1	
类型 一、机关	2																		
二、事业	3	12	5	5		1	1	2		4	4	2		3	3	3	2	1	
其中：参公	4	12	5	5		1	1	2		4	4	2		3	3	3	2	1	
三、企业	5																		
层次 中央	6	12								4		2		4		2		1	
省（区、市）	7																		
地（市、州、盟）	8																		
县（市、区、旗）	9																		
乡（镇）	10																		
领域 种植业	11																		
农机化	12																		
畜牧/兽医	13																		
农垦	14																		
渔业	15																		
综合	16	12	5	5		1	1	2		4	4	2		3	3	3	2	1	
小计	17	12	5	5		1	1	2		4	4	2		3	3	3	2	1	
公共服务 技术推广	18																		
经营管理	19																		
动植物疫病防控	20																		
农产品质量监管	21																		
环境能源生态	22																		
教育科研信息	23																		
园区基地场站	24																		
其他	25	12	5	5		1	1	2		4	4	2		3	3	3	2	1	

图3-1-6　人员表汇总逻辑

3. 公管表汇总

从行看，总计数＝学历情况合计数（研究生＋大学本科＋大学专科＋中专＋高中及以下）＝年龄情况合计数（35 岁及以下＋36 岁至 40 岁＋41 岁至 45 岁＋46 岁至 50 岁＋51 岁至 54 岁＋55 岁及以上）＝专业情况合计数（种植业＋农机＋畜牧＋兽医＋渔业＋农经＋其他）（图 3-1-7）。

从列看，合计数＝各职级人员数之和（正部级／一级职员＋副部级／二级职员＋正厅级／三级职员＋副厅级／四级职员＋正处级／五级职员＋副处级／六级职员＋正科级／七级职员＋副科级／八级职员＋科员／九级职员＋办事员／十级职员＋其他等级）。

全国农业系统国有单位公务员及管理人员情况

表 号：农市（人）年3表
制定机关：农业部
备案机关：国家统计局
备案文号：国统办函[2017]336号
有效期至：2020年8月
单 位：人

项目	编号	合计	正部级/一级职员	副部级/二级职员	正厅级/三级职员	副厅级/四级职员	正处级/五级职员	副处级/六级职员	正科级/七级职员	副科级/八级职员	科员/九级职员	办事员/十级职员	其他等级
甲	乙	1	2	3	4	5	6	7	8	9	10	11	12
总计	1	6			1	2	2	1					
女性	2	2					1	1					
少数民族	3	1					1						
中共党员	4	5			1		2	1					
博士	5	1					1						
硕士	6	3				1	1	1					
学士	7	2				1	1						
研究生	8	3					2	1					
大学本科	9	3			1	2							
大学专科	10												
中专	11												
高中以下	12												
35岁及以下	13												
36岁至40岁	14												
41岁至45岁	15												
46岁至50岁	16	2					1	1					
51岁至54岁	17	2				1	1						
55岁及以上	18	2			1	1							
种植业	19	1					1						
农机	20	1						1					
畜牧	21												
兽医	22	1					1						
渔业	23												
农经	24	2			1	1							
其他	25												

图3-1-7 公管表汇总逻辑

4. 专技表汇总

从列看，合计数＝各等级专技岗人员数之和（一级＋二级＋三级＋四级＋五级＋六级＋七级＋八级＋九级＋十级＋十一级＋十二级＋十三级＋其他等级）（图3-1-8）。

全国农业系统国有单位专业技术人员情况

表 号：农市（人）年4表
制定机关：农业部
备案机关：国家统计局
备案文号：国统办函[2017]336号
有效期至：2020年8月
单 位：人

项目	编号	合计	在管理岗的	正高				副高			中级			初级			其他等级
				一级	二级	三级	四级	五级	六级	七级	八级	九级	十级	十一级	十二级	十三级	
甲	乙	1	2	3	4	5	6	7	8	9	10	11	12	13	14	15	16
总计	1	4	1				2				1						
女性	2										1						
少数民族	3	2	1				2										
中共党员	4	2				1					1						
博士	5	2					2										
硕士	6	1									1						
学士	7					1											
研究生	8	3	1				2										
大学本科	9	1				1											
大学专科	10																
中专	11																
高中以下	12																
35岁及以下	13	1									1						
36岁至40岁	14																
41岁至45岁	15																
46岁至50岁	16	1				1											
51岁至54岁	17	2	1				1										
55岁及以上	18																
种植业	19																
农机	20	1									1						
畜牧	21	1				1											
兽医	22	1	1														
渔业	23																
农经	24																
其他	25	1															

图3-1-8 专技表汇总逻辑

5. 工人表汇总

从列看，合计数 = 技术工人小计数 + 普通工人数，小计数 = 各技术等级工人数之和（一级 / 高级技师 + 二级 / 技师 + 三级 / 高级工 + 四级 / 中级工 + 五级 / 初级工 + 其他等级）。劳务派遣人员和其他从业人员不属于工人，数据是独立的（图 3-1-9）。

全国农业系统国有单位工人及其他人员情况（工人表）

表 号：农市（人）年5表
制定机关：农业部
备案机关：国家统计局
备案文号：国统办函[2017]336号
有效期至：2020年8月
单 位：人

项目	编号	合计	技术工人								普通工人	劳务派遣人员	其他从业人员
			小计	一级/高级技师	二级/技师	三级/高级工	四级/中级工	五级/初级工	其他等级			
甲	乙	1	2	3	4	5	6	7	8	9	10	11
总计	1	2	2		1	1					1	1
基本情况 女性	2											
少数民族	3											
中共党员	4	1	1		1							
博士	5											
硕士	6											
学历情况 学士	7										1	
研究生	8											
大学本科	9										1	
大学专科	10											
中专	11	1	1		1						1	
高中及以下	12	1	1		1							
年龄情况 35岁及以下	13											
36岁至40岁	14											
41岁至45岁	15											
46岁至50岁	16	1	1									
51岁至54岁	17	1	1		1							
55岁以上	18											
专业情况 种植业	19											
农机	20	1	1		1							
畜牧	21											
兽医	22											
渔业	23											
农经	24										1	
其他	25	1	1			1						1

图3-1-9　工人表汇总逻辑

三、校核逻辑

统计报表制度只明确了一些主要校核关系，统计汇总软件中又补充了一些校核公式和限定条件。

1. 总表校核

（1）列 18<=500000，即年平均工资不能超过 50 万元；

（2）当列 18>=300000 时提示需要确认，即当年平均工资超过 30 万元时，系统提示可能错误，需要确认后才能通过。

2. 人员表校核

人员表列 15 行 1<= 专技表列 1 行 1，即人员表中的专业技术人员是"纯"做专业技术的，不含在管理岗的。

3. 公管表校核

（1）行（5+6+7）<= 行 1，即各学位情况数之和小于总计数。

（2）当列 2 行 13>=1 时提示需要确认，即出现 35 岁及以下的正部级（一级职员）人员时，系统提示可能错误，需要确认后才能通过。

4. 专技表校核

（1）行（5+ 6+ 7）<= 行 1，即各学位情况数之和小于总计数。

（2）当列 3 行 12>=1 时提示需要确认，即出现高中及以下的一级专技人员时，系统提示可能错误，需要确认后才能通过。

（3）当列 3 行 13>=1 时提示需要确认，即出现 35 岁及以下的一级专技人员时，系统提示可能错误，需要确认后才能通过。

5. 工人员校核

行（5+ 6+ 7）<= 行 1，即各学位情况数之和小于总计数。

6. 机构表限定条件

当机构全称重名时，只保留一个。

7. 机构信息表限定条件

单位类型只有选中"事业"时，才能进一步选中"其中参公"。

8. 人员信息表限定条件

（1）年龄情况根据出生年月自动计算出来。

（2）只有选中"公务员"或"管理人员"时，才能进一步选择"公务员及管理人员岗位等级情况"。

（3）只有选中"专业技术人员"时，才能进一步选择"在管理岗的"，并且要同时选择"公务员及管理人员岗位等级情况"和"专业技术人员岗位等级情况"。

（4）只有选中"工勤技能人员"时，才能进一步选择"工勤技能人员岗位等级情况"。

第二节　软件安装

全国农业系统国有单位人事劳动统计汇总分析软件是单机版安装软件，其设计思路定位在电子表格形式，操作习惯类似于使用 Excel 软件。该软件可以在一台电脑上重复安装多组数据路径，可根据需要对基层单位进行分组处理，为保证软件运行速度，每组单位数限定不超过 100 个。

一、安装登录

全国农业系统国有单位人事劳动统计汇总分析软件可以在当前主流的 WINDOWS 操作系统各版本上安装使用，如果安装时提示操作系统登录用户权限受到限制，请以操作系统管理员身份安装使用本软件。

双击安装文件"人事劳动统计汇总分析软件 2017V1.0.exe"，如果是第一次安装，按照安装向导操作即可（图 3-2-1）。

图3-2-1　安装向导

安装程序默认安装在"D:\ 人事劳动统计 2017 版"路径下（图 3-2-2），如果以前安装过本软件，并希望保留以前的数据备查，可定义新的路径进行安装。

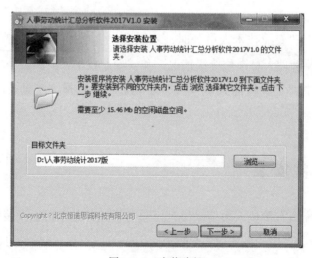

图3-2-2　安装路径

例如，某省级汇总单位下设 10 个地市级汇总单位，每个地市级汇总单位又下设

10个县级基层统计单位，这些数据都要在同一台计算机上处理会出现"死机"现象，为保证软件运行速度，就可以为每个地市汇总单位单独设置一个目标文件夹，路径可设置为"D:\人事劳动统计2017版+地市名"。

连续点击"下一步"后，软件开始自动安装（图3-2-3）。

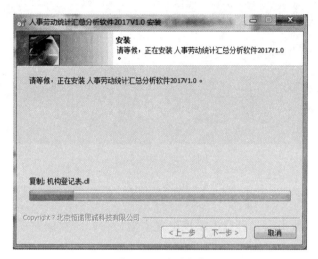

图3-2-3　自动安装

本软件初始用户名和密码都是小写的英文字母"ny"（图3-2-4），为保证数据的安全，请及时更改用户名和密码（图3-2-5）。

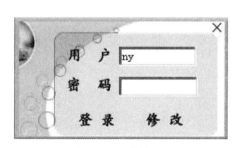

图3-2-4　软件登录

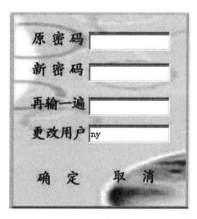

图3-2-5　修改密码

二、初始设置

登录本软件后进入主界面,点击菜单栏的【初始设置】,出现【填报单位登记】、【系统选项】等下拉菜单。初次使用本软件时,【填报单位登记】选项是浅色屏蔽的,必须完成【系统选项】设置后才能正常使用（图3-2-6）。

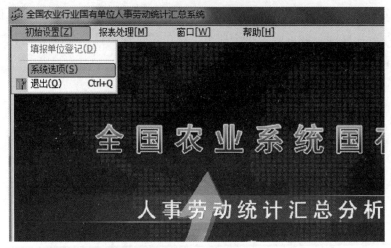

图3-2-6　初始设置

1. 系统选项

点击【系统选项】后，打开【系统设置】窗口，确认数据路径和处理年度后，点击"确定"按钮即可。当使用者有多套数据时，可以通过数据路径的改变，来切换数据。每套数据是按年存储的，通过"处理年度"的设置，找到相应年度的数据（图3-2-7）。

例如：在"数据路径"框选择"D：\人事劳动统计2017版＋地市名"，即可切换不同地市的数据。在"处理年度"框选择"2016"，即可回看2016年度填报的统计数据。

在【系统设置】对话框切换到【网上直报设置】窗口，网址：http://202.127.42.107是网上直报服务器的IP地址，在账号和密码窗口输入统计单位网上直报账户信息，即可与网上直报系统实现数据交换（图3-2-8）。

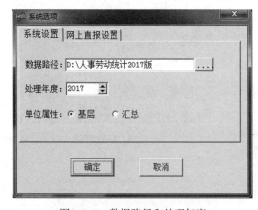

图3-2-7　数据路径和处理年度

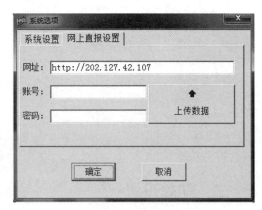

图3-2-8　网上直报设置

2. 填报单位登记

点击【填报单位登记】，打开"填报单位登记"窗口。填报单位登记最多只能设置 100 个，目的是防止统计单位太多造成数据量大而引起的运行速度慢、经常死机等现象。对于超过 100 个统计单位的汇总单位，可采用更改安装路径而多次安装本软件，从而实现分组汇总。

填报单位属性分为"基层单位"和"汇总单位"，"基层单位"的数据通过录入或导入获得，"汇总单位"的数据通过汇总计算获得。

（1）基层单位登记

基层单位只要将"填报单位"列中的"单位名"修改成本单位的实际名称，"单位属性"默认为"基层"不变，"汇总范围"默认为"空"不变，"单位负责人"等其他辅助信息如实填写即可（图 3-2-9）。

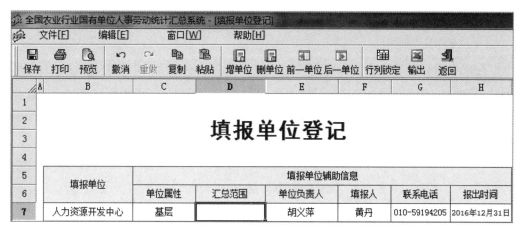

图3-2-9　基层单位登记

（2）汇总单位登记

第一步：汇总单位将需要汇总的"基层单位"数量统计好。承担汇总工作的单位本级要作为 1 个"基层单位"参与汇总，单位总数不能超过 100 个。

第二步：点击"增单位"按钮，表页追加一行。

第三步：将第一个 (行号为 7)"单位名"改为"汇总单位"名称，"单位属性"改为"汇总"，"汇总范围"改为"8~M"，"单位负责人"等其他辅助信息如实填写。

第四步：将 8 至 M 行"单位名"改为各"基层单位"名称，"单位属性"默认为"基层"不变，"汇总范围"默认为空不变，"单位负责人"等其他辅助信息如实填写。

（3）设置汇总范围

一般将"汇总单位"设在第 7 行，如果"基层单位"数为 N 个，则"汇总范围"为"8~M"，其中 M=7+N。"汇总范围"也可定义为"8,9,…,M"，与"8~M"效果一样，其中","为半角字符。汇总范围中的数字，指的是表格左边对应的行标行号（图 3-2-10）。

图3-2-10 汇总单位登记

（4）保存后关闭窗口

完成各项设置后点击"保存"按钮，然后才能关闭"填报单位登记"窗口。"填报单位登记"表的设置，关系到后续工作的正确性，因此，在关闭登记表时，不管你之前是否保存过，系统都会提示（图3-2-11）。

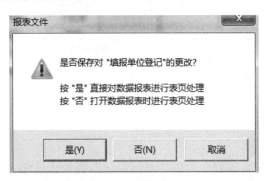

图3-2-11 保存提示

按"是"，系统会对各表格同时进行表页初始化，如果基层单位多，时间会很长，比较慢。按"否"，系统会在你每次打开报表的时候，分别对5张表格进行表页初始化，针对基层单位多的用户，选择这种方式比较好。

第三节 基层填报

点击【初始设置】菜单下【系统选项】后，打开【系统设置】窗口，选择单位属性为"基层"，在【初始设置】菜单下会出现【机构采集表】、【人员采集表】两个选项（图3-3-1）。

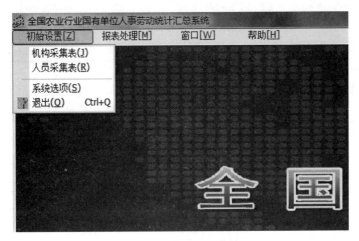

图3-3-1 报表处理菜单

一、机构信息采集

点击【机构采集表】打开机构信息表，录入全部信息后点击保存（图3-3-2）。

图3-3-2 机构采集表

二、人员信息采集

点击【人员采集表】打开人员信息表，录入全部信息后点击保存（图3-3-3）。

全国农业系统国有单位人员信息采集表（人员信息表）

姓名	丁红军			出生年月	1971年	02月	21日		☑ 是否参加汇总

从业人员基本情况

□ 女性	□ 少数民族	☑ 中共党员	□ 博士	□ 硕士	☑ 学士
□ 公务员	☑ 管理人员	□ 专业技术人员	□ 工勤技能人员	□ 劳务派遣人员	□ 其他从业人员
□ 35岁及以下	□ 36岁至40岁	□ 41岁至45岁	☑ 46岁至50岁	□ 51岁至54岁	□ 55岁及以上
□ 研究生	☑ 大学本科		□ 大学专科	□ 中专	□ 高中及以下

专业情况

□ 种植业	□ 农机	□ 畜牧	□ 兽医	□ 渔业	□ 农经	☑ 其他

公务员及管理人员岗位等级情况

正部级/一级职员	副部级/二级职员	正厅级/三级职员	副厅级/四级职员	正处级/五级职员	副处级/六级职员	正科级/七级职员	副科级/八级职员	科员/九级职员	办事员/十级职员	其他等级
□	□	□	□	□	☑	□	□	□	□	□

专业技术人员岗位等级情况

正高				副高				中级		初级				在管理岗的
□一级	□二级	□三级	□四级	□五级	□六级	☑七级	□八级	□九级	□十级	□十一级	□十二级	□十三级	□其他等级	□

工勤技能人员岗位等级及其他从业人员情况

技术工人						普通工人
□ 一级/高级技师	□ 二级/技师	□ 三级/高级工	□ 四级/中级工	□ 五级/初级工	□ 其他等级	□ 普通工人

图3-3-3　人员采集表

填写下一个人员信息时，点击"增人员"按钮（图3-3-4），前一个人员信息就进入人员列表（图3-3-5），同时生成一张新的空白人员表。

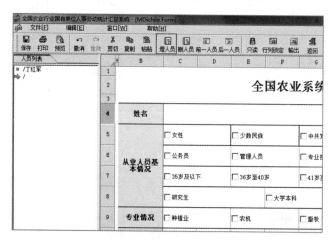

图3-3-4　增人员

图3-3-5　人员列表

三、数据处理

点击【报表处理】菜单，点击【数据处理】打开报表界面，选中相应单位和报表即可录入数据。如果填写了机构信息采集表和人员信息采集表，也可使用"取数"功能，直接提取统计数据。系统默认打开的是第一张报表，可通过选项版上的"统计表"标签和"分析表"标签，显示报表文件名称，点击报表名称，打开该报表文件（图3-3-6）。

图3-3-6　数据处理窗口

1. 计算、审核

打报表界面，点击"计算"按钮，进行求和计算；点击"审核"按钮，进行表内关系和表间关系审核（图3-3-7）。

图3-3-7　计算、审核按钮

在弹出面板中，提示"当前页"和"所有页"，分别表示处理当前一张表的当前页或是当前表的所有页。也就是当前单位还是所有的单位（图3-3-8）。

图3-3-8　计算、审核确认

2.审核结果

点击"当前页"或"所有页"后,出现审核结果的提示窗口,审核时表内关系和表间关系都同时进行了审核,只要有关联的指标都会进行审核,这样就要求用户在所有数据输入后再进行审核,会得到正确的结果(图3-3-9)。

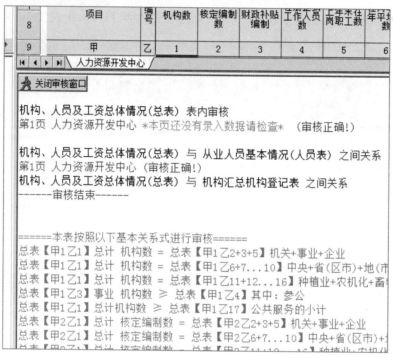

图3-3-9 审核结果

3.汇总

打开报表界面,点击"汇总"按钮。即可完成具有"汇总"属性单位的汇总计算。如果汇总关系不正确,可以去修改【填报单位登记中】的汇总范围。

4.取数

"取数"按钮,在"统计表"中的作用,是将机构信息采集表和人员信息采集表中的数据信息转化为统计数据;在"分析表"中作用,是将本年和上年的数据从"统计表"中提取过来,进行比较。

统计表中"取数"按钮每操作一次都会从采集表中提取数据,覆盖现有的数据,对于已经填写数据的统计表,要谨慎操作,防止有用数据被删除。

5.输出 Excel 文件

"输出"按钮,是为了满足其他没有安装本系统软件,还想看数据的需要,通过本功能把数据转换成比较通用的 Excel 文件格式，在分发给同事或领导，也可以通过这种方式到他人的计算机上打印报表。

6. 行列锁定

"行列锁定"按钮，是为了方便数据浏览的，因为数据表的格式比较大，通过本功能，可以固定某些列或某些行。随时设置，随时取消。

四、机构登记

点击【报表处理】→【机构登记】，即可进入"机构登记"功能界面（图 3-3-10）。说明：此功能在单位属性为"基层"的情况下不出现。

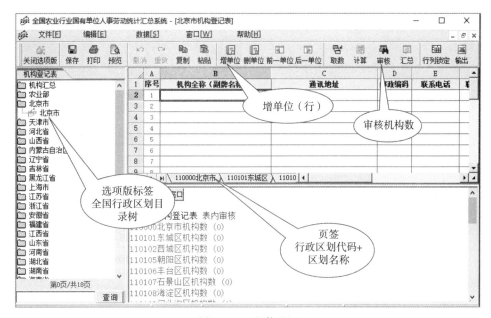

图3-3-10 机构登记

打开登记单位所在全国行政区划目录位置，选中对应的行政区划页签，在"机构登记表"中依次填写参与统计的基层单位信息。点击"增单位"按钮来增加行数，通过"审核"按钮可统计出登记机构数。建议用户只打开本单位所在的页签，以免打开表过多。

填写完所在区域机构登记信息后，点开左侧窗口最上面的"机构汇总"目录，点击"机构汇总"页面，然后点击"汇总"按钮，各行政区域页面填写的机构信息就汇总到"机构汇总"这一个页面中，汇总机构的数量与总表中填写的机构总计数要求一致，点击"审核"按钮，会校核出总表中机构总计数与汇总机构数的差值（图 3-3-11）。

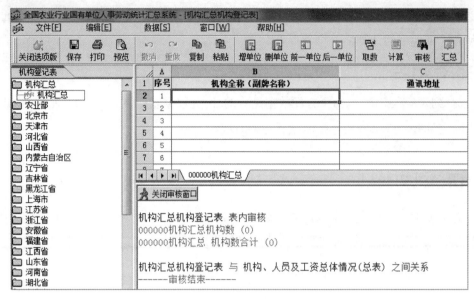

图3-3-11　机构汇总

五、生成上报文件

返回主界面，点击【报表处理】菜单，点击【生成上报文件】菜单，打开"生成上报文件"窗口。"保存本地"按钮默认是屏蔽的，只有做完"报表审核"后才能点击"保存本地"按钮（图3-3-12）。

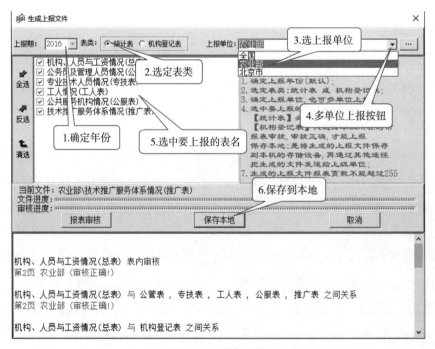

图3-3-12　数据上报

上报分两个表类，一个是"统计表"，一个是"机构登记表"，在"统计表"选中要上报的表名，然后通过"上报单位"下拉框，选择要上报的单位名称；再进行报表对应单位的"报表审核"，只有审核全部正确后，才能点击"保存本地"按钮。生成的文件由使用者自己指定保存位置，再通过其他方式把这个生成的文件传送给你的上级汇总单位。

第四节　汇总上报

对于汇总单位来说，不需要自己填写数据，只要汇总基层上报文件即可。汇总单位需要做的工作主要有四项：一是定义汇总范围和汇总关系；二是接收上报数据到正确的位置；三是对基层单位数据进行汇总；四是将汇总数据生成上报文件。

一、定义汇总范围

点击【初始设置】菜单下【系统选项】后，打开【系统设置】窗口，选择单位属性为"汇总"，在【初始设置】菜单下会出现【填报单位登记】选项。

定义汇总范围要从【初始设置】菜单下的【填报单位登记】进入，填报单位不能重名，汇总单位需要放在第一行（表中行号是 7 ），才能实现总表机构总计数与机构表登记数实现正确校核（图 3-4-1）。

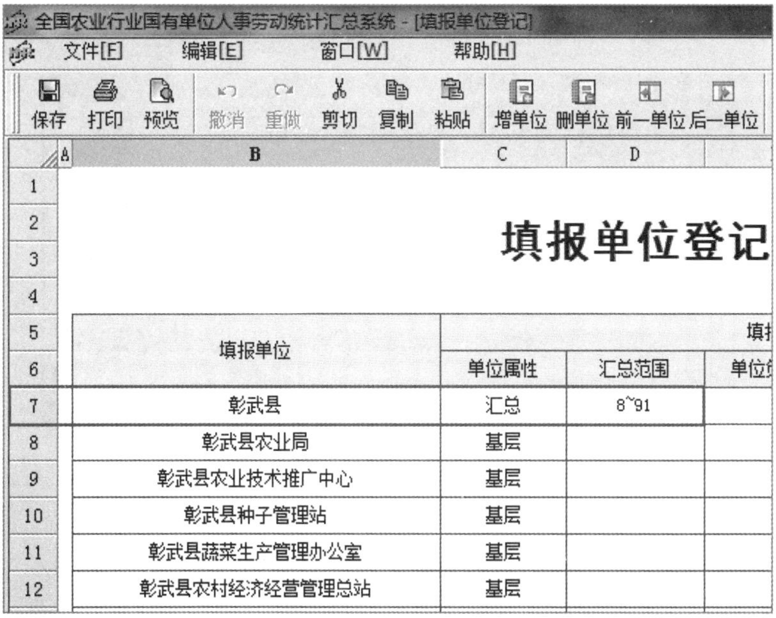

图3-4-1　定义汇总范围

二、接收报送文件

返回主界面，点击【报表处理】菜单，点击【接收报送文件】菜单，打开"报表数据接收"窗口。点击"添加"按钮，查找并选中报送来的文件，再点击"数据接收"按钮。根据提示将报送文件接收到相应单位的表页里，机构登记也需要接收（图3-4-2）。

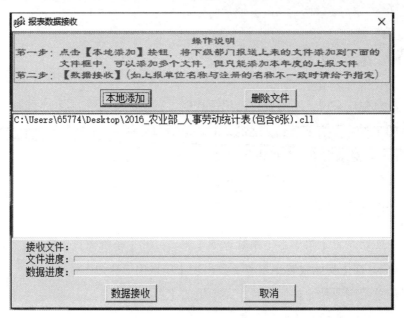

图3-4-2　数据接收

在报表数据接收的过程中，如果上报来的单位名称与接收单位【填报单位登记】中登记的名称不一致，会出现下面提示（图3-4-3）。

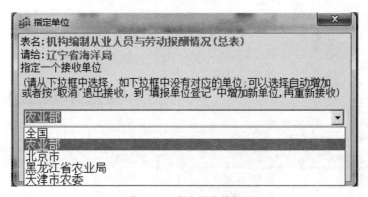

图3-4-3　指定接收单位

如果两个名称不完全相符，可以指定一个单位进行接收。如果接收单位并没有进行【填报单位登记】，可选定"未登记单位自动增加"选项，进行自动增加并完成接收（图3-4-4）。

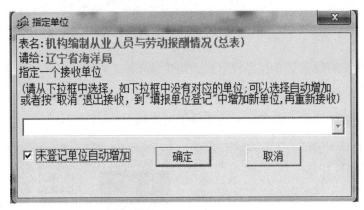

图3-4-4　自动增加接收单位

三、汇总上报数据

在数据处理页面，点击"汇总"按钮，就可按照设定汇总关系形成汇总数据（图 3-4-5）。机构登记表也需要进行汇总，将各区域机构登记信息汇总到"机构汇总"表中。

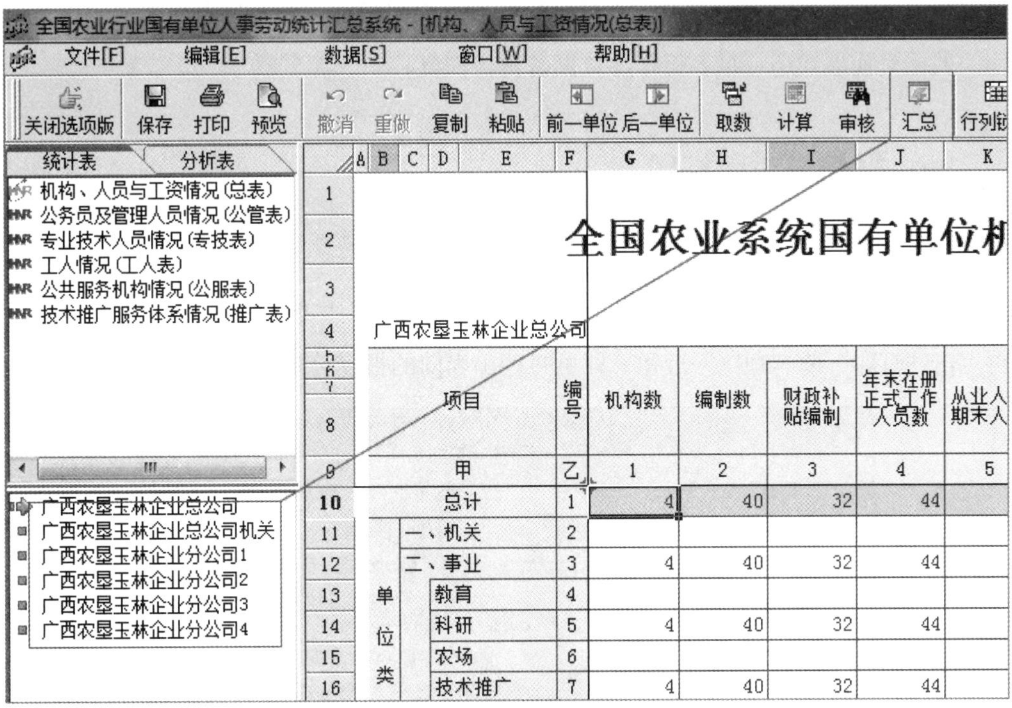

图3-4-5　汇总上报数据

汇总单位生成上报文件的操作与基层单位的操作是一样的，对上级汇总单位来说，下级汇总单位的数据是作为一个基层单位数据来处理的。

第五节 数据交换

单机版软件的数据交换有多种形式，可生成 Excel 文件、PDF 文件等通用格式文件（图3-5-1），可生成 CLL 专用格式的上报文件，可生成备份数据文件包（图3-5-2）。2017 版软件还可以与网上直报系统实现数据上传和下载。

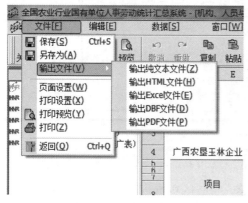

图3-5-1　输出文件

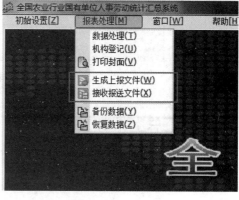

图3-5-2　上报文件

生成上报文件和接收报送文件是单机版软件之间最重要的数据交换方法，经常使用的数据交换形式还有报表打印、数据备份与恢复。

一、报表与封面打印

1. 打印报表

点击【报表处理】菜单，点击【数据处理】打开报表界面，选中需要打印的报表，再点击"打印"或"预览"按钮，即可打印出当前的报表（图3-5-3）。

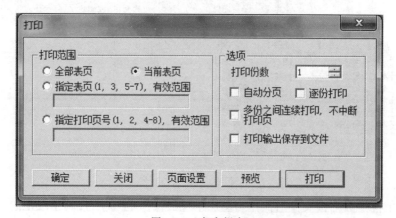

图3-5-3　打印报表

2. 打印封面

点击【报表处理】菜单，点击【打印封面】菜单即可。封面信息可以进行手工填写修改（图 3-5-4）。

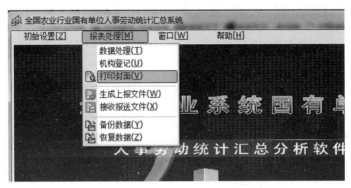

图3-5-4 打印封面

二、数据备份与恢复

1. 备份数据

按系统时间，自动命名保存文件夹，使用者可以自己定义路径或文件夹，进行数据备份（图 3-5-5）。

图3-5-5 备份数据

2. 恢复数据

使用者通过备份来源后的按钮找到自己以前的备份文件（图 3-5-6）。

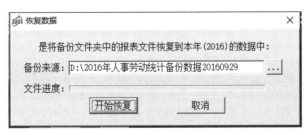

图3-5-6 恢复数据

在统计数据填报期间，建议每天都备份一次数据，避免系统意外崩溃而造成数据丢失。

第六节　帮助支持

点击【帮助】菜单，再点击【操作说明】按钮，即可打开《全国农业系统国有单位人事劳动统计汇总分析软件使用说明》，还可从"帮助"菜单中获得其他资料（图3-6-1）。

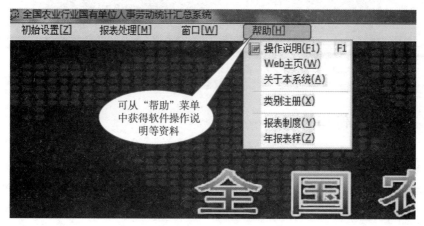

图3-6-1　帮助菜单

最新版软件和培训课件可从网上直报系统的"软件下载"栏目中获取（图3-6-2）。

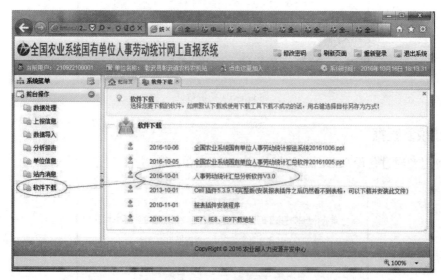

图3-6-2　软件下载

第四章　网上直报

第一节 安全登录

　　全国农业系统国有单位人事劳动统计网上直报系统不仅采集各基层单位的机构、人员和工资等数据，还采集各基层单位统计人员的通讯信息，如果信息泄露，会造成一定的不良影响。参照网上银行的信息安全机制，采用 VPN 电子证书登录方式，在用户终端与服务器之间建立一条安全通道，不仅保证了数据安全，还提高了网络通信速度。

　　为保证统计数据信息安全，统计单位需正确安装 VPN 安全证书才能与网上直报系统服务器建立信息通道；通过 VPN 安全证书身份验证后，还需要用户名、密码及验证码进一步身份验证才能登录网上直报系统。VPN 账户由农业部人力资源开发中心颁发，通过省级、地级、县级农业主管部门逐级分发。

　　VPN 系统账户与网上直报系统账户是相互独立，VPN 系统账户如同单元楼的门禁系统，网上直报系统账户如同单元楼内的住户门锁系统，用一个门禁账户通过单元楼的门禁系统后，可用不同的钥匙打开不同住户的门锁。

一、登录 VPN 系统

　　基层统计单位领取到上级单位下发的网上直报账号用户名和密码后，使用联网计算机打开网址 https://202.127.42.39/，如果出现"导航已取消"页面（图 4-1-1），就再点击"刷新该页面"链接。

图4-1-1　刷新该页面

　　（特别提示：为降低基层统计单位填报时的技术门槛网，年底集中填报期间可直接登录网上直报系统网址：http://202.127.42.107，年度统计填报工作结束后，还需要通过 VPN 系统 https://202.127.42.39 登录。）

点击"刷新该页面"链接后，出现安全证书提示页面（图4-1-2）。由于网上直报系统采用的是第三方 VPN 安全证书系统，所以会出现"此网站出具的安全证书是其他网站地址颁发的"等安全提示。

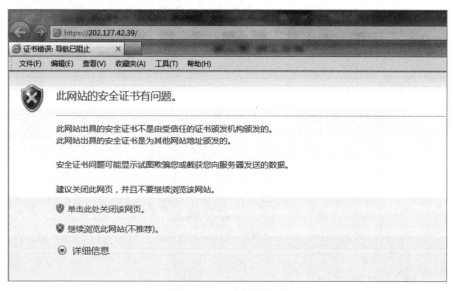

图4-1-2 安全证书提示

点击"继续浏览此网站（不推荐）"链接后，出现 VPN 登录页面（图 4-1-3），在"登录 SSL VPN"页面，输入上级单位下发的用户名和密码，即可跳转到"统计信息系统登录页"（图 4-1-4）。

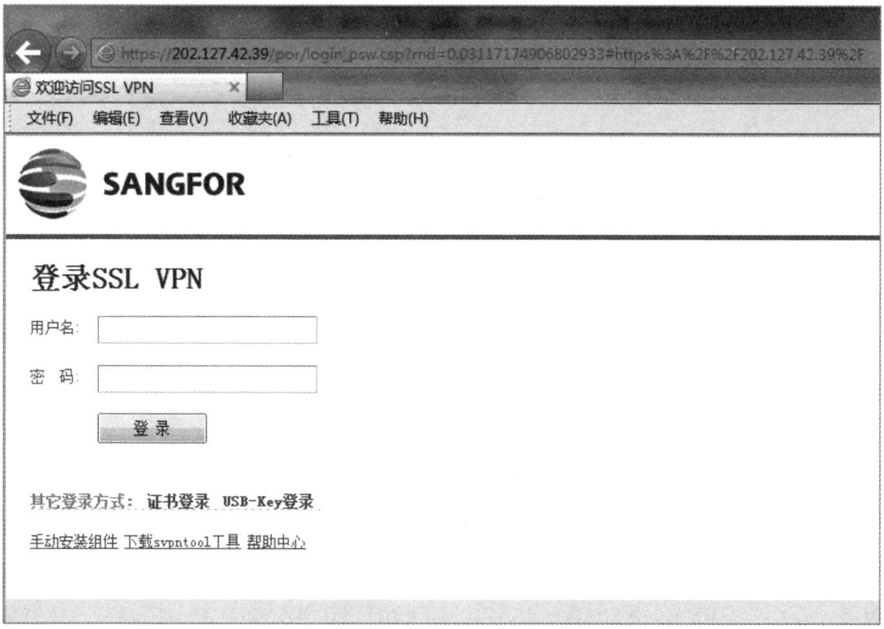

图4-1-3 VPN登录

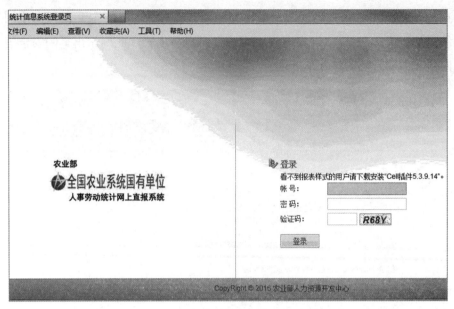

图4-1-4　统计信息系统登录页

二、登录直报系统

在年底集中填报期间，各单位可直接登录网上直报系统，在浏览器地址栏输入直报系统网址：http://202.127.42.107（图 4-1-5）。

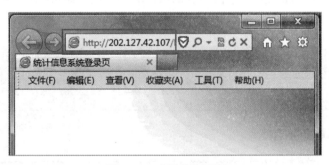

图4-1-5　直报系统网址

在使用"网上直报系统"之前，请事先安装好报表插件，否则进入系统后看不到统计报表样式。在"全国农业系统国有单位人事劳动统计网上直报系统"登录页面，点击"看不到报表样式的用户请下载安装'Cell 插件 5.3.9.14'"链接，出现插件安装向导（图 4-1-6）。

在登录页面输入上级单位下发的用户名和密码，再正确输入验证码，进入网上直报系统默认页面。成功登录直报系统后，请确认账户信息正确并尽快修改密码（图 4-1-7）。VPN 系统和网上直报系统的初始用户名和密码都一样，二者密码都可以修改，网上直报试行期间，只要修改直报系统密码即可。

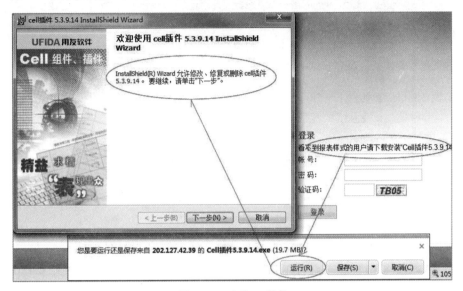

图4-1-6 安装cell插件

图4-1-7 进入直报系统

网上直报系统修改密码，要求包含大小写字母混合、数字及特殊符号（如：!、@、#、$、%、^、&、(、)、_、+]）作为登录密码，长度8～20位；不能包含：-*?、"，'#和中文符号（图4-1-8）。

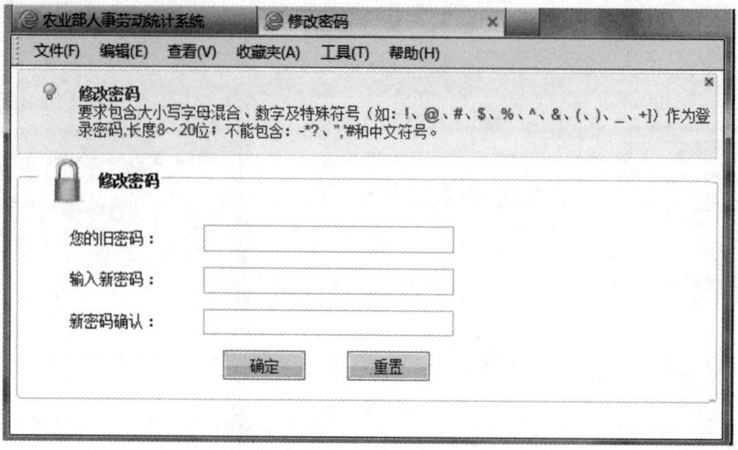

图4-1-8　修改直报系统密码

新版网上直报系统登录后，默认页面简化为4大板块：机构信息表、人员信息表、年报统计表、上报信息查询，另开设了站内消息和软件下载2个栏目（图4-1-9）。

图4-1-9　默认页面

第二节　信息采集

信息采集包括机构信息采集和人员信息采集，机构信息采集是必须完成的内容，人员信息采集是自选内容。对于基层单位来说，机构信息表只要填写1张，而人员信息表根据从业人员数填写多张。

一、机构信息表

点击默认页面的"机构信息表",弹出机构信息采集页面(图4-2-1),其样式与单机版的基本一致,需要填写的内容已经在第二章第一节详细说明。填写信息后一定要及时保存,否则关闭浏览器会造成数据丢失。

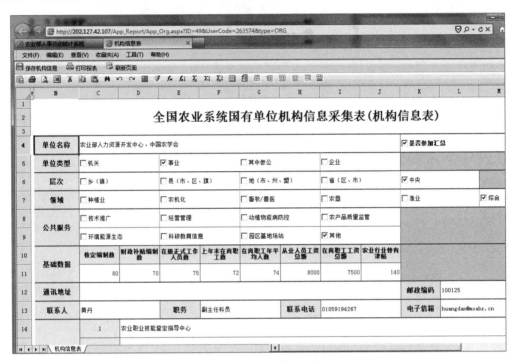

图4-2-1 网上机构信息表

二、人员信息表

点击默认页面的"人员信息表",弹出人员信息列表页面(图4-2-2),

姓名	是否参加汇总	出生年月	学位	学历	专业情况	修改	操作
丁红军	是	1971年02月21日	学士	大学本科	其他	修改	✖ 删除
人员数			1				

图4-2-2 人员信息列表

点击人员信息列表页面左上角的"增加人员",弹出人员信息采集页面(图4-2-3),其样式与单机版的基本一致,需要填写的内容已经在第二章第二节详细说明。

全国农业系统国有单位人员信息采集表（人员信息表）

姓名				出生年月				☑是否参加汇总
从业人员基本情况	☐女性	☐少数民族	☐中共党员	☐博士	☐硕士	☐学士		
	☐公务员	☐管理人员	☐专业技术人员	☐工勤技能人员	☐劳务派遣人员	☐其他从业人员		
	☐35岁及以下	☐36岁至40岁	☐41岁至45岁	☐46岁至50岁	☐51岁至54岁	☐55岁以上		
	☐研究生		☐大学本科		☐大学专科		☐中专	☐高中及以下
专业情况	☐种植业	☐农机	☐畜牧	☐兽医	☐渔业	☐农经	☐其他	
公务员及管理人员岗位等级情况	☐正部级/一级职员	☐副部级/二级职员	☐正厅级/三级职员	☐副厅级/四级职员	☐正处级/五级职员	☐副处级/六级职员	☐正科级/七级职员	☐副科级/八级职员 ☐科级/九级职员 ☐办事员/十级职员 ☐其他等级

专业技术人员岗位等级情况：正高 | 副高 | 中级 | 初级 / 在管理岗的

☐一级	☐二级	☐三级	☐四级	☐五级	☐六级	☐七级	☐八级	☐九级	☐十级	☐十一级	☐十二级	☐十三级	☐其他等级

工勤技能人员岗位等级及其他从业人员情况：技术工人

☐一级/高级技师	☐二级/技师	☐三级/高级工	☐四级/中级工	☐五级/初级工	☐其他等级	☐普通工人

图4-2-3　网上人员信息表

填写信息后一定要及时保存，否则关闭浏览器会造成数据丢失（图4-2-4）。点击保存人员信息按钮后，人员信息列表可以看到新增人员信息。

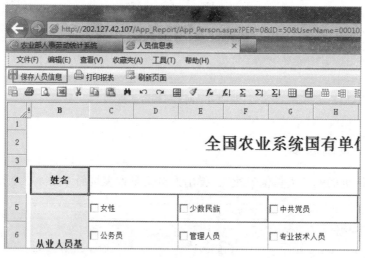

图4-2-4　保存人员信息

第三节　自动取数

填写完机构信息表和人员信息表后，返回默认页面，点击"年报统计表"按钮，进入统计报表页面，点击"汇总/取数"按钮，统计数据就能自动生成（图4-3-1）。

如果只填写了机构信息表，未填写人员信息表，则还要在统计表中填写有关数据。

封面信息需要手工填写。机构表自动取数，不需要单独填写（图4-3-2）。

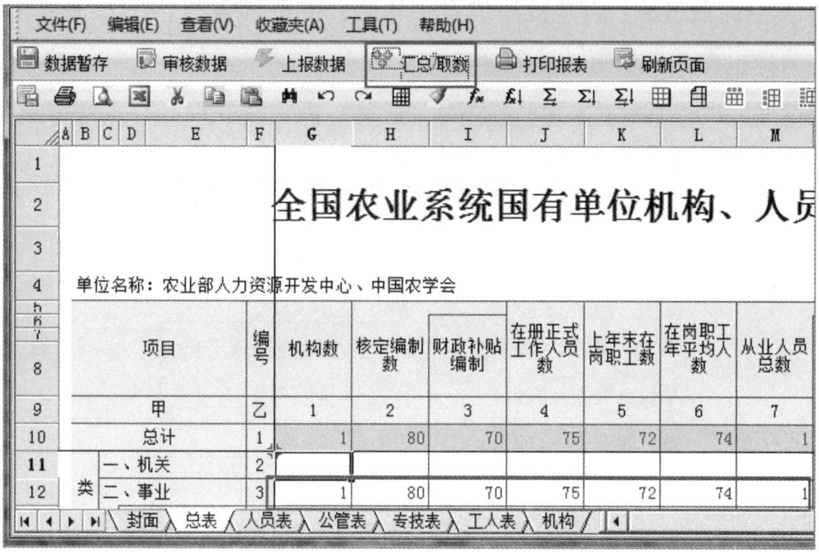

图4-3-1　自动取数

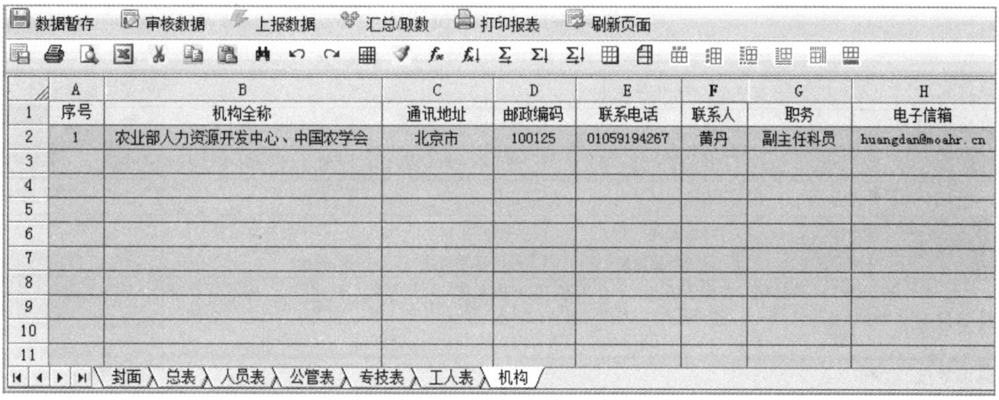

图4-3-2　机构表取数

如果机构信息表和人员信息表所有信息都按要求填写完整，则统计表所有数据都能自动生成，后面的步骤都可省略了，直接上报数据即可。

如果机构信息表和人员信息表未填或填写不完整，则需要继续下面的填报步骤。

第四节　机构登记

在网上直报系统中，有4处涉及到机构名称，一是登录系统后默认页面右上角的账户信息显示的机构名称，此处不可自行修改；二是报表封面上的填报单位名称，此处需要手工填写（图4-4-1）；三是报表中的机构表，共统计7个指标项：机构全称、通讯地址、邮政编码、联系电话、联系人、职务、电子邮箱，此处不可填写，要从机构信息表中提取过来；四是机构信息采集表，此处涉及机构信息需要全部填写，副牌机构名称也在此处填写（图4-4-2）。

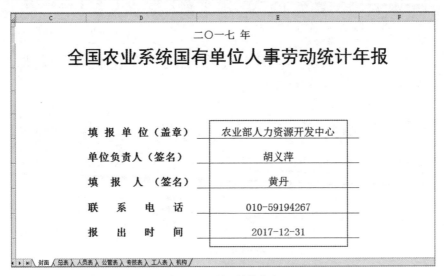

图4-4-1　封面单位信息

单位名称	农业部人力资源开发中心、中国农学会						☑是否参加汇总	
单位类型	□机关	☑事业	□其中参公	□企业				
层次	□乡（镇）	□县（市、区、旗）	□地（市、州、盟）	□省（区、市）		☑中央		
领域	□种植业	□农机化	□畜牧/兽医	□农垦		□渔业		☑综合
公共服务	□技术推广	□经营管理	□动植物疫病防控	□农产品质量监管				
	□环境能源生态	□科研教育信息	□园区基地场站	☑其他				
基础数据	核定编制数	财政补贴编制数	在册正式工作人员数	上年末在岗职工数	在岗职工年平均人数	从业人员工资总额	在岗职工工资总额	农业行业特有津贴
	80	70	75	72	74	8000	7500	140
通讯地址	北京市						邮政编码	100125
联系人	黄丹	职务	副主任科员		联系电话	01059194267	电子信箱	huangd…
副牌机构名称	1	农业职业技能鉴定指导中心						
	2							
	3							
	4							
	6							
	7							

图4-4-2　机构登记信息

第五节　数据录入

以基层单位账户登录统计直报系统后，点击"年报统计表"按钮（图4-5-1），即可出现统计表填报页面。

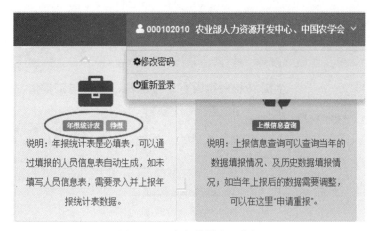

图4-5-1 "年报统计表"按钮

统计报表共有 6 张：总表、人员表、公管表、专技表、工人表、机构表，另外加了 1 张封面。如果看不到统计表表样，要检查三点：一是确认已经安装了报表插件"Cell 插件 5.3.9.14"，二是在浏览器中将统计直报系统设置为信任站点，三是取消浏览器的 ActiveX 筛选（图 4-5-2）。

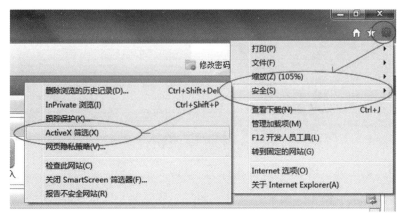

图4-5-2 取消ActiveX筛选

对于个别从业人员数很少的基层统计单位，可能直接填写统计数据更便捷，就需要逐一录入统计数据。

一、总表数据

总表反映了机构、人员与工资的总体情况，对于基层单位来说，只要填准一行数据，再将这行数据复制到需要重复填写的行即可。填写方法参见第二章（手工填报）第三节（统计数据填写）第二点（填写总表）所述。填写完成后及时保存，在关闭页面之前一定要确认保存成功（图 4-5-3），否则会造成数据丢失。

图4-5-3 保存数据

总表中，第1列至第6列统计指标为：机构数、核定编制数、财政补贴编制、在册正式工作人员数、上年末在岗职工数、在岗职工年平均人数，第15列至第18列统计指标为：从业人员工资总额、在岗职工工资总额、农业行业特有津贴、在岗职工年平均工资（元），划归机构属性，即自动取数时来源于机构信息采集表（图4-5-4）。

机构数	核定编制数	财政补贴编制	在册正式工作人员数	上年末在岗职工数	在岗职工年平均人数	从业人员工资总额	在岗职工工资总额	农业行业特有津贴	在岗职工年平均工资（元）
1	2	3	4	5	6	15	16	17	18
1	80	70	75	72	74	8000	7500	140	101351
1	80	70	75	72	74	8000	7500	140	101351
	——	——						——	
1	80	70	75	72	74	8000	7500	140	101351

图4-5-4 机构属性数据

总表中，第7列至第14列统计指标为：从业人员总数、在岗职工总数、女性、少数民族、中共党员、博士、硕士、学士，划归人员属性，即自动取数时来源于人员信息采集表（图4-5-5）。

从业人员总数	在岗职工总数	女性	少数民族	中共党员	博士	硕士	学士
7	8	9	10	11	12	13	14
3	3	1		3		1	2
3	3	1		3		1	2
3	3	1		3		1	2

图4-5-5 人员属性数据

二、人员表数据

人员表反映了从业人员的总体情况，对于基层单位来说，只要填准一行数据，再将这行数据复制到需要重复填写的行即可（图4-5-6）。类型、层次、领域、公共服务都是针对机构的指标，此指标下的人员属性跟随机构属性。填写方法参见第二章（手工填报）第三节（统计数据填写）第三点（填写人员表）所述。人员表是对总表中的人员部分详细统计。

项目		编号	合计	学历情况					年龄情况						人员类型					
				研究生	大学本科	大学专科	中专	高中及以下	35岁及以下	36至40岁	41至45岁	46至50岁	51至54岁	55岁及上	公务员	管理人员	专业技术人员	工勤技能人员	劳务派遣员	其他从业人员
甲		乙	1	2	3	4	5	6	7	8	9	10	11	12	13	14	15	16	17	18
总计		1	3	1	2				2			1				3				
类型	一、机关	2																		
	二、事业	3	3	1	2				2			1				3				
	其中：参公	4																		
	三、企业	5																		
层次	中央	6	3	1	2				2			1				3				
	省（区、市）	7																		
	地（市、州、盟）	8																		
	县（市、区、旗）	9																		
	乡（镇）	10																		
领域	种植业	11																		
	农机化	12																		
	畜牧/兽医	13																		
	农垦	14																		
	渔业	15																		
	综合	16	3	1	2				2			1				3				
公共服务	小计	17	3	1	2				2			1				3				
	技术推广	18																		
	经营管理	19																		
	动植物疫病防控	20																		
	农产品质量监管	21																		
	环境能源生态	22																		
	教育科研信息	23																		

　▶ ▶｜ 封面 ╲ 总表 ╲ 人员表 ╲ 公管表 ╲ 专技表 ╲ 工人表 ╲ 机构 ╱

图4-5-6　人员表数据

三、公管表数据

公管表是对在岗职工中的公务员及管理人员进行详细统计，包括政府机关的公务员、事业单位的管理岗人员和国有企业的经营管理人才（图4-5-7）。填写方法参见第二章（手工填报）第三节（统计数据填写）第四点（填写公管表）所述。

公管表主要特点是反映公务员和管理人员的任职情况，共有12个职级：正部级/一级职员、副部级/二级职员、正厅级/三级职员、副厅级/四级职员、正处级/五级职员、副处级／六级职员、正科级／七级职员、副科级／八级职员、科员／九级职员、办事员／十级职员、其他等级。基本情况的各指标是其中合计的其中项，学历情况、年龄情况、专业情况的各指标数据和都等于合计数。

项目		编号	合计	正部级/一级职员	副部级/二级职员	正厅级/三级职员	副厅级/四级职员	正处级/五级职员	副处级/六级职员	正科级/七级职员	副科级/八级职员	科员/九级职员	办事员/十级职员	其他等级
甲		乙	1	2	3	4	5	6	7	8	9	10	11	12
合计		1	3						1		2			
基本情况	女性	2	1								1			
	少数民族	3												
	中共党员	4	3						1		2			
	博士	5												
	硕士	6	1								1			
	学士	7	2							1	1			
学历情况	研究生	8	1								1			
	大学本科	9	2						1		1			
	大学专科	10												
	中专	11												
	高中及以下	12												
年龄情况	35岁及以下	13	2								2			
	36岁至40岁	14												
	41岁至45岁	15												
	46岁至50岁	16	1						1					
	51岁至54岁	17												
	55岁及以上	18												
专业情况	种植业	19												
	农机	20												
	畜牧	21												
	兽医	22												
	渔业	23												
	农经	24												
	其他	25	3						1		2			

▶ ▶¦ \ 封面 \ 总表 \ 人员表 \ 公管表 \ 专技表 \ 工人表 \ 机构 /

图4-5-7　公管表数据

四、专技表数据

专技表是对在岗职工中的专业技术人员进行详细统计，包括事业单位的专业技术岗人员和国有企业的专业技术人才。专技表要求准确统计专技技术人员的技术岗位等级情况，在"管理岗的"俗称"双肩挑"，"专业"指标项是指技术岗位专业（图4-5-8）。填写方法参见第二章（手工填报）第三节（统计数据填写）第五点（填写专技表）所述。

项目		编号	合计	在管理岗的	正高				副高			中级			初级			其他等级
					一级	二级	三级	四级	五级	六级	七级	八级	九级	十级	十一级	十二级	十三级	
甲		乙	1	2	3	4	5	6	7	8	9	10	11	12	13	14	15	16
合计		1	2	1				1			1							
基本情况	女性	2																
	少数民族	3																
	中共党员	4	2	1				1			1							
	博士	5																
	硕士	6																
	学士	7	2	1				1			1							
学历情况	研究生	8																
	大学本科	9	2	1				1			1							
	大学专科	10																
	中专	11																
	高中及以下	12																
年龄情况	35岁及以下	13																
	36岁至40岁	14																
	41岁至45岁	15																
	46岁至50岁	16	1	1							1							
	51岁至54岁	17																
	55岁及以上	18	1					1										
专业情况	种植业	19																
	农机	20																
	畜牧	21																
	兽医	22	1					1										
	渔业	23																
	农经	24																
	其他	25	1	1							1							

图4-5-8　专技表数据

专技表主要特点是反映专业技术人员的岗位等级情况，共有 14 个等级：正高（一级、二级、三级、四级），副高（五级、六级、七级），中级（八级、九级、十级），初级（十一级、十二级、十三级），其他等级。基本情况的各指标是其中合计的其中项，学历情况、年龄情况、专业情况的各指标数据和都等于合计数。

五、工人表数据

工人表全名是"全国农业系统国有单位工人及其他人员情况"，实际上展现了 3 种类型人员：工勤技能人员、劳务派遣人员、其他从业人员。工勤技能人员包括政府机关的工勤人员、企事业单位的技术工人工和普通工人（图 4-5-9）。填写方法参见第二章（手工填报）第三节（统计数据填写）第六点（填写工人表）所述。

工人表主要特点是反映工勤技能人员的岗位等级情况，技术工人共有 6 个等级：一级 / 高级技师、二级 / 技师、三级 / 高级工、四级 / 中级工、五级 / 初级工、其他等级。基本情况的各指标是其中合计的其中项，学历情况、年龄情况、专业情况的各指标数据和都等于合计数。

项目	编号	合计	小计	技术工人						普通工人	劳务派遣人员	其他从业人员
				一级/高级技师	二级/技师	三级/高级工	四级/中级工	五级/初级工	其他等级			
甲	乙	1	2	3	4	5	6	7	8	9	10	11
合计	1	1	1		1							
基本情况 女性	2											
少数民族	3											
中共党员	4											
博士	5											
硕士	6											
学士	7	1	1		1							
学历情况 研究生	8											
大学本科	9											
大学专科	10	1	1		1							
中专	11											
高中及以下	12											
年龄情况 35岁及以下	13											
36岁至40岁	14	1	1		1							
41岁至45岁	15											
46岁至50岁	16											
51岁至54岁	17											
55岁及以上	18											
专业情况 种植业	19											
农机	20											
畜牧	21											
兽医	22											
渔业	23											
农经	24											
其他	25	1	1		1							

▶ ▶| \ 封面 \ 总表 \ 人员表 \ 公管表 \ 专技表 \ 工人表 / 机构 /

图4-5-9 工人表数据

公务员、管理人员、专业技术人员、工勤技能人员都属于在岗职工。劳务派遣人员和其他从业人员不属于在岗职工，但属于从业人员。公管表、专技表、工人表是对人员表的详细统计。

第六节 数据校核

数据校核不是简单地根据校核公式做计算，而是要深入理解各项指标的含义，清楚各指标之间的逻辑关系。只有理解了指标含义及其逻辑关系，出现审核公式报错时，才能准确找到错误关键点。因此，建议在填写统计数据前，详细阅读报表制度，正确解读指标含义，全面理解校核公式所代表的逻辑关系。指标解释及校核关系参见第一章第三节所述。

一、主要校核公式

1. 全国农业系统国有单位机构、人员与工资总体情况（总表）

（1）列间关系：列 2>= 列 3，列 7>= 列（8、9…14），列 15>= 列 16，列 15>= 列 17。

（2）行间关系（列 18 除外）：行 1= 行（2+3+5）= 行（6+7…10）= 行（11+12…16），行 17= 行（18+19…25），行 3>= 行 4，行 1>= 行 17。

（3）表间关系：总表列 7 = 人员表列 1，总表列 8 = 人员表列（13+14+15+16）。

（4）自动计算：列 18=1000* 列 16/ 列 6。

2. 全国农业系统国有单位从业人员基本情况（人员表）

（1）列间关系：列 1= 列 (2+3…6)= 列 (7+8…12)= 列 (13+14…18)。

（2）行间关系：行 1= 行 (2+3+5)= 行 (6+7…10)= 行 (11+12…16)，行 17= 行 (18+19…25)，行 3>= 行 4，行 1>= 行 17。

（3）表间关系：人员表列 13 行 1+ 列 14 行 1= 公管表列 1 行 1，人员列 15 行 1= 专技表列 1 行 1– 列 2 行 1，人员列 16 行 1= 工人表列 1 行 1，人员列 17 行 1= 工人表列 10 行 1，人员列 18 行 1= 工人表列 11 行 1。

3. 全国农业系统国有单位公务员及管理人员情况（公管表）

（1）列间关系：列 1= 列（2+3…12）。

（2）行间关系：行 1= 行 (8+9…12)= 行 (13+14…18)= 行 (19+20…25)，行 1>= 行 (2、3…7)。

4. 全国农业系统国有单位专业技术人员情况（专技表）

（1）列间关系：列 1= 列 (3+4…16)，列 1>= 列 2。

（2）行间关系：行 1= 行 (8+9…12)= 行 (13+14…18)= 行 (19+20…25)，行 1>= 行 (2、3…7)。

5. 全国农业系统国有单位工人及其他人员情况（工人表）

（1）列间关系：列 1= 列 (2+9)，列 2= 列（3+4…8）。

（2）行间关系：行 1= 行 (8+9…12)= 行 (13+14…18)= 行 (19+20…25)，行 1>= 行 (2、3…7)。

6. 全国农业系统国有单位机构情况（机构表）

间关系：机构表机构登记数 = 总表机构总计数。

网上直报系统根据实际情况，中又补充了一些校核公式和限定条件，避免出现一些违反常理的情况。

二、审核数据

根据校核关系式审核数据，统计数据符合校核公式的，显示审核正确（图4-6-1）。

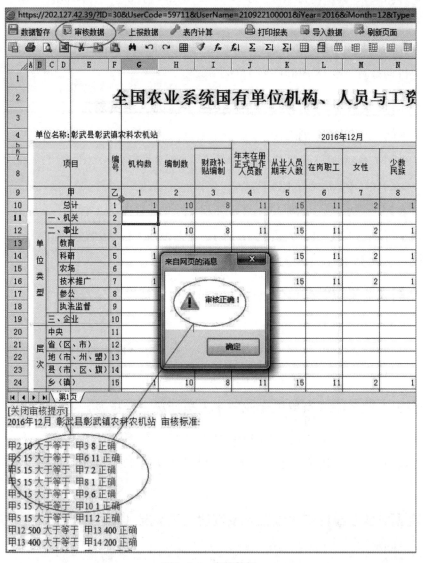

图4-6-1 审核数据

如果统计数据不符合校核公式定义的逻辑关系，点击"审核数据"按钮时，系统会提示审核错误，并指出不符合逻辑关系的数据值（图4-6-2）。一个统计数据错误可能会造成多个错误关系式出现，要仔细分析错误提示信息，找出关键错误数据。

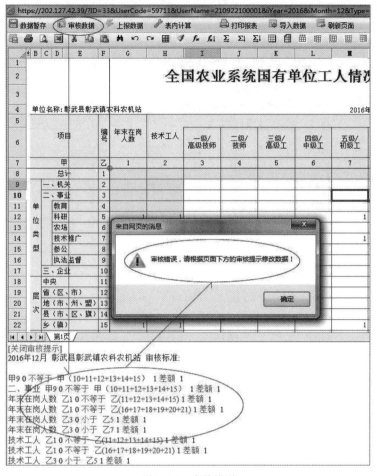

图4-6-2 审核错误

如果统计数据全部是通过机构信息采集表和人员信息采集表提取产生的，则审核数据时会全部正确，一次性通过数据校核。

第七节 数据上报

基层单位填写好统计数据，经审核正确后将所有报表上报；汇总单位可事先打开下级单位上报的数据，确认无误后才对下级单位上报数据进行汇总；上报数据如果有错误，牵头汇总单位可以驳回，基下级单位也可主动申请驳回。

一、基层上报

上报数据时，系统会自动审核数据是否符合校核公式逻辑关系，本张统计表上报成功后，还会弹出对话框提示各统计表上报情况（图4-7-1）。

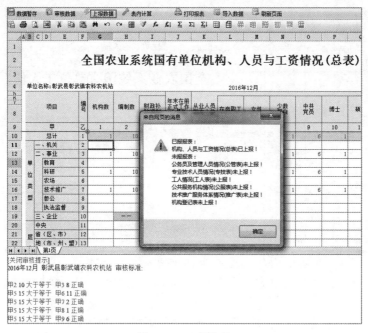

图4-7-1 上报数据

如果统计数据不否符合校核公式逻辑关系，统计表将无法上报，系统会提示发生错误的地方，并弹出对话框要求修改数据（图4-7-2）。

图4-7-2 上报数据失败

在默认页面点击"上报信息查询"按钮,可以看到年报统计表上报情况(图4-7-3)。已成功上报的统计报表,统计数据就不能直接修改了。

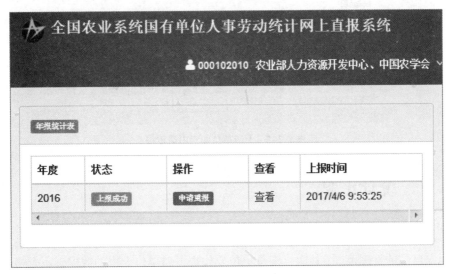

图4-7-3 上报情况

二、申请重报

报表上报后就不能修改了(图4-7-4),要修改就需要"申请重报",上级单位"同意申请"后才能修改,修改正确后可再次上报。

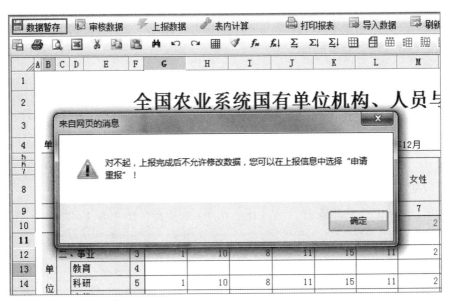

图4-7-4 全部上报后无法修改

上级单位同意申请后(图4-7-5),才能修改重报。

图4-7-5　上级单位同意申请重报

第八节　统计汇总

首先，汇总单位要理清汇总关系，明确自己的下属单位，让系统管理人员将下属单位列入自己的管理范围；其次，汇总单位要检查下属单位上报的数据，不合格的要驳回重填；最后，汇总单位进行数据汇总操作，形成汇总数据，再进一步上报给上级单位。

一、汇总关系

汇总关系可分为逐级汇总和直接汇总，在实际工作中，统计工作是逐级向下布置，再逐级向上汇总的。因此，网上直报系统的汇总关系主要是采用逐级汇总的方式，对于基层单位较少的区域和领域，也可采用直接汇总方式。逐级汇总方式又可分为按行政区划汇总和按行业领域汇总。

1. 按行政区划汇总

系统默认的账户汇总关系是根据行政区划隶属关系建立的，这是一种理想状态，需要各地根据实际情况提供准确的机构登记信息及其汇总关系，对理想汇总关系进行修正完善。建议每年统计工作布置前，各汇总单位要重新梳理一下汇总关系，让系统管理员根据实际情况重新定义。

例如：全国汇总关系是31个省（区、市）+农业部（图4-8-1和图4-8-2）。

下属单位账号	下属单位名称	上级单位账号
000100	农业部	000000
000200	全国各省（区、市）	000000
	单位个数	2

图4-8-1　汇总账号

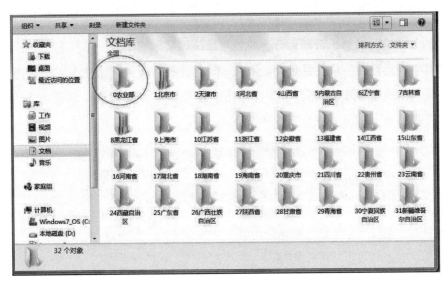

图4-8-2 汇总关系

例如：天津市的汇总关系是：天津市 = 天津市市本级 + 东丽区 + 西青区 + 津南区 + 北辰区 + 武清区 + 宝坻区 + 滨海新区 + 宁河县 + 静海县 + 蓟州区（图4-8-3）。

下属单位账号	下属单位名称	上级单位账号
120010	天津市市本级	120000
120110	东丽区	120000
120111	天津市西青区汇总	120000
120112	津南区农业经济委员会	120000
120113	北辰区	120000
120114	武清区	120000
120115	宝坻区农业委员会	120000
120116	滨海新区	120000
120221	宁河县	120000
120223	静海县	120000
120225	天津市蓟州区	120000
	单位个数	11

图4-8-3 按行政区划汇总

2. 按行业领域汇总

网上直报系统中全领域与各分领域之间的汇总关系是平行独立的，只是对基层单位数据抓取是有交叉。分领域汇总关系可参照全领域建立汇总关系，即按照行政区划的思路逐级汇总。对于逐级汇总关系不明确的分领域，可跨行政层级建立汇总关系，甚至可以采取超级汇总的方式。因为基层单位大多是综合建站，所以不赞成分领域简单加和的方式进行汇总，否则，会造成各领域统计数据偏小。

例如：河北省的汇总关系是：河北省＝河北省省本级＋石家庄市＋辛集市＋唐山市＋秦皇岛市＋邯郸市＋邢台市＋保定市＋定州市＋张家口市＋承德市＋沧州市＋廊坊市＋衡水市＋河北省农垦系统（图4-8-4）。

下属单位账号	下属单位名称	上级单位账号
130010	河北省省本级	130000
130100	石家庄市	130000
130181	石家庄市辛集市农牧局	130000
130200	唐山市	130000
130300	秦皇岛市	130000
130400	邯郸市	130000
130500	邢台市	130000
130600	保定市	130000
130682	保定市定州市	130000
130700	张家口市	130000
130800	承德市	130000
130900	沧州市	130000
131000	廊坊市	130000
131100	衡水市	130000
130000004	河北省农垦系统	130000
	单位个数	15

图4-8-4　混合汇总关系

例如：广西壮族自治区汇总关系是：广西壮族自治区＝广西种植汇总＋广西壮族自治区农机化＋广西壮族自治区水产畜牧兽医局＋广西壮族自治区农垦（图4-8-5）。

下属单位账号	下属单位名称	上级单位账号
450000001	广西种植汇总	450000
450000002	广西壮族自治区农机化	450000
450000003	广西壮族自治区水产畜牧兽医局	450000
450000004	广西壮族自治区农垦	450000
	单位个数	4

图4-8-5　按行业领域汇总

因为基层单位大多是综合建站，所以不赞成分领域简单加和的方式进行汇总，否则，会造成各领域统计数据偏小。

二、汇总范围

用汇总单位账号进入系统后，在"系统设置"栏目下点击"查找下属单位"，即可看到本账号下管理的基层单位或下级汇总单位（图4-8-6）。如果下属单位列表不正确，请与即时与系统管理员联系，管理员QQ号码：6577438。

图4-8-6　查找下属单位

在"系统设置"栏目下点击"汇总范围定义"，即可看到本账号下可用的汇总关系（图4-8-7），一般有分领域相加、各行政区域相加、超级汇总等3种汇总方式，启用一种汇总方式后，点击"设置汇总范围"，即可查看到汇总范围及下属单位。汇总范围由系统管理员根据各地上报的汇总关系文件夹结构精确定义。

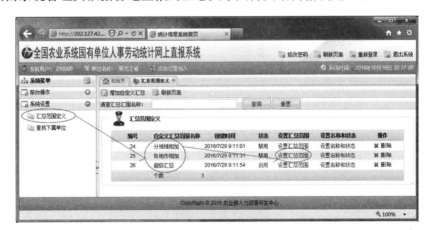

图4-8-7　汇总范围定义

三、驳回重报

点击"上报信息"按钮，可查询到下级单位的上报情况（图4-8-8）。如果发现上报数据有误，可直接修改，也可驳回重报，下级单位修改正确后可再次上报。

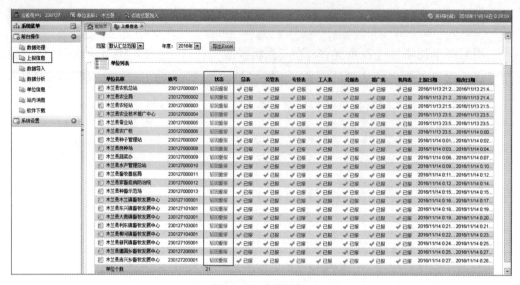

图4-8-8　驳回重报

四、数据汇总

确认下属单位上报数据合格后,点击"数据处理"按钮,打开各统计表,点击"数据汇总"按钮,确认数据汇总操作(图 4-8-9)。汇总完成后,一定要记得点击"保存"按钮。

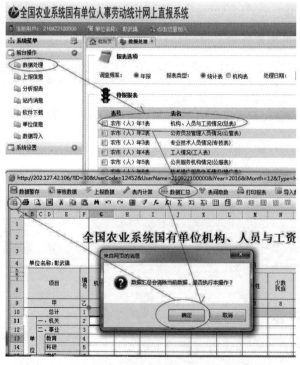

图4-8-9　数据汇总

五、数据上报

所有统计报表数据汇总完成并审核通过后，点击"上报数据"按钮即可完成上报。如果审核数据未通过，则系统提示不能完成上报（图 4-8-10）。

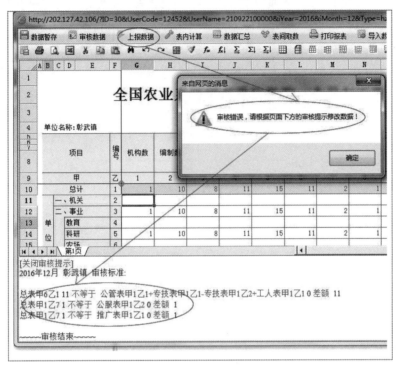

图4-8-10　汇总上报

第九节　数据分析

目前已经开发了分析报告导入上报、两年数据对比分析等基本功能，计划进一步开发历年对比分析、自定义条件分析等高级功能。

一、分析报告导入

点击"数据导入"按钮，在"分析报告导入"窗口点击"浏览"按钮，选择已经撰写好的分析报告电子版，点击"打开"再点击"开始导入"，即可将分析报告上传到系统中（图 4-9-1）。

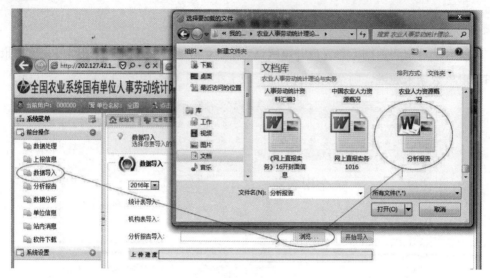

图4-9-1　分析报告导入

二、分析报告浏览

点击"分析报告"按钮，即可看到下属单位分析报告上报情况（图4-9-2），点击各单位名称链接，即可查看浏览各单位上报的分析报告。

图4-9-2　分析报告浏览

三、两年对比分析

点击"数据分析"按钮，设置处理日期，点击统计报表表名链接，即可打开两年对比分析表（图4-9-3）。

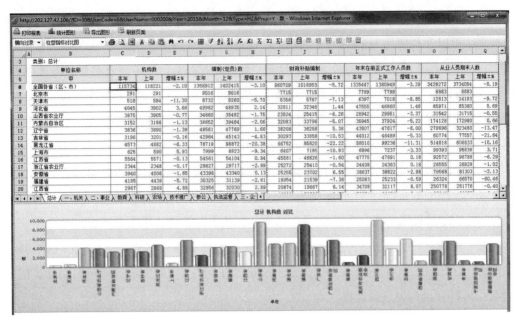

图4-9-3 对比分析

第十节 常见问题

（1）问：网上直报系统的地址是什么？账号和密码如何获取？

答：登录地址：http://202.127.42.107（VPN 地址若无法登录，请使用此地址）

登录账号：可以从上级单位获取（账号信息已经发至省里，由省里统一下发，其中文件、文件夹名称中的代码，或是文件中页签中的代码（通常是 6 位或 9 位）为汇总账号，默认密码：Tjzb@2016），若您是汇总单位可有 2 个或 2 个以上账号。

默认密码：Tjzb@2016 注意密码中第一个字母需要大写。

（2）问：下发的机构信息表中缺少部分单位的账号，或有新增加的单位怎么办？

答：可以在下发的机构信息表中补充单位信息，发送至 6577438@qq.com 邮箱并留言：所在省、市、县，及是否是分行业的单位。例如：陕西省、咸阳市、三原县，农业系统，补充 10 个单位。

（3）问：下发的机构信息表中，有注销或是重复需要删除的怎么办？

答：可以在下发的机构信息表中标注需要删除的单位，发送至 6577438@qq.com 邮箱并留言：所在省、市、县，及是否是分行业的单位。例如：陕西省、咸阳市、三原县，农业系统，标红为需要删除的单位。

（4）问：输入 https://202.127.42.39 地址后，无法登录系统怎么办？

答：可以选择使用 http://202.127.42.107 地址登录（注：是 http:// 不是 https://）。

（5）问：报表系统登录成功，但是打开"数据处理"后，看不到表格样式怎么办？

答：可以在"软件下载"中下载并安装"Cell 插件 5.3.9.14"，详细的操作可以查看"站内消息"中"系统登陆不了，或是登陆之后看不到表格样式，打开报表是一张空白表，解决办法！ "（注：此处为超链接可以按 Ctrl 键点击打开）。

（6）问：数据处理中的"打印封面"一直在待报表中，无法上报怎么办？

答：上报的 6 张统计 +1 张机构表中不包括打印封面，"打印封面"不需要上报。

（7）问：统计表都已经上报成功，只有"机构表"无法上报怎么办？

答：先确认一下审核是否正确，或者是使用的浏览器版本较低（IE6 出现此问题的较多），可以在"软件下载"中，下载并安装"IE8.0"，安装完成"重新启动计算机"之后，再打开机构表进行上报。

（8）问：工资是以千元为单位吗？后面的数四舍五入还是怎么办？

答："在岗职工年平均工资（元）"是以"元"为单位，小数可以四舍五入。

（9）问：数据怎么样才算上报成功？上报成功之后可以修改吗？

答：数据是否上报成功，可以在"上报信息"中确认，上报状态若显示"上报未完成"则说明没有上了成功，或是没有刷新页面，此时是可以对数据进行修改，并重新上报的；如果显示的是"上报成功"则说明已经上报完成，此时是不能修改数据的，想要修改必点操作中的"申请重报"按钮，上级单位审核并同意申请后，才能再次填报。

（10）问：在直报系统怎样导出数据？

答：系统中现提供了单表导出 Excel 的功能（如下图）。

（11）问：不填的报表是否还需要上报？

答：不填的报表需要"空表"直接上报才行。

（12）问：为什么报表打开后，无法录入数据？

答：报表中灰色的单元格中有自动计算公式，是不需要输入的，可以在其中项目中输入。

（13）问：修改密码后忘记了怎么办？如果查找下属单位密码？

答：可以联系上级单位或系统管理员。上级单位可以通过"查找下属单位"查询到下属单位的信息。

（14）问：系统设置中的"汇总范围定义"如何设置？

答："汇总范围定义"默认是系统已经设置好的，通常不需要再重新设置（见意在不能熟练操作的情况下，不要设置或删除汇总范围），若想要自定义汇总范围，可以选择"增加自定义汇总范围"（如下图）：

输入汇总范围名称（如下图）：

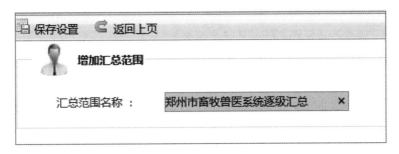

并点"设置汇总范围"（如下图）：

点击"自定义汇总范围"（如下图）：

将需要汇总的下属单位信息，复制粘贴到表格中，点"导入单位"按钮，提示"导入成功"即完了汇总范围的定义（如下图）（注：汇总范围可以是多个，但"启用"的只有一个，作为汇总下级单位使用，"禁用"的汇总范围可以在上报信息中查看使用，不能汇总下属单使用）。

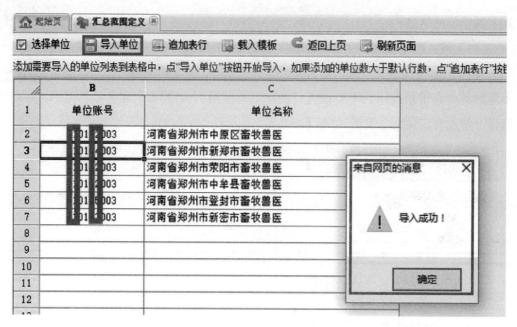

（15）问：登录之后发现单位名称错了怎么办？

答：先确认上级单位下发的账号是否正确，如果正确可以在"单位信息"中修改单位名称。

（16）问：分析报告是否需要上报？

答：分析报告不是必填项，若未明确要求，可以不用填报。

第五章　统计分析

　　统计分析是统计工作的重要环节，最后的统计结果、决策建议都可以通过统计分析报告归纳表述，领导和同事也是通过统计分析报告了解统计工作成果，从而进一步给予肯定和协助。下面用几个实例介绍一下统计分析的内容和形式。

第一节　统计概况

统计概况是用最简短的篇幅对年度统计数据进行简要阐述，主要是说明当年的重点指标数据，并说明与上年的增减幅度。如 2016 年度全国农业系统国有单位人事劳动统计概况如下：

一、机构情况

截止 2016 年年底，全国农业系统国有单位共有 103571 个，比上年减少 12277 个，减幅为 10.6%。从近三年统计情况来看，随着机构改革的不断深入，机构数逐年递减已成为基本特征。机构数减幅较大的原因主要有两个方面：一是 2014 年修订的统计报表制度强调按法人统计，"一套人马，多块牌子"的机构只统计一次；二是 2016 年全面推行网上直报，有效防止了重复填报等问题，统计数据更加精准。

（1）按单位性质分，国家机关 5221 个，比上年减少 244 个，减幅为 4.5%；事业单位 95953 个，比上年减少 10789 个，减幅为 10.1%，其主要原因是基层农业事业单位大多为"一套人马，多块牌子"，网上直报后只能作为 1 个单位统计，进一步修正了以往重复统计的问题；企业单位 2397 个，比上年减少 1250 个，减幅为 34.3%。企业个数相比国家机关、事业单位降幅较高，其主要原因是随着农垦体制改革、国有企业改制等深入推进，一些企业被合并或注销。

（2）全国农业系统国有单位公共服务机构情况。截止 2016 年年底，全国农业系统国有单位公共服务机构共 80650 个，比上年减少 11874 个，减幅为 12.8%。其中，技术推广机构 70311 个，比上年减少 9031 个，减幅为 11.4%；基层农业技术推广体系中，县级技术推广机构 23300 个，比上年减少 1593 个，减幅为 6.4%；乡级技术推广机构 42979 个，比上年减少 7299 个，减幅为 14.5%，其主要原因是基层技术推广机构大多为合署办公，特别是乡镇基层实行"五站合一"，网上直报只能统计为 1 个机构。经营管理机构 3661 个，比上年减少 1123 个，减幅为 23.5%，其主要原因是部分基层经营管理机构为乡镇内设机构，不是独立法人单位，因此不再纳入统计范围。动植物疫病防控机构 6118 个，比上年增加 597 个，增幅为 10.8%；农产品质量监管机构 3497 个，比上年增加 620 个，增幅为 21.6%。动植物疫病防控机构和农产品质量监管机构数量的增加，其主要原因：一是基层强化了相关职能，加强了机构队伍建设；二是网上直报推行后，规范了填报标准和口径，纠正了以往存在的漏报现象。

二、人员情况

截止 2016 年年底，全国农业系统国有单位共有从业人员总计 323.3 万人，比上年减少 21.9 万人，减幅为 6.3%；在岗职工人数为 271.4 万人，比上年减少 8.4 万人，减幅为 3.0%。总的来看，近三年随着机构数量的减少，全国农业系统国有单位从业人员和在岗职工数量也逐年递减。

（1）按单位性质划分，国家机关在岗职工 10.5 万人，比上年减少 0.8 万人，减幅为 7.1%；事业单位在岗职工 122.6 万人，比上年减少 6.5 万人，减幅为 5.0%；企业在岗职工 138.2 万人，比上年减少 1.1 万人，减幅为 0.8%。

（2）按领域划分，种植业在岗职工 42.3 万人，比上年减少 6.1 万人，减幅为 12.6%；农机化在岗职工 10.9 万人，比上年减少 0.6 万人，减幅为 5.2%；畜牧 / 兽医在岗职工 27.8 万人，比上年减少 1.5 万人，减幅为 5.1%；农垦在岗职工 159.7 万人，比上年减少 3.4 万人，减幅为 2.1%；渔业在岗职工 6.1 万人，比上年减少 1.4 万人，减幅为 18.7%；农业综合服务 24.6 万人，比上年增加 4.7 万人，增幅为 23.6%。各领域在岗职工人数逐年下降，既有机构减少的原因，也存在部分单位往年对统计口径把握不准确，造成与今年数据对比差距较大的问题，但规模上基本保持稳定。

（3）在岗职工中，公务员及管理人员总数为 39.7 万人，占在岗职工总数的 14.6%，比上年增加 0.3 万人，增幅为 0.8%；专业技术人员总数为 73.2 万人，占在岗职工总数的 27.0%，比上年减少 4.4 万人，减幅为 5.7%；工人总数为 163.2 万人，占在岗职工总数的 60.1%，比上年减少 3.9 万人，减幅为 2.3%。技术工人在岗职工总数为 49.1 万人，占工人总数的 30.1%，比上年减少 6 万人，减幅为 10.9%；其中，三级 / 高级工以上为 16.0 万人，占工人总数的 9.8%，比上年减少 1.3 万人，减幅为 7.5%。公务员及管理人员数量基本保持稳定，专业技术人员和工人数量都有所减少。

（4）全国农业系统国有单位公共服务机构 2016 年年末在岗职工总数为 70.5 万人，比上年减少 3.3 万个，减幅为 4.5%。其中，技术推广机构年末在岗职工 59.6 万人，比上年减少 2.7 万人，减幅为 4.3%；经营管理机构年末在岗职工 3.3 万人，比上年减少 0.7 万人，减幅为 17.5%；动植物疫病防控机构年末在岗职工 5.2 万人，比上年增加 0.5 万人，增幅为 10.6%；农产品质量监管机构年末在岗职工 3.0 万人，比上年增加 0.6 万人，增幅为 25%。

农业技术推广体系中，管理人员 7.9 万人，占在岗职工总数的 13.2%，比上年增加 0.4 万人，增幅为 5.3%；专业技术人员 41.5 万人，占在岗职工总数的 69.7%，比上年减少 2.1

万人，减幅为 4.8%；工人 11.6 万人，占在岗职工总数的 19.4%，比上年减少 0.7 万人，减幅为 5.7%。基层农业技术推广体系中，县级技术推广体系在岗职工人数为 27.0 万人，占技术推广体系在岗职工总数的 45.3%，比上年减少 1.2 万人，减幅为 4.3%；乡级技术推广体系在岗职工人数为 25.6 万人，占技术推广体系在岗职工总数的 42.9%，比上年减少 1.3 万人，减幅为 4.8%。

三、工资情况

2016 年度全国农业系统国有单位在岗职工工资总额为 1154.3 亿元，比上年增加 80.9 亿元，增幅为 7.5%。全年人均工资为 42516 元，比上年增加 4150 元，增幅为 10.8%。

按单位性质划分，机关单位在岗职工工资总额为 82.6 亿元，比上年增加 9.1 亿元，增幅为 12.4%；机关单位全年人均工资 79002 元，比上年增加 14211 元，增幅为 21.9%；事业单位在岗职工工资总额为 717.7 亿元，比上年增加 71.7 亿元，增幅为 11.1%；事业单位年人均工资为 59192 元，比上年增加 9168 元，增幅为 18.3%；企业单位在岗职工工资总额为 354 亿元，比上年增加 0.1 亿元；企业单位年人均工资为 25324 元，比上年减少 82 元，减幅为 0.3%。

总的来说，全国农业系统国有单位在岗职工的工资水平逐年上升，这也与机关事业单位近年来的工资改革调整相符合。

四、深入分析

统计概况说明了农业系统国有单位的基本情况，摸清了家底。如果要为领导决策提参考供建议，还应再深入分析一下原因、趋势，有针对性地调整人力结构，加强薄弱环节，提出重点强化方面，例如，从统计数据来看，县、乡农技推广人员减少是个大问题，应想办法补充、强化。下面就几个焦点问题做深入分析。

1. 为什么国家机关在岗职工减幅较大？

截至 2016 年年底，国家机关在岗职工 10.5 万人，比上年减少 0.8 万人，减幅为 7.1%；事业单位在岗职工 122.6 万人，比上年减少 6.5 万人，减幅为 5.0%；企业在岗职工 138.2 万人，比上年减少 1.1 万人，减幅为 0.8%。

近几年，农业系统基层机关、事业单位机构改革力度比较大，精简、合并是大趋势，在岗职工随着机构的减少而减少。机关相对于事业单位来说，人员减幅更大，说明农业系统基层"小政府、大服务"格局正在逐步强化,更多的专业人才从机关单位走出来,充实到公共服务部门,走向"服务"第一线。

2. 为什么农业综合服务领域人员增幅较大?

按领域划分,种植业在岗职工 42.3 万人,比上年减少 6.1 万人,减幅为 12.6%;农机化在岗职工 10.9 万人,比上年减少 0.6 万人,减幅为 5.2%;畜牧 / 兽医在岗职工 27.8 万人,比上年减少 1.5 万人,减幅为 5.1%;农垦在岗职工 159.7 万人,比上年减少 3.4 万人,减幅为 2.1%;渔业在岗职工 6.1 万人,比上年减少 1.4 万人,减幅为 18.7%;农业综合服务 24.6 万人,比上年增加 4.7 万人,增幅为 23.6%。

乡镇基层实行"五站合一",按领域划分都归类于"农业综合服务"。实行网上直报以前,基层统计单位将人员按工作从事领域分开填报,一个综合站的人员可能被分为种植业、农机化、畜牧 / 兽医、渔业四个领域;实行网上直报以后,一个综合站的人员都按照农业综合服务一个领域填报。因此,2016 年统计数据出现农业综合服务领域人员增加、其他领域人员减少的情况,主要原因是网上直报改变了统计规则。

3. 为什么县、乡技术推广人员持续减少?

全国农业系统国有单位公共服务机构 2016 年年末在岗职工总数为 70.5 万人,比上年减少 3.3 万个,减幅为 4.5%。其中,技术推广机构年末在岗职工 59.6 万人,比上年减少 2.7 万人,减幅为 4.3%;经营管理机构年末在岗职工 3.3 万人,比上年减少 0.7 万人,减幅为 17.5%;动植物疫病防控机构年末在岗职工 5.2 万人,比上年增加 0.5 万人,增幅为 10.6%;农产品质量监管机构年末在岗职工 3.0 万人,比上年增加 0.6 万人,增幅为 25%。基层农业技术推广体系中,县级技术推广体系在岗职工人数为 27.0 万人,占技术推广体系在岗职工总数的 45.3%,比上年减少 1.2 万人,减幅为 4.3%;乡级技术推广体系在岗职工人数为 25.6 万人,占技术推广体系在岗职工总数的 42.9%,比上年减少 1.3 万人,减幅为 4.8%。

近几年来,县乡基层技术推广人员统计数据持续减少,究其原因可归纳为三个方面:一是农业系统乡镇基层推行"五站合一",独立设站的农机化、畜牧、兽医、水产等专业技术推广机构逐年减少,大部分推广人员进入合并后的农业综合站,少部分推广人员被分流或提前退休,总体人员是减少的。二是网上直报纠正了少量重复统计错误,也剔除了少量非独立法人单位的统计数据。三是部分地区的乡镇机构改革幅度较大,设立更大范畴的乡镇综合服务中心,农业综合服务站也不再是独立的机构,保留牌子不保留机构;还有些地区推行农业技术服务社会化、市场化,农业技术推广人员力量实际被削弱了。

要解决县、乡农技推广人员减少的问题，根本方法是保证农业技术推广机构编制稳定，打造一支农业技术推广国家队，塑造一支农业人才队伍中坚力量。

第二节　两年对比分析

两年对比分析是将本年度的统计数据与上年度对应的统计指标数据进行对比，详细分析其增减数量、变化幅度和原因背景，用图文并茂的方式叙述两年统计数据的变化情况。如2014年度与2015年度全国农业系统国有单位人事劳动统计数据对比分析如下：

2015年，全国农业系统国有单位人员队伍结构相对稳定、整体素质不断提高，呈现机构编制数略有减少、队伍数量稳中略降、工资收入稳步增加的特点（表5-2-1）。

表5-2-1　2014—2015年全国农业系统国有单位人事劳动统计主要指标数据变化情况

指标（单位）	2014 年	2015 年	增减数量	变化率 (%)
机构数（个）	118332	115978	-2354	-1.99
编制（定员）数（万个）	142.7	138.4	-4.3	-3.01
从业人员（万人）	375.7	349.2	-26.5	-7.05
在岗职工（万人）	300.9	283.6	-17.3	-5.75
公务员及管理人员（万人）	40.2	39.5	-0.7	-1.74
专业技术人员（万人）	81.2	77.6	-3.6	-4.43
工人（万人）	183.6	170.8	-12.8	-6.97
从业人员工资总额（亿元）	1168.6	1166.3	-2.3	-0.20
从业人员年人均工资（元）	30751.8	34937.6	4185.8	13.62
在岗职工工资总额（亿元）	973.9	1075.1	101.2	10.39
在岗职工年人均工资（元）	33094	37203	4109	12.42

一、机构进一步精简

截至2015年年底，全国农业系统国有单位机构11.6万个，编制（定员）数138.4万个。与上年相比，机构数减少2354个，减幅1.99%；编制数减少4.3万个，减幅3.01%（图5-2-1）。

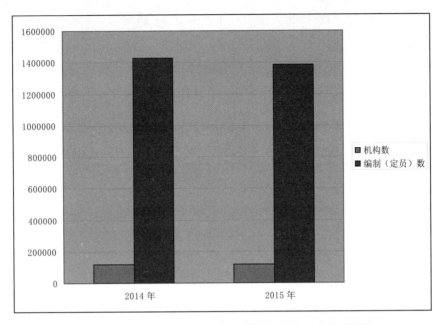

图5-2-1 2014—2015年全国农业系统国有单位机构编制情况

1. 机构情况

从单位类型看：机关机构数5466个，占机构总数的4.7%，较上年减少139个、减幅2.5%；事业单位机构数10.68万个，占92.0%，较上年减少0.20万个、减幅1.9%；企业单位机构数3760个，占机构总数的3.2%，较上年减少181个、减幅4.6%。

事业单位中，技术推广类单位比重最大（7.9万个），占事业单位机构总数的74.3%。其他依次为：执法监督类9.1%，参公类6.3%，教育类2.1%，农场类2.0%，科研类1.4%。教育机构减少5个、减幅0.2%；农场类机构减少70个、减幅3.2%；技术推广类机构减少1932个、减幅2.4%。执法监督机构增加118个，增幅1.2%；科研类机构增加51个、增幅3.7%。

从机构层次看：乡级机构比重最大（5.7万个），占机构总数的49.4%。其他依次为：县级40.1%，地级6.9%，省级3.5%，中央级0.1%。省级减少97个、减幅2.3%；地级增加70个、增幅0.9%；县级减少47个、减幅0.1%；乡级减少2283个、减幅3.8%。

从领域范围看：种植业比重最大（3.9万个），占机构总数的34.0%。其他依次为：畜牧兽医27.2%，农业综合服务15.4%，农机化12.7%，渔业5.8%，农垦4.9%。各个领域的机构数大体减少，但农业综合服务有所增加。农业综合服务机构增加360个，增幅2.1%；种植业机构减少634个，减幅1.6%；农机化机构减少536个，减幅3.5%；畜牧兽医机构减少1138个，减幅3.5%，农垦机构减少82个，减幅1.4%；渔业机构减少324个，减幅4.6%。

从各省情况看：四川省机构数量最多（9624个），占全国机构总数的8.3%；山东省次之（9346个），占比8.1%；湖南省第三（8719个），占7.5%。北京市机构数量最少（291个），占0.3%。从变化幅度看，西藏自治区机构数增幅最大，增加62个，增幅为8.2%；天津市机构数减幅最大，减少66，减幅为11.3%（表5-2-2）。

表5-2-2　2014—2015年全国农业系统国有单位机构数量变化情况

单位：个

省（区、市）	2014年	2015年	增减数量	增减幅度（%）
北京市	291	291	0	0
天津市	584	518	−66	−11.3
河北省	3902	4045	143	3.7
山西省	3905	3875	−30	−0.8
内蒙古自治区	3188	3152	−36	−1.1
辽宁省	3890	3836	−54	−1.4
吉林省	3201	3196	−5	−0.2
黑龙江省	4882	4573	−309	−6.3
上海市	590	625	35	5.9
江苏省	5571	5564	−7	−0.1
浙江省	2348	2344	−4	−0.2
安徽省	4006	3940	−66	−1.6
福建省	4439	4315	−124	−2.8
江西省	2848	2987	139	4.9
山东省	9500	9346	−154	−1.6
河南省	4896	4677	−219	−4.5
湖北省	4829	4792	−37	−0.8
湖南省	8815	8719	−96	−1.1
广东省	4025	3778	−247	−6.1
广西壮族自治区	5673	5363	−310	−5.5
海南省	594	541	−53	−8.9
重庆市	2126	2028	−98	−4.6
四川省	9957	9624	−333	−3.3
贵州省	3597	3477	−120	−3.3
云南省	5668	5524	−144	−2.5
西藏自治区	760	822	62	8.2
陕西省	3267	3076	−191	−5.8
甘肃省	5117	5040	−77	−1.5
青海省	810	810	0	0
宁夏自治区	574	574	0	0
新疆维吾尔自治区	4368	4412	44	1.0

2. 编制情况

从单位类型看：机关为 10.6 万个，占编制总数的 7.6%，较上年增加 967 个、增幅 0.9%；事业单位为 128 万个，占 92.4%，较上年减少 4.4 万个、减幅 3.4%。

事业单位中，技术推广类单位比重最大（65.8 万个），占事业单位编制总数的 47.5%。其他依次为：农场类 13.7%，执法监督类 7.7%，科研类 6.4%，参公类 6.6%，教育类 5.3%。各类编制数除参公类编制其他均有所减少。参公类编制增加 222 个、增幅 0.2%；技术推广类编制减少 13371 个、减幅 2.0%；教育类编制减少 3402 个，减幅 4.4%；科研类编制减少 9015 个、减幅 9.3%；农场类编制减少 7198 个、减幅 3.7%；执法监督类编制减少 58 个、减幅 0.1%。

从机构层次看：县级比重最大（65 万个），占总数的 47.0%。其他依次为：乡级 27.0%，省级 12.2%，地级 12.0%，中央级 1.8%。中央级编制增加 98 个、增幅 0.4%；省级编制减少 2 万个、减幅 10.6%；地级编制减少 1920 个，减幅 1.1%；县级编制减少 6760 个，减幅 1.0%；乡级编制减少 1.5 万个、减幅 3.8%。

从领域范围看：种植业系统比重最大（48.3 万个），占总数的 35.0%。其他依次为：畜牧兽医 22.4%，农垦 16.8%，农业综合服务 15.3%，农机化 8.7%，渔业 4.9%。种植业编制减少 1870 个，减幅 0.4%；农机编制减少 6627 个，减幅 5.5%；畜牧兽医编制减少 1.4 万个，减幅 4.7%；农垦编制减少 1.8 万个，减幅 7.6%；渔业编制减少 1217 个，减幅 1.8%；农业综合服务编制数增加 1486 个，增幅 0.7%。

从各省情况看：湖南省编制数量最多（18.5 万个），占总数的 13.4%；山东省次之（7.9 万个），占 5.7%；黑龙江省第三（7.9 万个），占 5.7%。西藏自治区编制数量最少（7017 个），仅占 0.5%。从变化幅度看，黑龙江省减幅最大，减少 2 万个，减幅为 20.4%；西藏自治区增幅最大，增加了 1000 个，增幅为 16.6%。

二、人员结构逐步优化

截至 2015 年年底，全国农业系统国有单位共有从业人员 349.2 万人，在岗职工 283.6 万人，公务员及管理人员 39.5 万人，专业技术人员 77.6 万人，工人 170.8 万人。与上年相比，从业人员减少 26.5 万人、减幅 7.0%；在岗职工减少 17.3 万人、减幅 5.8%；公务员及管理人员减少 0.7 万人，减幅为 1.7%；专业技术人员增加 3.6 万人，增幅为 4.5%；工人减少 12.8 万人，减幅为 7.0%（图 5-2-2）。

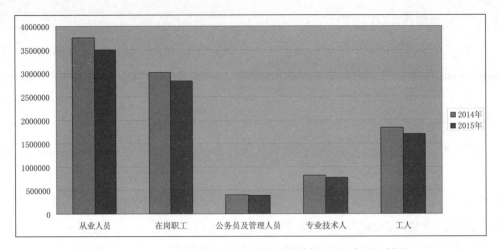

图5-2-2　2014—2015年全国农业系统国有单位人员队伍对比情况

1. 人员队伍总体情况

从单位类型看：以在岗职工数计（下同），机关为11.3万人，占在岗职工总数的4.0%，较上年增加1274人，增幅1.1%；事业单位为129.1万人，占45.5%，较上年减少3.2万人，减幅2.4%；企业为143.1万人，占50.5%，较上年减少14.3万人，减幅9.1%（图5-2-3）。

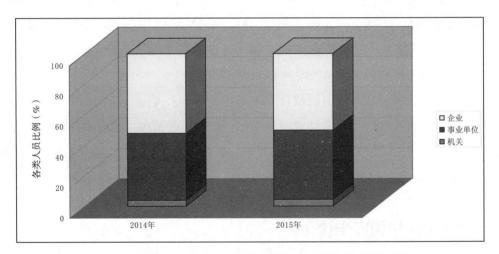

图5-2-3　2014—2015年全国农业系统国有单位各类型人员比例情况

事业单位中，技术推广类型比重最大（61.6万人），占事业单位在岗职工数的47.7%。其他依次为：农场类（26.3万人）20.4%，执法监督（10.5万人）8.2%，参公（8.2万）6.4%，科研类（7.1万人）5.5%，教育类（7.5万人）5.8%。事业单位中，所有类人员均有所减少：教育类单位减少1373人，减幅1.8%；科研类单位减少9139人，减幅11.4%；农场类减少4289人，减幅1.6%；技术推广类单位减少1.4万人，减幅2.2%；参公类单位减少2546人，减肥3.0%；执法监督类单位减少658人，减幅0.6%。

从机构层次看：县级比重最大（119.5万人），占在岗职工总数的42.2%。其他依次为：省级（70.7万人）24.9%，乡级（62.7万人）22.1%，地级（28.6万人）10.1%。各级在岗职工人数都有所减少。人数减少最多的为乡级，减少8.8万人，减幅12.3%。其他减少的依次为：中央减少663人，减幅3.1%；省级增加减少5万人，减幅6.6%；地级减少1.5万人，减幅5.0%；县级减少2.0万人，减幅1.6%。

从领域范围看：农垦系统比重最大（166.8万人），占在岗职工总数的58.8%。其他依次为：种植业（48.5万人）17.1%；畜牧业/畜牧兽医服务业（29.3万人）10.3%；农业综合服务（19.9万人）7.0%；农业机械化领域（11.5万人）4.1%；渔业（7.5万人）2.6%。各领域在岗职工数都呈减少趋势，人员减少最多的是农垦，减少8.9万人，减幅5.0%。其次依次为：种植业减少1.8万人，减幅3.7%；农机化减少5837人，减幅4.8%；畜牧兽医减少1.8万人，减幅5.9%；渔业减少3.9万人，减幅34.5%；农业综合服务类减少2608人，减幅1.3%。

从各省情况看：湖北省在岗职工数量最多（40.8万人），占在岗职工总数的14.4%；黑龙江省次之（34.3万人），占12.1%；辽宁省第三（26.4万人），占9.3%。西藏自治区在岗职工数量最少（7037人），占0.2%。大部分省市在岗职工数都呈减少趋势，只有少部分省份在岗职工人数增加。人员减少最多的是河南省，减少3.6万人，减幅29.9%。黑龙江省次之，减少3.5万人，减幅9.3%；辽宁省第三，减少3万人，减幅10.2%。个别省市在岗职工数增加：前三分别为福建省、上海市、云南省。其中福建省增加5073人，增幅为8.6%；上海市增加1916人，增幅3.0%；云南省增加1836人，增幅为2.0%（表5-2-3和表5-2-4）。

表5-2-3　2014—2015年全国农业系统国有单位从业人员数量变化情况

单位：人

省（区、市）	2014年	2015年	增减数量	增减幅度（%）
北京市	8883	8883	0	0.0
天津市	14193	12813	−1380	−9.7
河北省	85380	85971	591	0.7
山西省	31715	31542	−173	−0.5
内蒙古自治区	172980	174128	1148	0.7
辽宁省	323480	279896	−43584	−13.5
吉林省	77557	60774	−16783	−21.6
黑龙江省	606833	514818	−92015	−15.2
上海市	95838	99393	3555	3.7
江苏省	98788	92572	−6216	−6.3

续表

省（区、市）	2014 年	2015 年	增减数量	增减幅度（％）
浙江省	26829	26555	−274	−1.0
安徽省	81303	79568	−1735	−2.1
福建省	66570	66756	186	0.3
江西省	251776	250778	−998	−0.4
山东省	93355	87346	−6009	−6.4
河南省	128079	84930	−43149	−33.7
湖北省	516991	490785	−26206	−5.1
湖南省	268943	263137	−5806	−2.2
广东省	93133	91811	−1322	−1.4
广西自治区	97916	108067	10151	10.4
海南省	104799	90204	−14595	−13.9
重庆市	24524	24115	−409	−1.7
四川省	67504	65933	−1571	−2.3
贵州省	34600	35037	437	1.3
云南省	106244	106030	−214	−0.2
西藏自治区	6101	7046	945	15.5
陕西省	48180	45935	−2245	−4.7
甘肃省	66182	66512	330	0.5
青海省	14772	14809	37	0.3
宁夏自治区	24248	24711	463	1.9
新疆自治区	96358	77849	−18509	−19.2

表5-2-4　2014—2015年全国农业系统国有单位在岗职工人数变化情况

单位：人

省（区、市）	2014 年	2015 年	增减数量	增减幅度（％）
北京市	8634	8634	0	0
天津市	11842	11696	−146	−1.2
河北省	81066	81547	481	0.6
山西省	31508	30823	−685	−2.2
内蒙古自治区	108162	107075	−1087	−1.0
辽宁省	294037	264002	−30035	−10.2
吉林省	64418	56732	−7686	−11.9
黑龙江省	378411	343218	−35193	−9.3
上海市	63622	65538	1916	3.0

省（区、市）	2014 年	2015 年	增减数量	增减幅度（％）
江苏省	93020	86643	-6377	-6.9
浙江省	26093	25922	-171	-0.7
安徽省	69317	67267	-2050	-3.0
福建省	58669	63742	5073	8.6
江西省	106221	105256	-965	-0.9
山东省	90495	86139	-4356	-4.8
河南省	121142	84888	-36254	-29.9
湖北省	420765	407923	-12842	-3.1
湖南省	252311	250376	-1935	-0.8
广东省	89165	86760	-2405	-2.7
广西自治区	71498	65416	-6082	-8.5
海南省	104614	89933	-14681	-14.0
重庆市	24504	24080	-424	-1.7
四川省	66518	65187	-1331	-2.0
贵州省	34021	34401	380	1.1
云南省	90218	92054	1836	2.0
西藏自治区	6099	7037	938	15.4
陕西省	47426	45167	-2259	-4.8
甘肃省	60299	57273	-3026	-5.0
青海省	14772	14809	37	0.3
宁夏自治区	19976	18824	-1152	-5.8
新疆自治区	79177	66904	-12273	-15.5

2. 公务员及管理人员情况

2015 年年底，全国农业系统国有单位共有公务员及管理人员 39.5 万人，占在岗职工总数的 13.9%，较上年减少 0.7 万人，减幅 1.7%。

从单位类型看：事业单位比重最大（20.5 万人）占比 51.8%，其次是企业（9.6 万人），占在岗职工总数的 24.2%。机关（9.5 万人）占比 24.1%。

从机构层次看：县级比重最大（19.2 万人），占管理人员总数的 48.5%。其他依次为：省级（8.9 万人）占比 22.5%；地级（6.3 万人）16.1%；乡级（4.6 万人）11.6%。

从领域范围看：农垦系统比重最大（12.2 万人），占在岗职工总数的 30.9%。其他依次为：种植业（9.1 万人）23.0%；农业综合服务（6.5 万人）16.4%；畜牧业 / 畜牧兽医服务业（5.6 万人）14.3%；农业机械化领域（3.7 万人）9.5%；渔业（2.4 万人）6.0%。

从各省情况看：黑龙江省数量最多（4.6万人），占管理人员总数的11.6%；湖北省次之（2.9万人），占7.3%；广东省第三（2.3万人），占5.8%。青海省最少（1927人），占0.5%。

3. 专业技术人员情况

2015年年底，全国农业系统国有单位专业技术人员77.6万人，占在岗职工总数的27.4%，较上年减少3.6万人，减幅4.5%。

从单位类型看：事业单位为67万人，占专技人员总数的86.3%，较上年减少3万人，减幅4.3%；企业为10.6万人，占13.7%，较上年减少6071人，减幅5.4%。事业单位中，技术推广类比重最大（41.1万人），占事业单位专技人员总数的61.4%。其他依次为：教育类（5.6万人）8.3%，执法监督（5.4万人）8.0%，科研类（4.9万人）7.3%，农场类（1.8万人）2.6%，参公（4696人）0.7%。事业单位中，专技人员数量减少的是：技术推广类减少1万人，减幅2.4%；农场类减少2.2万人，减幅54.8%；教育减少401人，减幅0.7%；执法监督类减少602人，减幅1.1%；科研类减少267人，减幅0.5%；而专技人员数增加的是：参公类增加10人，增幅0.2%。

从机构层次看：县级比重最大（29.4万人），占专技人员总数的37.9%。其他依次为：乡级（23.1万人）29.8%，省级（16.3万人）21.0%，地级（7.3万人）9.4%。人员变动最大的为地级，地级减少2.3万人，减幅24.1%；其次为乡级，乡级减少8973人，减幅3.7%。其他增减变动依次为：省级减少2333人，减幅1.4%；县级减少2247人，减幅0.8%。黑龙江省数量最多（8.1万人），占专技人员总数的10.5%。山东省次之（4.9万人），占6.3%。云南省第三（4.1万人），占5.3%；北京市3560人，占0.5%，比重最小。

从专业领域看：种植业比重最大（30万人），占专技人员总数的38.7%。其他依次是：兽医（11.2万人）14.5%，畜牧（6.5万人）8.4%，农经（3.9万人）5.0%，农机（5.5万人）7.0%，渔业（2.8万人）3.7%，其他专业（17.6万人）22.7%。除了农经专业，其余各专业的专业技术人员均有减少。2015年各个专业领域人员数（除农机以外）均比去年有所减少。人员减少最多的是农经，减少2.2万人，减幅36.2%；减幅最大的也是农经，减少2.2万人，减幅为36.2%；其次是种植业，减少6234人，减幅2.0%；畜牧业、兽医、渔业分别减少3125人、2423人、426人，减幅分别为4.6%、2.1%、和1.5%；其他专业人员共减少3601人，减幅2.0%。农机人员共增加1527万人，增幅2.9%。

从学历层次看：大专学历比重最大（28.2万人），占专技人员总数的36.4%。其他依次为：本科（26.5万人）34.1%，中专（13.2万人）17.1%，高中及以下（5.2万人）6.7%，研究生（4.4 万人）5.7%。全国农业系统国有单位专业技术人员整体学历水平稳步上升，本科以上学历人数比重上升，大专及以下学历人数减少。具有大专及以上学历的从业人员占为 76.2%，且呈现增加趋势。各学历水平人数变化分别为：具有研究生学历的人数从 5.1% 增加到 5.7%，增加了 0.6 个百分点；本科学历人数比重从 31.9% 上升到 34.1%，增加了 2.2 个百分点。大专学历人数从 35.8% 升到 36.4%，增加了 0.6 个百分点；中专学历人数从 17.8% 降到 17.1%，减少了 0.7 个百分点；高中及以下学历比例从 9.3% 降到 6.7%，减少了 2.6 个百分点。其中，在专业领域内部，渔业专业高学历（研究生、本科）专业技术人员所占比重最大，为 47.0%；兽医专业高学历专业技术人员所占比重最小，为 31.7%（图 5-2-4）。

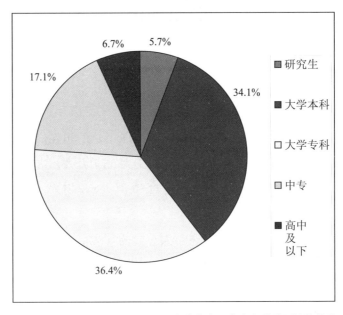

图5-2-4　2015年全国农业系统国有单位专业技术人员学历结构情况

从职称情况看：初级职称人员比重最大（33 万人），占专技人员总数的 42.5%。其他依次为：中级（27.7 万人）35.7%，副高（8.9 万人）11.5%，未聘（6.6 万人）8.5%，正高（1.4 万人）1.8%。初级以上专业技术人员比例上升，初级专业技术人员占全部技术人员比例从 42.3% 上升到 42.5%，上升了了 0.2 个百分点。中级专业技术人员占全部技术人员比例从 34.5% 上升到 35.7%，上升了 1.2 个百分点；副高职称从 10.5% 上升到 11.5%，上升了 1 个百分点；正高职称从 1.7% 上升到 1.8%，上升了 0.1 个百分点。在专业领域内部，种植业领域高级职称（正高级、副高级）专业技术人员占本领域专业技术总人数的比重最大，为 16.7%；农经领域高级职称专业技术人员占本领域专业技术总人数比重最小，为 7.4%（图 5-2-5）。

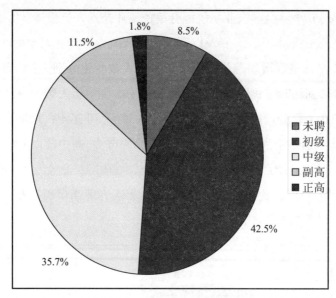

图5-2-5　2015年全国农业系统国有单位专业技术人员职称结构情况

4. 工人情况

2015年年底，全国农业系统国有单位工人170.8万人，占在岗职工总数的60.2%，较上年减少12.8万人，减幅7.0%。其中，技术工人55.1万人，占工人总数的32.3%，较上年减少5.4万人，减幅8.9%；普通工人115.7万人，占工人总数的67.7%，较上年减少7.4万人，减幅6.0%。

从单位类型看：机关为1.4万人，占工人总数的0.8%，较上年减少344人，减幅2.4%；事业单位为43.3万人，占25.4%，较上年增加715人，增幅0.2%；企业为126万人，占73.8%，较上年减少12.8万人，减幅10.0%。

从机构层次看：县级比重最大（70.4万人），占工人总数的41.2%。其他依次为：省级（48万人）28.1%，乡级（36.6万人）21.4%，地级（15.5万人）9.1%。县级的工人数量有所增加外，省级、地级、乡镇级的工人数均在减少。县级增加1.8万人，增幅2.6%。省级减少5.6万人，减幅10.4%。地级减少3万人，减幅16.2%。乡级减少5.8万人，减幅13.7%。

从领域范围看：农垦系统比重最大（138.8万人），占工人总数的81.3%。其他依次为：种植业（15.0万人）8.8%，畜牧兽医行业（7.0万人）4.1%，农业综合服务（4.2万）2.5%，农机化领域（3.1万人）1.8%；渔业（2.7万人）1.6%。各领域中，减少人数最多的种植业行业，减少1.3万人，减幅8.0%。其他行业情况为：农业综合服务行业，减少1740人，减幅4.0%；农机化减少1947人，减幅5.9%；畜牧兽医减少1.0万人，减幅12.5%；农垦减少9.7万人，减幅6.5%；渔业减少4909人，减幅15.6%。

从各省情况看：湖北省数量最多（34.3万人），占工人总数的20.1%；黑龙江省次之（23.0万人），占13.5%；辽宁省第三（21.5万人），占12.6%。西藏自治区数量最少（1120人），占0.1%。

从技术等级看：中级工比重最大（13.5万人），占技术工人总数的24.5%。其他依次为：初级工（12.8万人）23.2%，高级工（12.7万人）23.0%，技师（4.0万人）7.3%，高级技师（5779人）1.0%，其他等级（11.5万人）21.0%。与上年相比，其他等级数量变化最大，减少1.6万人，减幅12.1%。在技术工人中，除农业综合服务之外，各单位、机构层次及领域范围人数都呈减少趋势。从单位类型来看，数量变化最大的为企业，减少12.8万人，减幅10.0%；从机构层次来看，数量变化最大为乡级，减少5.8万人，减幅13.7%；从领域范围看，数量变化最大为农垦系统，减少9.7万人，减幅6.5%。

技术工人队伍中各等级工人的比例结构有所优化，各等级技术工人结构比例小幅变化，高级技师、技师、高级工有所增加。具体为：高级技师（一级）比重从0.9%上升到1.0%，增加0.6个百分点；技师（二级）比重从6.3%上升到7.3%，增加1.0个百分点；高级工（三级）比重从22.5%上升到23.0%，增加0.5个百分点；中级工（四级）比重从24.8%下降到24.5%，减少0.3个百分点；初级工（五级）比重从23.1%下降到23.2%，减少0.1个百分点，其他技术工人（未评）比重从21.8%下降到21.0%，减少0.8个百分点。

5. 公共服务机构情况

截至2015年年底，全国农业系统公共服务机构数9.3万个，编制数77.3万个，在岗职工73.8万人。管理人员10.2万人，专业技术人员50.3万人，工人14.7万人。在岗职工年人均工资51461元。

从机构类型看：全国技术推广体系机构数7.9万个，编制数66.2万个，在岗职工62.3万人。管理人员7.5万人，专业技术人员43.6万人，工人12.3万人。在岗职工年人均工资52158元。较2014年，基层技术推广体系机构数减少1932个，减幅2.4%；编制数减少10175个，减幅1.5%。2015年底，技术推广机构数占公共服务机构总数的比重约为84.9%，其中，县级技术推广机构约占技术推广机构总数的31.4%，乡级约占63.4%。

全国经营管理机构数4798个，编制数3.7万个，在岗职工4.4万人。管理人员1.4万人，专业技术人员2.0万人，工人1.1万人。

全国动植物疫病防控体系机构数5521个，编制数4.8万个，在岗职工4.7万人。管理人员7326人，专业技术人员3.1万人，工人9012人。

全国农产品质量安全监管体系机构数 2877 个，编制数 2.6 万个，在岗职工 2.4 万人。管理人员 5713 人，专业技术人员 1.5 万人，工人 3596 人。

三、工资收入水平提高

截至 2015 年年底，全国农业系统国有单位从业人员劳动报酬总额 1266.3 亿元。在岗职工年工资总额 1075.1 亿元，在岗职工年人均工资 37203 元。

1. 工资总额

与 2014 年相比，从业人员劳动报酬总额和在岗职工年工资总额分别增加了 97.7 亿元、101.2 亿元，增幅分别为 8.4%、10.4%。

从单位类型看：各类型单位工资总额均有增加。以在岗职工计（下同），机关从 62.6 亿元增加到 73.5 亿元，增加了 10.9 亿元，增幅 17.4%。技术推广单位从 277.3 亿元增加到 322.1 亿元，增加了 44.8 亿元，增幅 16.2%。企业从 351.6 亿元增加到 355.5 亿元，增加了 3.9 亿元，增幅 1.1%。

从机构层次来看：各层次单位工资总额均有增加。省级从 285.2 亿元增加到 296.5 亿元，增加了 11.3 亿元，增幅 4.0%；地级从 112.6 亿元增加到 131.1 亿元，增加了 18.5 亿元，增幅 16.4%；县级从 369.0 亿元增加到 411.6 亿元，增加了 42.6 亿元，增幅 11.5%；乡级从 185.0 亿元增加到 210.0 亿元，增加了 25 亿元，增幅 13.5%。

从各行业领域来看：种植业领域从 216.8 亿元增加到 251.8 亿元，增加了 35 亿元，增幅 16.1%；畜牧业兽医领域从 129.6 亿元增加到 151.4 亿元，增加了 21.8 亿元，增幅 16.8%；农垦领域从 415.6 亿元增加到 438.9 亿元，增加了 23.3 亿元，增幅 5.6%；农业综合服务领域从 115.1 亿元增加到 133.6 亿元，增加了 18.5 亿元，增幅 16.1%。农机化领域从 49.4 亿元增加到 56.9 亿元，增加了 7.5 亿元，增幅 15.2%。而渔业领域从 47.4 亿元减少到 42.6 亿元，减少了 4.8 亿元，减幅 10.1%。

从各省情况来看：除北京市、山西省、内蒙古自治区、辽宁省、吉林省、江西省、海南省、四川省和贵州省薪资总额有所降低之外，各省均有增加。从在岗职工年工资总额增量来看，2014—2015 年在岗职工年工资总额增额排名前三的省市依次是黑龙江省、湖北省和湖南省。其中黑龙江省减少 2.7 亿元，减幅 2.3%；湖北省增加 7.5 亿元，增幅 8.2%；湖南省增加 4.4 亿元，增幅 7.5%。从在岗职工年工资总额增幅来看，2014—2015 年在岗职工年工资总额增幅排名前三的省市依次是西藏自治区、贵州省和山西省。其中，西藏自治区增加 1.6 亿元，增幅 44.8%；贵州省增加 7.6 亿元，增幅 43.2%；山西省增加 3.7 亿元，增幅 31.3%（表 5-2-5）。

表5-2-5 2014—2015年全国农业系统国有单位在岗职工工资总额变化情况

单位：元

省（区、市）	2014年	2015年	增减数量	增减幅度（%）
北京市	845885	845885	0	0.0
天津市	911609	979619	68010	7.5
河北省	2636680	3119100	482420	18.3
山西省	1180059	1548838	368779	31.3
内蒙古自治区	4068329	4074973	6644	0.2
辽宁省	4632672	5860404	1227732	26.5
吉林省	1914852	2298372	383520	20.0
黑龙江省	11355702	11090112	−265590	−2.3
上海市	4187385	4951129	763744	18.2
江苏省	4306851	4308855	2004	0.04
浙江省	2203574	2472691	269117	12.2
安徽省	2181651	2476326	294675	13.5
福建省	2001097	1741688	−259409	−13.0
江西省	2269824	2930965	661141	29.1
山东省	3556953	4242274	685321	19.3
河南省	2846052	2519768	−326284	−11.5
湖北省	9177950	9930289	752339	8.2
湖南省	5923387	6367781	444394	7.5
广东省	4424505	4916547	492042	11.1
广西壮族自治区	2469906	2877190	407284	16.5
海南省	3367240	2913861	−453379	−13.5
重庆市	1140525	1452402	311877	27.3
四川省	3071819	3947954	876135	28.5
贵州省	1751430	2507903	756473	43.2
云南省	3060737	3651032	590295	19.3
西藏自治区	357193	517089	159896	44.8
陕西省	2044264	2162365	118101	5.8
甘肃省	2616002	2757223	141221	5.4
青海省	772744	960657	187913	24.3
宁夏自治区	721603	820311	98708	13.7
新疆自治区	3175554	3683184	507630	16.0

2. 人均收入

与 2014 年相比，在岗职工年人均工资增加 4442 元，增幅 13.4%。

从单位类型来看：各类型单位年人均工资都有提升。以在岗职工计算（下同），机关从 56757 元增长到 57944 元，增加 1187 元，增幅 2.1%；事业单位从 42983 元增长到 50233 元，增加 7250 元，增幅 16.9%；企业从 22976 元增长到 24499 元，增加 1523 元，增幅 6.6%。

从机构层次来看：各层次年人均工资也都有大幅提高。2015 年与 2014 年相比，中央从 104558 元增加到 128178 元，增加 23620 元，减幅为 22.6%；省级从 37760 元增加到 40226 元，增加 2466 元，增幅为 2.4%；地级从 37461 元增加到 45367 元，增加 7906 元，增幅为 7.6%；县级从 31471 元增加到 35057 元，增加 3586 元，增幅 3.4%；乡级从 26685 元增加到 32616 元，增加 5931 元，增幅为 5.7%。

从各行业领域来看：种植业领域从 43982 元增长到 52451 元，增加 8469 元，增幅 19.3%；农机化领域，从 40119 元增长到 43660 元，增加 3541 元，增幅 8.1%。畜牧兽医领域从 42526 元增长到 50331 元，增加 7805 元，增幅 17.7%；农垦领域从 24258 增长到 26118 元，增加 1860 元，增幅 4.2%；渔业领域从 42588 元增加到 56549 元，增幅 13961 元，增幅 31.7%；农业综合服务领域从 58303 元增加到 59866 元，增幅 1563 元，增幅 3.6%。

从各省情况来看：从在岗职工人均工资增量来看，2014—2015 年在岗职工人均工资增额排名前三的省市依次是宁夏自治区、贵州省和四川省。其中，宁夏自治区增加 59325 元，增幅 172.3%；贵州省增加 24278 元，增幅 46.4%；四川省增加 14549 元，增幅 31.7%。从在岗职工人均工资增幅来看，2014—2015 年在岗职工人均工资增幅排名前三的省市依次是宁夏自治区、贵州省和辽宁省。其中，宁夏自治区增加 59325 元，增幅 172.3%；贵州省增加 24278 元，增幅 46.4%；辽宁省增加 5803 元，增幅 15.6%。另外，内蒙古自治区、福建省和海南省的在岗职工人均工资在 2014 至 2015 年出现下降。内蒙古自治区减少 420 元，减幅 1.1%；福建省减少 17942 元，减幅 39.6%；海南省减少 313 元，减幅 1.0%（表 5-2-6）。

表5-2-6 2014—2015年全国农业系统国有单位在岗职工人均工资变化情况

单位：元

省（区、市）	2014 年	2015 年	增减数量	增减幅度（%）
北京市	98922	98922	0	0.0
天津市	78794	84618	5824	7.4
河北省	34540	39922	5382	15.6

续表

省（区、市）	2014 年	2015 年	增减数量	增减幅度（%）
山西省	39474	51649	12175	30.8
内蒙古自治区	39691	39271	−420	−1.1
辽宁省	15984	21787	5803	36.3
吉林省	30378	40437	10059	33.1
黑龙江省	30639	30876	237	0.8
上海市	66826	76588	9762	14.6
江苏省	48129	49831	1702	3.5
浙江省	84446	95388	10942	13.0
安徽省	33833	36261	2428	7.2
福建省	45266	27324	−17942	−39.6
江西省	25695	28718	3023	11.8
山东省	38124	49645	11521	30.2
河南省	24006	30118	6112	25.5
湖北省	21769	24022	2253	10.3
湖南省	23498	25469	1971	8.4
广东省	49316	56309	6993	14.2
广西壮族自治区	34125	42985	8860	26.0
海南省	30252	29939	−313	−1.0
重庆市	47501	59789	12288	2.7
四川省	45838	60387	14549	31.7
贵州省	52345	76623	24278	46.4
云南省	33845	40555	6710	19.8
西藏自治区	71034	80144	9110	12.8
陕西省	43464	48229	4765	10.9
甘肃省	44045	47007	2962	6.7
青海省	51314	64951	13637	26.6
宁夏自治区	34441	93766	59325	172.3
新疆自治区	43750	49543	5793	13.2

第三节　五年趋势分析

趋势分析是对连续多年的统计数据做全面分析，一般按照国家五年发展规划作为一个历史时间段。例如，"十一五"期间，全国农业系统国有单位机构和人员队伍建设在改革中不断加强，为促进农业农村经济平稳较快发展提供了坚强的组织保证和人才支撑，详细分析报告如下。

一、报告摘要

1."十一五"期末基础数据

（1）全国农业系统国有单位机构数13.6万个，编制（定员）数255.4万个，在岗职工341.9万人，年人均工资18771元，从业人员422万人，年人均收入17790元。

（2）全国农业系统国有单位公务员及管理人员（统称管理人员，下同）45.8万人，占在岗职工总数的13.4%。其中，公务员19.1%，事业单位管理人员占22.8%，企业管理人员占58.1%。

（3）全国农业系统国有单位专业技术人员93.9万人，占在岗职工总数的27.5%。专技人员中，高级职称人员占9.4%，中级职称占32.4%，初级职称占47%，未评占11.2%；研究生学历占2.9%，本科学历占25.5%，大专学历占37.8%，中专学历占24.9%，其他占8.9%。

（4）全国农业系统国有单位工人202.2万人，占在岗职工总数的59.1%。其中，技术工人88.1万人，占工人总数的43.6%；普通工人114.1万人，占工人总数的56.4%。

（5）全国农技推广体系机构数9.96万个（含经营管理机构，下同），编制（定员）数73.5万个；在岗职工72.7万人，专业技术人员52.4万人，工人16.6万人；在岗职工年人均工资25832元。技术推广机构数占机构总数的73.2%，技术推广机构中，县级机构占25.6%，乡级机构占69.7%。

2."十一五"期间趋势与特点

（1）机构编制数减少。机构数和编制（定员）数呈减少趋势，其中，机构数减少2.3万个，减幅14.4%；编制数减少41.4万个，减幅13.9%。

（2）人员数量稳中略降。人员数量略有减少。其中，在岗职工数减少38.2万人，减幅10.1%；从业人员数减少15.7万人，减幅3.6%。

（3）工资收入增幅较大。人员工资收入增幅较大。其中，在岗职工年工资总额增加281.1亿元，增幅78.6%，年平均工资增加9263元，增幅97.4%；从业人员劳动报酬总额增加351.3亿元，增幅88.9%，年平均工资增加8635元，增幅94.3%。

（4）队伍结构相对稳定。在岗职工中人员构成比例基本维持不变，企事业单位人员比例在90%以上。按单位性质划分，机关工作人员4%，事业单位人员41%，企业人员55%；按人员类别划分，管理人员12%，专业技术人员28%，工人60%。

（5）专业技术水平提高。专业技术人员高职称、高学历人员所占比重逐年增长。中级职称及以上人员比例从 34.3% 上升到 41.8%，其中，正高职称比例从 0.6% 上升到 1.2%，副高职称比例从 6% 上升到 8.2%，中级职称比例从 27.7% 上升到 32.4%。大专学历及以上人员比例从 52.7% 上升到 66.2%，其中，研究生学历比例从 1.1% 上升到 2.9%，本科学历比例从 17.4% 上升到 25.5%，大专学历比例从 34.2% 上升到 37.8%。

（6）基层农技推广体系机构精简。基层农业技术推广体系改革力度加大，机构不断精简整合，机构数和编制（定员）数同步减少，其中，机构数减少 1.9 万个，减幅 16.3%，乡级机构减幅达 20.6%；编制数减少 10.4 万个，减幅 12.4%。

二、总体情况

截至"十一五"末，全国农业系统国有单位机构 13.6 万个，编制 255.4 万个，在岗职工 341.9 万人，从业人员 422 万人。管理人员 45.8 万人，专技人员 93.9 万人，工人 202.2 万人，在岗职工年人均工资 18771 元。其中，农技推广体系机构 9.96 万个，编制 73.5 万个，在岗职工 72.7 万人，从业人员 73.4 万人，专技人员 52.4 万人，工人 16.6 万人，在岗职工年人均工资 25832 元。

1. 机构情况

从单位类型看：机关为 0.69 万个，占机构总数的 5.3%；事业单位为 12.3 万个，占 90%；企业为 0.64 万个，占 4.7%。事业单位中，技术推广类单位比重最大，占事业单位机构总数的 81%，其他依次为：其他类 14%，教育类 2%，农场类 2%，科研类 1%。

技术推广单位中：农业综合服务机构 0.96 万个，占技术推广机构总数的 9.6%；农业技术推广机构 3.23 万个，占 32.4%；畜牧兽医草原机构 2.85 万个，占 32%；农机化推广机构 1.47 万个，占 14.8%；水产技术推广机构 0.52 万个，占 5.3%；经营管理机构 0.93 万个，占 9.3%。

从机构层次看：乡级机构 7.5 万个，比重最大，占机构总数的 55%。其他依次为：县级 35%，地级 8%，省级 2%。

从领域范围看：种植业机构 6.1 万个，比重最大，占机构总数的 45%。其他依次为：畜牧兽医 28%，农机化 16%，渔业 6%，农垦 5%。

从各省情况看：四川省机构数量最多，1.13 万个，占全国机构总数的 8.3%；山东省次之，1.07 万个，占 7.7%；湖南省第三，0.77 万个，占 5.6%；北京市数量最少，0.05 万个，占 0.4%。

2. 编制情况

从单位类型看：机关编制（定员）数为 12.5 万个，占总数的 4.9%；事业单位编制（定员）数为 133.5 万个，占 52.3%；企业编制（定员）数为 109.4 万个，占 42.8%。在事业单位中，技术推广单位编制（定员）数 73.5 万个，比重最大，占事业单位编制（定员）总数的 55%，其他依次为：其他类 16%，农场类 12%，教育类 10%，科研类 7%。

技术推广单位中：农业综合服务编制（定员）数 6.8 万个，占技术推广编制（定员）总数的 9.3%；农业技术推广编制（定员）数 30.6 万个，占 41.7%；畜牧兽医草原编制（定员）数 21.2 万个，占 28.9%；农机化推广编制（定员）数 7.1 万个，占 9.7%；水产技术推广编制（定员）数 2.5 万个，占 3.4%；经营管理编制（定员）数 5.1 万个，占 7%。

从机构层次看：地级单位编制（定员）数 90.5 万个，比重最大，占总数的 35.4%。其他依次为：乡级 28.2%，县级 28.1%，省级 7.2%。

从领域范围看：农垦领域编制（定员）数 125.6 万个，比重最大，占总数的 49.2%。其他依次为：种植业 28%，畜牧兽医 13.7%，农机化 5.9%，渔业 3.2%。

从各省情况看：黑龙江省编制（定员）数最多，73.8 万个，占总数的 28.9%。辽宁省次之，31.2 万个，占 12.2%；湖南省第三，20.2 万个，占 7.9%，西藏自治区最少，0.45 万个，仅占 0.18%。

3. 人员队伍情况

（1）总体情况

从单位类型看：机关为 12.9 万人（以在岗职工数计，下同），占在岗职工总数的 3.8%；事业单位为 139.7 万人，占 40.8%；企业为 189.3 万人，占 55.4%。事业单位中，技术推广类 72.6 万人，比重最大，占事业单位在岗职工数的 52%，其他依次为：农场类 27.4 万人，占 19.6%，其他类 21.2 万人，占 15.1%，教育类 10.6 万人，占 7.6%，科研类 7.9 万人，占 5.7%。

技术推广单位中：农业技术推广在岗职工 31.4 万人，占 43.3%；畜牧兽医草原在岗职工 20.8 万人，占 28.6%；农机化推广在岗职工 6.8 万人，占 9.4%；水产技术推广在岗职工 2.3 万人，占 3.2%；经营管理在岗职工 5.1 万个，占 7.0%；农业综合服务在岗职工 6.2 万人，占技术推广在岗职工总数的 8.5%。

从机构层次看：县级在岗职工 141.5 万人，比重最大，占在岗职工总数的 41.4%。其他依次为：乡级 86.3 万人，占 25.2%；地级 65.7 万人，占 19.2%；省级 46.3 万人，13.5%。

从领域范围看：农垦系统在岗职工 205.1 万人，比重最大，占在岗职工总数的

60%。其他依次为：种植业 73.5 万人，占 21.5%；畜牧兽医 37.3 万人，占 10.9%；农机化 16.4 万人，占 4.8%；渔业 9.6 万人，占 2.8%。

从各省情况看：湖北省在岗职工 41.1 万人，数量最多，占在岗职工总数的 12%。黑龙江省次之，38.4 万人，占 11.2%。西藏自治区最少，0.5 万人，占 0.15%。

（2）管理人员队伍情况

全国农业系统国有单位共有管理人员 45.8 万人，占在岗职工总数的 13.4%，占干部总数的 32.8%。

从单位类型看：企业管理人员 26.6 万人，数量最多，占管理人员总数的 58.1%。其他依次为：事业单位 10.5 万人，占 22.9%，机关 8.7 万人，占 19%。

从机构层次看：县级管理人员 19.6 万人，比重最大，占管理人员总数的 42.8%。其他依次为：乡级 13 万人，占 28.4%；地级 10 万人，占 21.8%；省级 2.6 万人，占 5.7%。

从各省情况看：黑龙江省管理人员 5.6 万人，数量最多，占管理人员总数的 12.2%；辽宁省次之，4.8 万人，占 10.5%；江西省第三，4.6 万人，占 10%；宁夏回族自治区最少，0.09 万人，仅占 0.2%。

（3）专技人员队伍情况

全国农业系统国有单位共有专业技术人员 93.9 万人，占在岗职工总数的 27.5%，占干部总数的 67.2%。

从单位类型看：事业单位共有专业技术人员 77.7 万人，占专业技术人员总数的 82.7%；企业为 16.2 万人，占 17.3%。事业单位中，技术推广类专业技术人员 52.4 万人，比重最大，占事业单位专技人员总数的 67.4%；其他依次为：其他类 10.8 万人，占 13.9%，教育类 7 万人，占 9%，科研类 4.3 万人，占 5.5%，农场类 3.3 万人，占 4.2%。

技术推广单位中：农业技术推广专技人员 22.5 万人，占技术推广专技人员总数的 43%；畜牧兽医草原专技人员 14.6 万人，占 27.9%；农机化推广专技人员 4.2 万人，占 8.1%；水产技术推广专技人员 1.6 万人，占 3.1%；经营管理专技人员 4.2 万人，占 8.1%；农业综合服务专技人员 5.1 万人，占 9.8%。

从机构层次看：县级专技人员 35.5 万人，比重最大，占专技人员总数的 37.8%。其他依次为：乡级 30.4 万人，占 32.4%；地级 16.1 万人，占 17.1%；省级 10.9 万人，占 11.6%。

从各省情况看：黑龙江省专技人员数量最多，10.1 万人，占专技人员总数的 10.8%；山东省次之，6.1 万人，占 6.5%；辽宁省第三，4.8 万人，占 5.1%；西藏自治区最少，0.25 万人，占 0.26%。

从专业看：种植业专业专技人员比重最大，34.7 万人，占专技人员总数的 37%。

其他依次是：其他专业 20.7 万人，占 22%；畜牧兽医专业 20.7 万人，占 22%；农机专业 8 万人，占 8.6%；农经专业 6.3 万人，占 6.7%；渔业专业 3.5 万人，占 3.7%。

从学历层次看：具有大专学历专技人员 35.5 万人，比重最大，占专技人员总数的 37.8%。其他依次为：本科 23.9 万人，占 25.4%；中专 23.4 万人，占 24.9%；其他 8.5 万人，占 9%；研究生 2.7 万人，占 2.9%。

从职称情况看：初级职称专技人员 44.1 万人，比重最大，占专技人员总数的 47%。其他依次为：中级 30.4 万人，占 32.4%；未评 10.6 万人，占 11.3%；副高 7.7 万人，占 8.2%；正高 1.1 万人，占 1.1%。

（4）工人队伍情况

我国农业系统国有单位共有工人 202.2 万人，占在岗职工总数的 59.1%，其中技术工人 88.2 万人，占总数的 43.6%；普通工人 114 万人，占总数的 56.4%。技术工人的构成情况如下：

从技术等级看：初级工比重最大（28.6 万人），占技术工人总数的 32.4%。其他依次为：中级工（23.2 万人）26.3%，高级工（19.3 万人）21.9%，初级以下（12 万人）13.6%，技师（4.8 万人）5.4%，高级技师（3477 人）0.4%。

从单位类型看：机关技术工人 1.1 万人，占技术工人总数的 1.2%。事业单位技术工人 32.7 万人，占技术工人总数 37.1%；其中，技术推广类技术工人 16.5 万人，占事业单位技术工人总数的 50.5%。企业技术工人 54.4 万人，占技术工人总数 61.7%。机关中高级工比重最大（43.9%），事业单位中中级工比重最大（32.3%），企业中初级工比重最大（34.1%）。事业单位分类中，教育、科研、其他类的高级工所占比重最大（41.6%、46.4%、33.5%），技术推广类的中级工所占比重最大（33.2%），农场类的初级工所占比重最大（41.3%）。

技术推广单位中：农业综合服务工人 0.8 万人，占技术推广工人总数的 4.8%；农业技术推广工人 7.4 万人，占 44.7%；畜牧兽医草原工人 5.3 万人，占 31.9%；农机化推广工人 2 万人，占 12%；水产技术推广工人 0.6 万人，占 3.6%；经营管理工人 0.5 万人，占 3%。

从机构层次看：县级技术工人 28.7 万人，比重最大，占技术工人总数的 32.5%。其他依次为：省级 23.3 万人，占 26.4%；地级 19.3 万人，占 21.9%，乡级 16.4 万人，占 18.6%。各层次中技术工人等级比重最大的分别为：省级、县级是初级工（44.6%、27.4%），地级、乡级是中级工（32.2%、36.4%）。

从领域范围看：农垦技术工人 59.7 万人，数量最多，占技术工人总数的 67.7%。其他依次为：种植业 14.9 万人，占 16.9%；畜牧兽医 7.4 万人，占 8.4%；农机化 4.1

万人，占 4.6%；渔业 2.1 万人，占 2.4%。各领域中技术工人等级比重最大的分别为：种植业是高级工（32.9%），农机化、畜牧兽医和渔业是中级工（32.7%、31.6%、32.1%），农垦是初级工（35.3%）。

从各省情况看：黑龙江省技术工人数量最多，14.8 万人，占技术工人总数的16.8%。湖南省次之，13.4 万人，占 15.2%。海南省第三，9.5 万人，占 10.8%。西藏自治区最少，0.06 万人，占 0.07%。

4. 收入水平情况

"十一五"末，全国农业系统国有单位在岗职工年工资总额为 638.8 亿元，在岗职工年人均工资为 18771 元；从业人员劳动报酬总额 746.4 亿元，从业人员年人均收入为 17790 元。在岗职工年工资总额及年人均工资具体情况如下：

（1）工资总额情况

从单位类型看：机关单位为 47.9 亿元，占 7.5%；事业单位为 349.9 亿元，占54.8%；企业为 241.0 亿元，占 37.7%。事业单位中，技术推广类最高，187.1 亿元，占事业单位工资总额 53.5%；其他依次为：其他类 69.7 亿元，占 19.9%，农场类 39.0亿元，占 11.1%，科研类 30.3 亿元，占 8.7%，教育类 23.8 亿元，占 6.8%。

技术推广单位中：农业技术推广工资总额 81.5 亿元，占技术推广工资总额的43.6%；畜牧兽医草原工资总额 52.5 亿元，占 28.1%；农机化推广工资总额 16.3 亿元，占 8.7%；水产技术推广工资总额 6.2 亿元，占 3.3%；经营管理工资总额 13.3 亿元，占 7.1%；农业综合服务工资总额 17.3 亿元，占 9.2%。

从机构层次看：县级最高，238.7 亿元，占 37.4%。其他依次为：乡级 134.4 亿元，占 21%；地级 132.5 亿元，占 20.7%；省级 119.3 亿元，占 18.7%。

从领域范围看：农垦最高，274.1 亿元，占 42.9%。其他依次为：种植业 198.5亿元，占 31.1%；畜牧兽医 100.1 亿元，占 15.7%；农机化 39.5 亿元，占 6.2%；渔业26.6 亿元，占 4.1%。

从各省情况看：黑龙江省最高，67.2 亿元，占 10.5%；湖北省次之，47.1 亿元，占 7.4%；湖南省第三，38 亿元，占 5.9%；西藏自治区最少，2.7 亿元，占 0.4%。

（2）年人均工资情况

从单位类型看：机关为 37533 元，事业单位为 25251 元，企业为 12752 元。事业单位中，科研类单位最高，为 38454 元；其他依次为：其他类 33391 元，技术推广类25832 元，教育类 22879 元，农场类 14441 元。

技术推广单位中：农业综合服务年人均工资最高，为 27812 元；其他依次为：水产技术推广 26576 元，经营管理 26060 元，农业技术推广 26056 元，畜牧兽医草原 25337 元，农机化推广 24074 元。

从机构层次看：省级最高，为 25525 元；其他依次为：地级 20331 元，县级 16956 元，乡级 15711 元。

从领域范围看：渔业最高，为 28013 元；其他依次为：种植业 27058 元，畜牧兽医 26899 元，农机化 24604 元，农垦 13423 元。

从各省情况看：北京市最高，为 60640 元；浙江省次之，为 57678 元；西藏自治区第三，为 55194 元；辽宁省最低，为 10751 元。

三、趋势和特点

1. 机构编制总数呈减少趋势

"十一五"期间，全国农业系统国有单位机构和编制数不断减少，"十一五"末较"十五"末，机构数减少 2.3 万个，减幅 14.4%；编制数减少 41.4 万个，减幅 13.9%（图 5-3-1）。

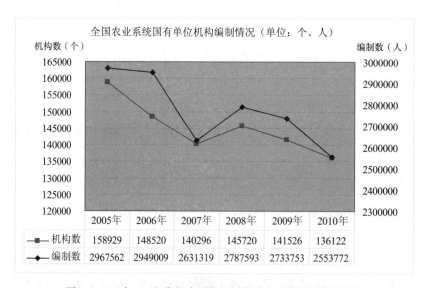

图5-3-1 "十一五"期间全国农业系统国有单位机构编制情况

从单位类型看：除机关编制数略有增加外，其他各类机构和编制数均有所减少。机关单位机构数减少 88 个，减幅 1.3%；编制（定员）数增加 0.8 万个，增幅 7.1%。事业单位机构数减少 2.2 万个，减幅 14.9%；编制减少 20.1 万个，减幅 13.1%。企业机构数减少 0.1 万个，减幅 15.5%；编制减少 22.1 万个，减幅 16.8%。

事业单位中，除执法监督类机构编制数增加外，其他各类机构和编制数均有所减少。执法监督机构增加 756 个，增幅 12.0%；编制增加 1.6 万个，增幅 21.8%。教育机构减少 0.1 万个，减幅 27.5%；编制减少 0.6 万个，减幅 4.4%。科研类机构减少 289 个，减幅 17.7%；编制减少 2.2 万个，减幅 19.0%。农场类机构减少 0.2 万个，减幅 37.1%；编制减少 7.6 万个，减幅 33.1%。技术推广类机构减少 1.9 万个，减幅 16.3%；编制减少 10.4 万个，减幅 12.4%。其他（不含执法监督）机构减少 35 个，减幅 0.4%；编制减少 0.8 万个，减幅 6.1%。

技术推广单位中，农业综合服务和农业技术推广的机构编制数变化不大，其他各类机构和编制数均有所减少。农业技术推广机构增加 148 个，增幅 0.5%；编制增加 0.7 万个，增幅 2.3%。畜牧兽医草原机构减少 0.65 万个，减幅 18.5%；编制减少 5.62 万个，减幅 20.9%。水产技术推广机构减少 0.2 万个，减幅 28%；编制减少 0.67 万个，减幅 21.1%。农机化推广机构减少 0.79 万个，减幅 34.8%；编制减少 3.02 万个，减幅 29.7%。经营管理机构减少 0.35 万个，减幅 27.5%；编制减少 1.65 万个，减幅 24.4%。农业综合服务机构增加 358 个，增幅 3.9%，编制减少 0.13 万个个，减幅 1.9%。

从机构层次看：除地级机构和编制数增加外，其他各级机构和编制数均有减少。省级机构减少 76 个，减幅 3%；编制减少 8.3 万个，减幅 31.1%。地级机构增加 0.1 万个，增幅 20.7%；编制增加 49.9 万个，增幅 122.9%。县级机构减少 0.5 万个，减幅 10.1%；编制减少 69.5 万个，减幅 49.2%。乡级机构减少 1.9 万个，减幅 20.3%；编制减少 13.5 万个，减幅 15.7%。机构数减少幅度最大为乡级，编制数减少幅度最大为县级。省级、县级单位编制减幅大于机构减幅。

从领域范围看：各个领域的机构数和编制数都有所减少。种植业机构和编制分别减少 0.6 万个、10.6 万个，减幅 8.8%、13.0%；畜牧兽医机构和编制分别减少 0.4 万个、6.5 万个，减幅 9.8%、15.6%；农垦机构和编制分别减少 594 个、17.3 万个，减幅 7.6%、12.1%；渔业机构和编制分别减少 0.2 万个、2.4 万个，减幅 21.7%、22.6%；农机化机构和编制分别减少 1.0 万个、4.6 万个，减幅 31.4%、23.3%。机构数减少幅度最大为农机化，编制数减少幅度最大为农垦；除农机化外，其他领域编制减幅均大于机构减幅。

从各省情况看：大部分省市机构数和编制数同时减少。江西省机构数减少最多，减少 0.7 万个，减幅 67.5%；湖北省编制数减少最多，减少 21.8 万个，减幅 78.2%。

部分省市出现机构增加、编制减少情况：吉林省机构增加 463 个、增幅 13.7%，而编制减少 2.5 万个、减幅 27.5%；广西壮族自治区机构增加 347 个、增幅 7.1%，而编制减少 0.5 万个、减幅 8.8%；新疆自治区机构增加 226 个、增幅 5.3%，而编制减少 0.7 万个、减幅 13.2%；上海市机构增加 67 个、增幅 13.2%，而编制减少 2.3 万个、减幅

67.8%。

部分省市出现机构减少、编制增加情况：黑龙江省机构减少 852 个、减幅 11%，而编制增加 10 万个、增幅 14.9%；湖南省机构减少 224 个、减幅 2.8%，而编制增加 0.8 万个、增幅 4.1%；甘肃省机构减少 211 个、减幅 4.0%，而编制增加 2.2 万个、增幅 48%。

从各个年度看：除 2008 年增加外，各年度的机构数和编制数持续减少。在机构数方面，2006 年减幅最大，较上年减少 1.1 万个，减幅 6.5%。其他年度情况如下：2007 年减少 0.8 万个，减幅 5.5%；2008 年增加 0.5 万个，增幅 3.9%；2009 年减少 0.4 万个，减幅 2.9%；2010 年减少 0.5 万个，减幅 3.8%。在编制方面，2007 年减幅最大，较上年减少 31.8 万人，减幅 10.8%。其他年度情况如下：2006 年减少 1.9 万人，减幅 0.6%；2008 年增加 15.6 万人，增幅 5.9%；2009 年减少 5.4 万人，减幅 1.9%；2010 年减少 18 万人，减幅 6.6%。

2. 人员总数呈减少趋势

"十一五"期间，全国农业系统国有单位人员总数呈减少趋势，部分类型和层次人员略有增加。

（1）在岗职工及从业人员总数下降

"十一五"期间，在岗职工数有所减少，从业人员数略有下降，其中，在岗职工减少 38.2 万人、减幅 10.1%，从业人员减少 15.7 万人、减幅 3.6%。"十一五"末较"十五"末，在岗职工人员数量变化情况如图 5-3-2：

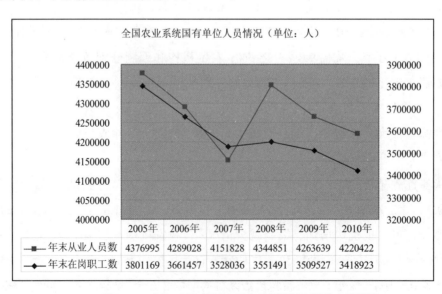

图5-3-2 "十一五"期间全国农业系统国有单位人员情况

从单位类型看：除机关单位有所增加外，事业和企业单位均在减少。机关单位增加 0.5 万人，增幅 4.2%。事业单位减少 17.8 万人，减幅 11.3%；企业减少 20.9 万人，减幅 1%。事业单位中不同类型的单位增减不一，人员减少的分别是：技术推广类单位减少 11.6 万人，减幅 13.8%；农场类单位减少 6.13 万人，减幅 18.3%；科研类单位减少 1.3 万人，减幅 13.9%。人员增加的分别是：其他类增加 0.9 万人，增幅 4.7%，教育类增加 0.2 万人，增幅 2.4%。

技术推广单位中，除农业技术推广的在岗职工略有增加外，其他各类在岗职工均呈减少趋势。农业技术推广在岗职工增加 1.03 万人，增幅 3.4%；农业综合服务在岗职工减少 0.65 万人，减幅 9.5%；畜牧兽医草原在岗职工减少 6.42 万人，减幅 23.6%；水产技术推广在岗职工减少 0.64 万人，减幅 21.5%；农机化推广在岗职工减少 2.89 万人，减幅 29.8%；经营管理在岗职工减少 2.06 万人，减幅 28.8%。

从机构层次看：除地级在岗职工人数增加以外，其他各级在岗职工人数都有所减少。地级在岗职工数增加 12.2 万人，增幅为 22.8%。其他层级均有所减少，变化最大为县级，减少 31.3 万人，减幅 18.1%。其他减少的依次为：省级减少 8.9 万人，减幅 16.1%；乡级减少 10.5 万人，减幅 10.9%。

从领域范围看：各领域在岗职工数都呈减少趋势。人员减少最多的是种植业，减少 12 万人，减幅 14.0%。其次依次为：农机化减少 10.8 万人，减幅 40.0%；畜牧兽医减少 9.1 万人，减幅 19.7%；渔业减少 3.5 万人，减幅 27.0%；农垦减少 2.9 万人，减幅 1.4%。

从各省情况看：大部分省市在岗职工数都呈减少趋势，只有少部分省份在岗职工人数增加。人员减少最多的是河南省，减少 7.4 万人，减幅 36.4%。江西省次之，减少 4.9 万人，减幅 16.5%；海南省第三，减少 4.7 万人，减幅 26.6%。个别省市在岗职工数增加：辽宁省增加 5.4 万人，增幅为 19.6%；上海市增加 2.6 万人，增幅 118.8%；湖南省增加 0.1 万人，增幅 0.4%。

从各个年度看：除 2008 年在岗职工数较上年增加外，其他各年人数都逐年减少。变化最大为 2006 年，较上年减少 14 万人，减幅 3.7%；其他依次为：2007 年减少 13.3 万人，减幅 3.6%；2008 年增加 2.3 万人，增幅 0.7%；2009 年减少 4.2 万人，减幅 1.2%；2010 年减少 9 万人，减幅 2.6%。

（2）专技人员总数减少

"十一五"末，全国农业系统国有单位专技人员 93.9 万人，较"十五"末减少 12.2 万人，减幅 11.5%。专技人员变化情况如图 5-3-3。

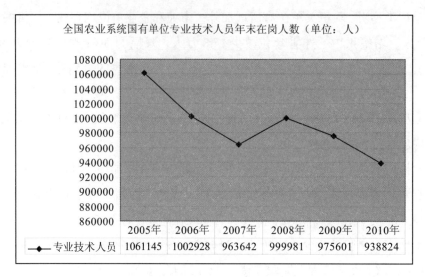

图5-3-3 "十一五"期间全国农业系统国有单位专业技术人员总数情况

从单位类型看：事业和企业的专技人员数量均有减少。事业单位减少6.6万人，减幅7.8%，企业减少5.6万人，减幅25.9%。事业单位中不同类型的单位增减不一，专技人员数量减少的分别是：技术推广类减少7.1万人，减幅12%；农场类减少1.1万人，减幅24.8%；科研类减少0.2万人，减幅4%。专技人员数量增加的分别是：教育类增加1万人，增幅17.1%；其他类增加0.8万人，增幅8%。

技术推广单位中，除农业技术推广的专技人员略有增加外，其他各类专技人员均呈减少趋势。农业技术推广专技人员增加0.71万人，增幅3.2%；农业综合服务专技人员减少0.55万人，减幅9.6%；畜牧兽医草原专技人员减少3.87万人，减幅20.9%；水产技术推广专技人员减少0.41万人，减幅20.1%；农机化推广专技人员减少1.47万人，减幅25.8%；经营管理专技人员减少1.55万人，减幅27%。

从机构层次看：除地级专技人数增加外，其他各级专技人数都有所减少。地级专技人员增加3.5万人，增幅28.1%。其他层次均有所减少，变化最大为县级，减少8.9万人，降幅20%。其他减少的依次为：乡级减少6.1万人，降幅16.7%，省级减少0.8万人，降幅7.2%。

从专业看：各专业的专业技术人员均有减少。人员减少最多的是其他专业，减少4.3万人，减幅17.1%。其他依次为：种植业专业减少2.5万人，减幅6.7%；农机专业减少2万人，减幅19.8%；畜牧兽医专业减少1.7万人，减幅7.4%；农经专业减少1.4万人，减幅17.8%；渔业专业减少0.5万人，减幅12%。

（3）工人数量减少明显

"十一五"末较"十五"末，全国农业系统国有单位工人总数减少30.8万人，减幅13.2%。其中，技术工人减少21.6万人，减幅19.7%；普通工人减少9.2万人，减幅7.5%。工人总数变化情况如下：

从单位类型看：机关工人有所增加，事业和企业工人减少。机关工人增加2.8万人，增幅205.8%。事业单位减少7.7万人，减幅13.1%。企业减少25.9万人，减幅15.0%。事业单位中，教育类工人减少0.44万人，减幅21.9%；科研类工人减少1.38万人，减幅34.3%；农场类工人增加0.06万人，增幅0.2%；技术推广类工人减少4.86万人，减幅22.7%；其他类工人减少1.12万人，减幅16.4%。

技术推广单位中，各类工人均呈减少趋势。农业综合服务工人减少0.12万人，减幅13.5%；农业技术推广工人减少0.25万人，减幅3.3%；畜牧兽医草原工人减少2.58万人，减幅32.7%；水产技术推广工人减少0.15万人，减幅20.7%；农机化推广工人减少1.35万人，减幅40.1%；经营管理工人减少0.41万人，减幅44.7%。

从机构层次看：除地级的工人数量有所增加外，其他层次的工人数均在减少。地级工人增加5.9万人，增幅17.6%。其他层次的工人数量均减少，变化最大为县级，减少23.8万人，减幅21.5%。其他减少的依次为：省级减少7.7万人，减幅18.9%，乡级减少5.2万人，减幅10.9%。

从领域范围看：各领域工人均有减少。人员减少最多的是农垦，减少10.1万人，减幅6%。其他依次为：种植业减少7.8万人，减幅24.9%；畜牧兽医减少7.1万人，减幅36.6%；农机化减少4.1万人，减幅43.6%；渔业减少1.7万人，减幅27.9%（图5-3-4）。

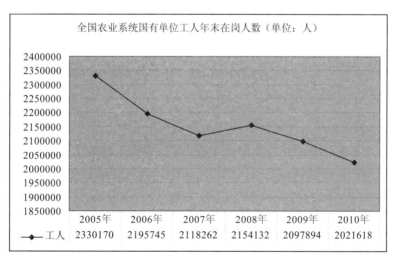

图5-3-4 "十一五"期间全国农业系统国有单位工人情况

就技术工人来看，各类型单位、各机构层次和各领域都呈减少趋势。从单位类型来看，事业单位中数量变化最大的为技术推广类单位，减少3.27万人，减幅19.8%；

从机构层次来看，数量变化最大为县级，减少 21 万人，减幅 42.2%；从领域范围看，变化最大为农垦系统，减少 4.1 万人，减幅 6.5%；从技术等级看，中级工数量变化最大，减少 10.6 万人，减幅 31.4%。

3. 人员队伍结构有所优化

"十一五"期间，全国农业系统国有单位在岗职工队伍结构进一步优化，从业人员整体素质得到提高。

（1）干部和管理人员比重增加

"十一五"期间，干部比重从"十五"末的 38.7% 上升到"十一五"末的 40.9%，增加了 2.2 个百分点；工人比重从 61.3% 下降到 59.1%。在干部队伍中，公务员及管理人员比重从 27.9% 上升到 32.8%，增加了 4.9 个百分点；专技人员比重从 72.1% 下降到 67.2，下降了 4.9 个百分点。

在省级人员队伍中，干部比重从"十五"末的 48.1% 上升到"十一五"末的 49.7%，增加 1.6 个百分点；工人比重从 51.9% 下降到 50.3%。在省级干部队伍中，公务员及管理人员比重从 20.1% 下降到 19.1%，下降了 1 个百分点；专技人员比重从 79.9% 上升到 80.9%，上升了 1 个百分点。

在地级人员队伍中，干部比重从"十五"末的 37.1% 上升到"十一五"末的 39.8%，增加 2.7 个百分点；工人比重从 62.9% 下降到 60.2%。在地级干部队伍中，公务员及管理人员比重从 36.7% 上升到 38.4%，上升了 1.7 个百分点；专技人员比重从 63.3% 下降到 61.6%，下降了 1.7 个百分点。

在县级人员队伍中，干部比重从"十五"末的 36.3% 上升到"十一五"末的 39.0%，增加 2.7 个百分点；工人比重从 63.7% 下降到 61.0%。在县级干部队伍中，公务员及管理人员比重从 29.2% 上升到 35.6%，上升了 6.4 个百分点；专技人员比重从 70.8% 下降到 64.4%，下降了 6.4 个百分点。

在乡级人员队伍中，干部比重在"十五"末和"十一五"末均为 50.3%；工人比重在"十五"末和"十一五"末均为 49.7%。在乡级干部队伍中，公务员及管理人员比重从 25.2% 上升到 30.0%，上升了 4.8 个百分点；专技人员比重从 74.8% 下降到 70.0%，下降了 4.8 个百分点。

（2）专技人员队伍层次结构进一步优化

"十一五"期间，专技人员队伍中高职称、高学历人员所占比重逐年增长，层次结构进一步优化。

从职称级别看：中高级职称人员呈增长趋势，初级及以下职称人员呈减少趋势。正高职称人员增加 0.4 万人，增幅 58.7%；副高增加 1.36 万人，增幅 21.3%；中级增加 1.2 万人，增幅 4.2%。初级及以下职称人员呈减少趋势，初级减少 13.4 万人，减幅 23.3%；未评减少 1.6 万人，减幅 13.4%（图 5-3-5）。

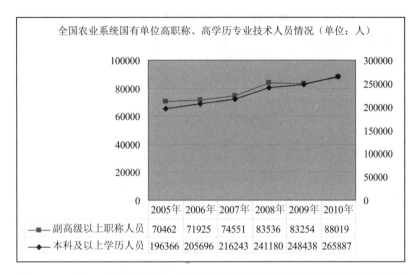

图5-3-5 "十一五"期间全国农业系统国有单位高职称高学历专业技术人员情况

"十一五"期间，初级专业技术人员占全部技术人员比例逐年下降，从 2005 年的 54.2% 下降到 2010 年的 47.0%，下降了 7.2 个百分点。中级和高级专业技术人员占全部技术人员比例逐年提升，中级职称比例从 2005 年的 27.6% 上升到 2010 年的 32.4%，上升了 4.8 个百分点；副高职称从 6.0% 上升到 8.2%，上升了 2.2 个百分点；正高职称从 0.6% 上升到 1.1%，上升了 0.5 个百分点。其中，种植业专业中高级职称（正高级、副高级）专业技术人员所占比重最大，为 11.1%；农经专业中高级职称专业技术人员所占比重最小，为 3.4%（图 5-3-6）。

图5-3-6 "十一五"期间全国农业系统国有单位专业技术人员职称结构变化情况

从学历层次看：高学历人员呈增长趋势，大专及以下学历人员减少。研究生增加 1.5 万人，增幅 124.6%；本科增加 5.5 万人，增幅 29.6%。大专及以下学历人员有所减少，其中，大专减少 0.8 万人，减幅 2.1%；中专减少 13.6 万人，减幅 36.7%；其他减少 4.9 万人，减幅 36.6%（图 5-3-7）。

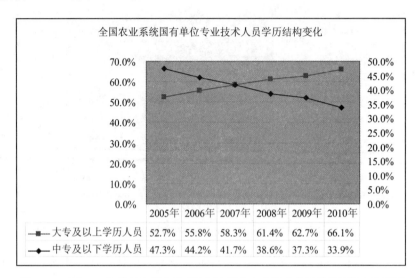

图5-3-7 "十一五"期间全国农业系统国有单位专业技术人员学历结构变化情况

"十一五"期间，专业技术人员整体学历水平稳步上升，大专以上学历人数比重上升，中专及以下学历人数减少。具有大专及以上学历的从业人员占 50% 以上，且逐年增加。各学历水平人数变化分别为：具有研究生学历的人数从 2005 年的 1.1% 增加到 2010 年 2.9%，增加了 1.8 个百分点；本科学历人数比重从 17.4% 上升到 25.5%，增加了 8.1 个百分点；大专学历人数从 34.2% 增加到 37.8%，增加了 3.6 个百分点；中专学历人数从 34.8% 降到 24.9%，减少了 9.9 个百分点；中专以下学历比例从 12.6% 降到 9.0%，减少了 3.6 个百分点。其中，种植业专业中高学历（研究生、本科）专业技术人员所占比重最大，为 27.7%；农机专业中高学历专业技术人员所占比重最小，为 19.5%。

（3）技术工人队伍结构相对稳定

"十一五"期间，技术工人队伍结构相对稳定，各等级技术工人结构比例小幅变化，高级技师、技师有所增加。具体为：高级技师（一级）比重从 0.3% 上升到 0.4%，增加 0.1 个百分点；技师（二级）比重从 2.3% 上升到 5.4%，增加 3.1 个百分点；高级工（三级）比重从 22.5% 下降到 21.9%，减少 0.6 个百分点；中级工（四级）比重从 30.8% 下降到 26.3%，减少 4.5 个百分点；初级工（五级）比重从 30.3% 上升到 32.4%，增加 2.1 个百分点；其他技术工人（未评）比重从 13.8% 下降到 13.6%，减少 0.2 个百分点（图 5-3-8）。

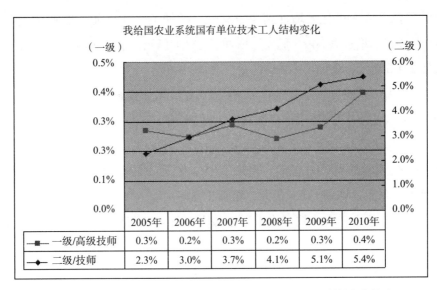

图5-3-8 "十一五"期间全国农业系统国有单位技术工人结构变化情况

4. 工资收入水平逐年增长

"十一五"期间，全国农业系统国有单位在岗职工和从业人员的年工资总额和年人均工资收入都逐年增长。

（1）工资总额增加，财政整体投入加大

"十一五"末较"十五"末，在岗职工年工资总额和从业人员劳动报酬总额分别增加了281.1亿元、351.3亿元，增幅分别为78.6%、88.9%（图5-3-9）。

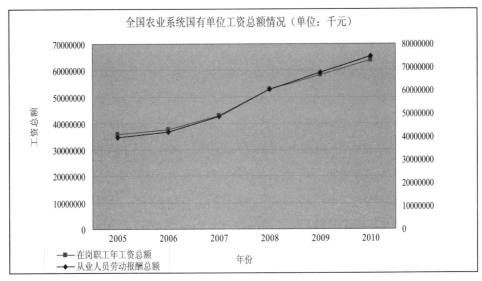

图5-3-9 "十一五"期间全国农业系统国有单位工资总额和劳动报酬总额情况

从单位类型看：各类型单位工资总额均有增加。以在岗职工计（下同），增幅最大的是机关单位，从24.8亿元增加到47.9亿元，增加了23.1亿元，增幅93.1%。事业单位从198.8亿元增加到349.9亿元，增加了151.1亿元，增幅76%。企业从134.1亿元增加到241.0亿元，增加了106.9亿元，增幅79.7%。

事业单位中，其他类单位增幅最大，从31.7亿元增加到69.7亿元，增加38.0亿元，增幅119.9%。其他依次是：技术推广类从107.7亿元增加到187.1亿元，增加了79.4亿元，增幅73.7%；科研类从18.4亿元增加到30.3亿元，增加了11.9亿元，增幅64.7%；农场类从23.7亿元增加到39.0亿元，增加了15.3亿元，增幅64.6%；教育类从17.2亿元增加到23.7亿元，增加了6.5亿元，增幅37.8%。

技术推广单位中，农业技术推广增幅最大，从41.5亿元增加到81.4亿元，增加39.9亿元，增幅96.1%。其他依次是：农业综合服务从9.2亿元增加到17.2亿元，增加8.0亿元，增幅87%；畜牧兽医从32.6亿元增加到52.4亿元，增加19.8亿元，增幅60.7%；水产技术推广从4.1亿元增加到6.2亿元，增加2.1亿元，增幅51.2%；农机化推广从11.1亿元增加到16.3亿元，增加5.2亿元，增幅46.8%；经营管理从9.1亿元增加到13.3亿元，增加4.2亿元，增幅46.2%。

从机构层次看：各层次单位工资总额都大幅增加。县级增加数最多，从147.7亿元增加到238.7亿元，增加了91亿元，增幅61.6%。其他依次为：地级从55.2亿元增加到132.5亿元，增加了77.3亿元，增幅140%。省级从63.9亿元增加到119.3亿元，增加了55.4亿元，增幅86.7%。乡级从83.9亿元增加到134.4亿元，增加了50.5亿元，增幅60.2%。

从领域范围看：各领域工资总额均有所增加。农垦增加最多，增幅最大，从139亿元增加到274.1亿元，增加了135.1亿元，增幅97.2%。种植业从115.1亿元增加到198.5亿元，增加了83.4亿元，增幅72.5%。畜牧兽医从53.9亿元增加到100亿元，增加了46.1亿元，增幅85.5%。渔业从18.3亿元增加到26.6亿元，增加了8.3亿元，增幅45.4%。农机化增幅最小，从31.4亿元增加到39.5亿元，增加了8.1亿元，增幅25.8%。

从各省情况看：除个别省份在个别年份减少外，总体上大幅增加。增加数最大的是黑龙江省，从38.9亿元增加到67.2亿元，增加28.3亿元，增幅72.8%。其次为湖北省，从25.6亿元增加到47.1亿元，增加21.5亿元，增幅为84%。西藏自治区增加最少，从1.8亿元增加到2.7亿元，增加0.9亿元，增幅为50%。

（2）年人均工资上涨，个人待遇水平提高

"十一五"末较"十五"末，在岗职工和从业人员年人均工资分别增加9263元、8635元，增幅分别为97.4%、94.3%。在岗职工工资具体变化情况如下：

从单位类型看：各类型单位年人均工资都有大幅提升。年人均工资增长最多的是机关，从 20320 元增长到 37533 元，增加 17213 元，增幅 84.7%；事业单位次之，从 12951 元增长到 25251 元，增加 12300 元，增幅 95.0%；增资最少的是企业，从 6369 元增长到 12752 元，增加 6383 元，但相对于其基数，增幅达到 100%。

事业单位中，科研类增资最多，从 20280 元增加到 38454 元，增加了 18174 元，增幅 89.6%。其他依次是：其他类从 15717 元增加到 33391 元，增加 17674 元，增幅 112.5%；技术推广类从 13129 元增加到 25832 元，增加了 12703 元，增幅 96.8%；农场类从 7422 元增加到 14441 元，增加了 7019 元，增幅 94.6%；教育类从 16842 元增加到 22879 元，增加了 6037 元，增幅 35.8%。

技术推广单位中，农业综合服务增资最多，从 13579 元增加到 27812 元，增加 14233 元，增幅 104.8%。其他依次是：畜牧兽医从 12224 元增加到 25337 元，增加 13113 元，增幅 107.3%；经营管理从 13215 元增加到 26060 元，增加 12844 元，增幅 97.2%；农机化推广从 11807 元增加到 24074 元，增加 12267 元，增幅 103.9%；农业技术推广从 14092 元增加到 26056 元，增加 11964 元，增幅 84.9%；水产技术推广从 14776 元增加到 26576 元，增加 11800 元，增幅 79.9%（图5-3-10）。

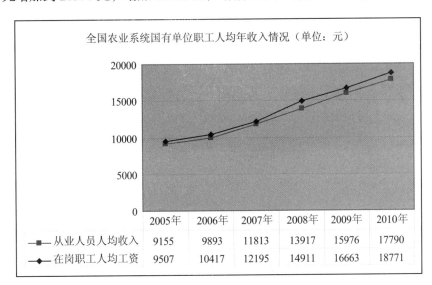

图5-3-10 "十一五"期间全国农业系统国有单位职工人均工资收入情况

从机构层次看：各层次年人均工资也都有大幅提高。增资最多的是省级，从 11650 元增加到 25525 元，增加 13875 元，增幅为 119.1%；其次是地级，从 10254 元增加到 20331 元，增加 10077 元，增幅为 98.3%；第三是县级，从 8640 元增加到 16956 元，增加 8316 元，增幅为 96.3%；增资最少的是乡级，从 8875 元增长到 15711 元，增加 6836 元，增幅 77%。

从领域范围看：各个领域年人均工资都有增加。增资最多的是畜牧兽医领域，从

11915 元增长到 26899 元，增加 14984 元，增幅 125.8%；增资最少的是农垦系统领域，从 6684 元增长到 13423 元，增加 6739 元，增幅 100.8%。

从各省情况看：各省年人均工资都呈增长态势，但地区间发展不平衡。西藏人均增资最多，从 24470 元增长到 55194 元，增加 30724 元，增幅 125.6%；浙江省次之，从 31015 元增长到 57678 元，增加 26663 元，增幅 86%；北京市第三，从 34927 元增长到 60640 元，增加 25713 元，增幅 73.6%。辽宁省增资最少，从 6451 元增加到 10751 元，增加 4300 元，增幅 66.7%。

四、主要原因分析

1. 机构编制数呈减少趋势的主要原因

"十一五"期间，机构和编制数均呈减少趋势，"十一五"末较"十五"末分别减少 2.3 万个、41.4 万个，减幅 14.4%、13.9%。主要原因如下：

（1）基层农技推广体系改革

"十一五"初期，国务院出台了《关于深化改革加强基层农业技术推广体系建设的意见》（国发〔2006〕30 号），对基层农业技术推广体系改革与建设作出全面部署。随着各地逐步推进改革，基层农技推广体系机构进一步精简，编制减少，职能得到整合和强化。从统计数据反映来看，全国技术推广服务体系机构编制数的减少与改革的实施基本同步，也使得全国农业行业国有单位机构编制总数的发生相应变化（主要是精简）。可见，全国农业行业国有单位机构编制总数变化的主要原因是基层农技推广体系改革（图 5-3-11）。

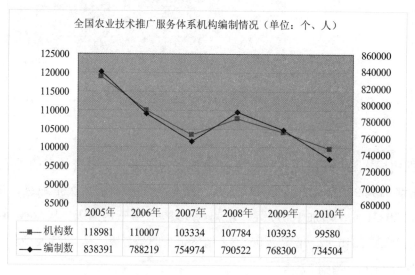

图5-3-11 "十一五"期间全国农业技术推广服务体系机构编制情况

"十一五"期间，全国技术推广服务体系机构编制数同步减少，截至"十一五"末，机构和编制数分别为 9.96 万个、73.45 万个，较"十五"末期分别减少 1.94 万个和 10.39 万个，减幅为 16.3% 和 12.4%，实现了"国发 30 号文件"提出的在农业技术推广体系中优化布局、精简人员的目标。具体如下：

从机构层次看：乡级机构数变化幅度最大，减少 1.8 万个，减幅 20.6%；省级编制数变化幅度最大，增加 0.46 万个，增幅为 28.4%。

从单位类型看：农机化推广机构数和编制数变化幅度最大，其中，机构数减少 0.79 万个，减幅为 34.8%；编制数减少 3.02 万个，减幅为 29.7%（图 5-3-12）。

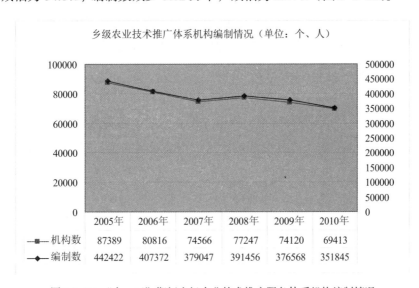

乡级农业技术推广体系机构编制情况（单位：个、人）

	2005年	2006年	2007年	2008年	2009年	2010年
机构数	87389	80816	74566	77247	74120	69413
编制数	442422	407372	379047	391456	376568	351845

图5-3-12 "十一五"期间乡级农业技术推广服务体系机构编制情况

从行业类型看：基层农技推广机构合并，使得农业综合服务机构数增加，增加 358 个，增幅 3.9%。其他各类型基层农业技术推广机构数均在减少，其中，水产技术推广机构减幅最大，减少 0.14 万个，减幅为 28.9%；经营管理机构数量减少最多，减少 0.29 万个，减幅为 27.2%。农机化推广机构的编制减幅最大，减少 2.57 万个，减幅为 39.6%；畜牧兽医机构的编制数减少最多，减少 3.99 万个，减幅 26.5%。

（2）兽医管理体制改革

2005 年国务院出台《关于推进兽医管理体制改革的若干意见》（国发 [2005]15 号），对兽医管理体制改革做出总体部署和安排，要求建立健全三类兽医工作机构，加强基层动物防疫机构和队伍建设。2008 年党的十七届三中全会提出力争三年内普遍健全乡镇或区域动物防疫公共服务机构，逐步建立村级服务站点。经过各级兽医部门的不懈努力，到"十一五"末，改革任务已基本完成并取得明显成效，新型兽医管理体制和动物防疫运行机制初步建立起来，兽医工作能力显著提高，兽医事业发展整体迈上一个新台阶。

随着 2006 年农业部对中央级兽医事业单位进行改革调整，组建机构 3 个，核定编制 601 个。各级兽医机构改革陆续到位。至"十一五"末（2010 年），与 2006 年相比全国兽医机构减少 1069 个，核定编制减少 32610 个。其中，省级机构 93 个，核编 4014 个；地市级机构 934 个，核编 17292 个；县级机构 6296 个，核编 106184 个。

"十一五"期间，全国畜牧业（畜牧兽医服务业）编制数和从业人员数整体呈下降趋势，但结构有所优化。从职称结构看，畜牧兽医专业技术人员人数整体呈下降趋势，其中，中级及以上职称人数逐年上升，初级及以下职称人数减少。从学历情况看，大专以上学历人数逐年增加，中专及以下学历人数逐年下降。全国农业系统中畜牧业的国有单位工人年末在岗总数持续减少，但技术工人比重逐年上升。

（3）国有农场税费改革与农垦体制改革

2006 年以来，全国农垦系统按照中央关于国有农场税费改革的有关精神，积极推进各项配套改革，努力构建减轻农工负担的长效机制。其中有两项重要措施，一是积极创造条件分离国有农场办社会职能，从根本上减轻农工负担。至 2011 年底，全国农垦已有 23 个垦区全面完成普通中小学移交，累计移交普通中小学 3340 所；10 个垦区完成医疗卫生机构移交，累计移交医疗卫生机构 1160 个。二是继续深化国有农场内部管理体制改革，严格控制管理费用增长。到 2011 年底，农场内部累计精简管理机构 6140 个、管理人员 59532 人、工勤人员 11024 人，当年减少管理费用 10 亿元以上。

按照上述措施，"十一五"期间，全国农垦系统国有单位的机构数和编制（定员）数逐年减少，但从业人员数量稳步增加。农垦体制改革带来农垦编制数整体呈下降趋势，从而引起全国编制数整体减少。全国编制数在减少过程中，有两次数据波动幅度较大的现象，据分析，主要是由于个别基层单位农垦体制改革和统计口径变化造成全国数据变化异常。

（4）农产品质量安全体系逐步健全

"十一五"以来，各地按照中央部署，全面推进农产品质量安全体系建设，监管体系逐步健全。2008 年，农业部成立农产品质量安全监管局，随后各地农业主管部门相继成立了农产品质量安全专门监管机构，地市县级农产品质量安全监管机构也逐步建立。特别是 2008 年党的十七届三中全会提出"力争三年内在全国普遍健全乡镇或区域性农业技术推广、动植物疫病防控、农产品质量监管等公共服务机构"后，农业部将乡镇农产品质量安全监管服务机构建设纳入到农技推广服务体系建设中统一规划。目前，全国 31 个省级农业厅局中，30 个设立了农产品质量安全监管局（处、办），

80%的地市和60%的区县农业部门组建了农产品质量安全监管机构，50%的乡镇建立了农产品质量安全监管公共服务机构。

在监管机构建设不断健全的同时，检测体系建设也得到全面加强。按照《全国农产品质量安全检验检测体系建设规划（2006—2010）》，建设了1个部级农产品质量标准与检测技术研究中心、42个部级专业性农产品质检中心、15个部级区域性农产品质检中心、36个省级综合性农产品质检中心和1200个县级农产品质检站，各类检测技术人员由1.96万名增加到2.3万名，增幅17%。

2. 机构、编制和人员数据波动的统计因素

"十一五"期间，机构、编制和人员数量总体呈减少趋势，个别年份略有波动，相对基数波动幅度不大。引起波动的主要原因是有关统计数据偏差造成的(图5-3-13)。

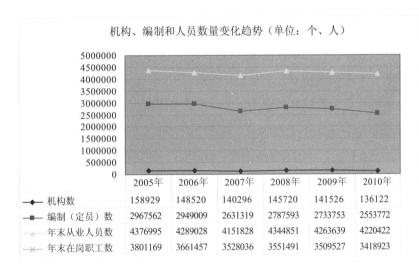

机构、编制和人员数量变化趋势（单位：个、人）

	2005年	2006年	2007年	2008年	2009年	2010年
机构数	158929	148520	140296	145720	141526	136122
编制（定员）数	2967562	2949009	2631319	2787593	2733753	2553772
年末从业人员数	4376995	4289028	4151828	4344851	4263639	4220422
年末在岗职工数	3801169	3661457	3528036	3551491	3509527	3418923

图5-3-13 "十一五"期间全国农业系统机构、编制和人员数量变化情况

（1）湖北省数据对全国数据的影响

全国编制总数在2006—2007年间的减少主要来源于湖北省的变化。全国编制数从2006年的40.1万个下降到2007年的5.5万个，减少34.6万个，减幅86.3%。其中，湖北省企业单位编制人员从2006年的33.9万人减少到了2007年的0人，并一直保持至今。

2010年末，湖北省在岗职工41.2万人，编制（定员）数6.1万个，超编35.1万个，超编数在全国最大；湖北省企业在岗职工34万个，编制（定员）数为零，超编数在全国企业中最大。由此可以判断，湖北省企业在统计上编制数为零，是造成湖北省超编数最大的主要原因。

2010 年末，全国机关工人 4.2 万人，其中技术工人 1.1 万人，普通工人 3.1 万人；湖北省机关工人 30355 人，其中技术工人 612 人，普通工人 29743 人；湖北省农垦事业管理局机关工人 29924 人，其中技术工人 208 人，普通工人 29716 人。由此可以判断，湖北省农垦事业管理局机关普通工人数量较多是造成全国机关普通工人数偏大的主要原因。

（2）山东省数据对全国数据的影响

2007 年至 2008 年，全国机构编制、人员数、专技人员数均发生了小幅回升，而其他年度均呈现下降趋势。出现这一现象的主要原因是山东省机构的基数较大，其相关数据变化引起全国数据波动。

首先，山东省机构数在全国的基数比例最大，2007 年山东省机构数 1.1 万个，占全国机构总数的 8%，居第二位。2008 年山东省机构 1.6 万个，占全国机构总数的 11%，居第一位。2009 年山东省机构数又回归 1.1 万个，占全国机构总数的 8%，居第二位。2007-2008 年，在岗职工数从 11.6 万人上升到 16.2 万人，增加 4.6 万人，增幅 39.9%。专业技术人员数从 6.2 万人上升到 9.6 万人，增加 3.4 万人，增幅 54.4%。

其次，山东事业单位数据波动较大，对山东省整体数据造成影响。2007—2008 年，山东省事业单位机构数从 1 万个增加到 1.5 万个，增加 0.5 万个，增幅 50.3%。编制数从 8.5 万个增加到 13 万个，增加 4.5 万个，增幅 52.3%。在岗职工从 8.7 万人上升到 13.1 万人，增加 4.4 万人，增幅 50.4%。专技人员 5.9 万人增加到 9.3 万人，增加 3.4 万人，增幅 58.1%。

第三，山东省事业单位的主体是县级以下基层农业技术推广机构，波动主要发生在种植业领域，也就是说主要是山东基层农业综合服务站的 2008 年度数据增加造成。究其原因，是当年统计人员面对"五站合一"现象，没有按照法人单位统计，没有认识到"一套人马，两块牌子"按照一个机构统计，造成部分综合站机构人员重复统计。

（3）黑龙江省数据对全国数据的影响

2009—2010 年，全国地级编制数增幅较大，从 27 万个增加为 90.45 万个，一年间增加了 63.5 万个，增幅达 235.19%。这一现象直接造成地级编制在编制总数分布中的比重变为最大，原来数量最多的乡级比重下降明显。出现这一现象的主要原因是黑龙江省农垦总局的基数较大，其相关数据变化引起全国数据波动。

首先，全国各省中黑龙江省占编制总数比重最大。"十一五"期间，黑龙江省编制数一直占全国编制总数的最大比重。截至"十一五"末，黑龙江省编制数 73.8 万个，占全国编制总数的 29%。

其次，全省各类中黑龙江农垦总局的企业编制（定员）数比重最大。就黑龙江省的数据来看，农垦系统编制数 68.7 万个，占当年全省总编制数的 93.1%，占当年全国企业编制数的 62.8%。企业编制数为 59.4 万人，占当年全省总编制数的 80%，占当年全国企业总编制数的 54%。

第三，黑龙江农垦总局统计口径变化是引起当年企业编制数变化的主要原因。2010 年，黑龙江农垦总局将 68.7 万个乡级编制数归入地级编制数，造成黑龙江省 2010 年的地级编制数从 2009 年的 2.7 万个增加到 69.3 万个，而乡级编制数则从 2009 年的 61.2 万个下降到 2010 年的 1.3 万个。

2010 年，黑龙江地级在岗职工 33.2 万人，比黑龙江地级编制数少 36.1 万个；黑龙江农垦系统在岗职工 32.7 万人，比黑龙江农垦系统编制数少 36.0 万个；同期，全国地级空编 24.8 万人，由此可以判断，黑龙江农垦总局在统计上的空编数是造成 2010 年全国地级空编数偏大的主因。

（4）2007—2008 年从业人员数量波动的统计因素

2007—2008 年间，年末全国农业系统从业人员从 415.2 万人增加到 434.5 万人，增加 19.3 万人，增幅 4.64%；增加的人数主要由于广西壮族自治区、吉林省、内蒙古自治区、山东省的从业人员增加数构成。广西壮族自治区 2007 年末从业人员数量为 5.1 万人，2008 年末从业人员数量为 13.5 万人，增加 8.4 万人；吉林省 2007 年末从业人员为 4.3 万人，2008 年末从业人员为 9.7 万人，增加 5.4 万人；内蒙古自治区 2007 年末从业人员 18.4 万人，2008 年末从业人员 23.0 万人，增加 4.7 万人；山东省 2007 年末从业人员数量为 11.9 万人，2008 年末从业人员数量为 16.5 万人，增加 4.6 万人。其他省份年末从业人员数虽有减少，但数量上与增加的相比相对较小，减少最多的是广东省，2007 年末从业人员数为 14.5 万人，2008 年末从业人员数为 12.0 万人，减少了 2.5 万人。从多层次和多个角度看，2008 年从业人员回升是个比较普遍现象。

3. 平均工资水平逐年增长的主要原因

"十一五"期间，在岗职工年平均工资逐年增长，"十一五"末较"十五"末，在岗职工年年平均工资增加 9263 元，增幅 97.4%。

（1）随着经济社会发展，各地相应提高工资收入水平

随着经济社会发展以及全国各地最低工资标准的提高、劳动力成本上升等，"十一五"期间，全国农业系统国有单位在岗职工年人均工资均逐年增长。2007 年在岗职工工资总额比 2006 年增长 51.6 亿元，增幅 13.7%，人均增长 1778 元，增幅 17.1%；2008 年在岗职工工资工资总额增长 100.9 亿元，增幅为 23.6%，人均增长 2716 元，增幅 22.3%；2009 年在岗职工工资工资总额增长 53.5 亿元，增幅 10.1%，人均增长

1752 元，增幅 11.8%；2010 年在岗职工工资工资总额增长 56.0 亿元，增幅，9.6%，人均增长 2108 元，增幅 12.7%。

（2）2006 年全国机关事业单位工资收入分配制度改革

改革因素主要反映在机关事业单位的基本工资部分。按照全国统一的基本工资标准和总体增资幅度，改革后农业行业机关事业单位的基本工资水平相应提高。随着改革的逐步实施，工资收入水平稳步增长。2007 年全国农业系统国有单位在岗职工基本工资总额比 2006 年增加 26 亿元，占总增资额的 50.98%，比 2006 年基本工资总额增长 10.5%，人均基本工资增加 954 元，增幅 13.7%；2008 年基本工资总额比 2007 年增加 48 亿元，占总增资额的 47.5%，增幅为 17.2%，人均增长 1267 元，增幅 16.0%；2009 年基本工资人均增长 641 元，增幅 7.0%；2010 年基本工资人均增长 62 元，增幅 0.6%。从"十一五"情况来看，"十一五"末机关事业单位人均基本工资较 2006 年增加 8478 元，其中机关单位人均基本工资增加 4711 元，增幅为 39.5%；事业单位人均基本工资增加 3767 元，增幅 42.2%。

（3）机关事业单位规范津贴补贴一定程度提高工资收入水平

随着各地规范津贴补贴不断深入以及"阳光工资"等政策实施，以往处于"收入洼地"的农业行业机关事业单位工资收入水平特别是津补贴水平得到一定提高，津补贴在工资总额中所占比重不断上升，从 2005 年 33.1% 上升到 2010 年 47.4%，上升了 14.3 个百分点。此外，农业行业特殊岗位津贴补贴的逐步落实也带来一定增资，从 2005 年 4.08 亿元到 2010 年 5.04 亿元，增长了 0.9 亿元，增幅 23.5%。其中，机关单位人均农业行业特有津贴增加 67 元，事业单位人均农业行业特有津贴增加 78 元。

（4）随着农技推广体系改革不断深入，各地对基层农技推广体系投入增加，人员工资保障水平提高，基本工资和有关津补贴得到兑现

从机构层次上看，各级农技推广体系的在岗人员工资都有所增长，省级农业技术推广体系增资最多，人均增资 30049 元，增幅为 126.6%；地级人均增资 16725 元，增幅为 91.7%；县级人均增资 12815 元，增幅为 93.2%；乡级人均增资 10998 元，增幅为 92.9%。

各省的农业技术推广体系工作人员工资相应增加。西藏农业技术推广体系在岗工作人员工资增资最多，为 34756 元，增幅为 140.7%；辽宁省增资最少，但也达到了 5195 元，增幅为 32.8%。

（5）农垦系统效益增长，农工（农垦从业人员）收入水平增长

受益于国家的强农惠农政策，以及农垦企业扭亏为盈，"十一五"，农垦系统从业人员收入（报酬）较"十五"末人均增加 6387 元，增幅为 96.4%。

"十一五"期间全国农业系统国有单位在岗职工基本工资和工资总额逐年增长。五年来，工资总额增长281亿元，增幅为78.6%，在岗职工人均工资增长9263元，增幅为97.4%。

4. 与其他部门统计存在差异的说明

与其他部门统计存在差异的主要原因是统计口径、统计范围、指标定义的不同而造成的。

（1）与农垦综合统计的差异

主要差异是全国农业系统国有单位人事劳动统中机构数、编制数、工资总额等数据比农垦综合统计中的偏小，主要原因是：

①在《全国农业系统国有单位人事劳动统计》报表制度中，"在岗职工"指在本单位工作并由单位支付工资的人员，以及有工作岗位，但由于学习、病伤产假等原因暂未工作，仍由单位支付工资的人员。"在岗职工"包含于"从业人员"，体现为管理人员、专业技术人员和工勤人员三部分。在农垦综合统计中，"在岗职工"是指"在岗职工和离开本单位仍保留劳动关系的职工"。两者指标定义不一致。

②《全国农业系统国有单位人事劳动统计》报表制度强调统计范围是：各省（自治区、直辖市）、地（州、市）、县（市）、乡（镇）农业系统的具有独立法人资格的机关、国有事企业单位。"十一五"期间，新疆生产建设兵团未按要求报送数据，北京三元集团有限责任公司、江苏省农垦集团有限公司等许多农垦企业未参与统计。两者统计范围不一致。

③在《全国农业系统国有单位人事劳动统计》报表制度中，"工资总额"与"在岗职工"对应，"劳动报酬"与"从业人员"对应。而在农垦综合统计中，国有单位从业人员劳动报酬即为工资总额。两者统计口径不一致。

（2）与全国农技推广体系运行情况统计调查的差异

主要差异是全国农业系统国有单位人事劳动统中机构数、编制数等数据与科教系统的全国农技推广体系运行情况统计调查中的数据不一致，除去农村经营管理系统数据，机构数和编制数都略少，主要原因是：

①在《全国农业系统国有单位人事劳动统计》报表制度中，"十一五"期间，农业技术推广服务体系保留设置了农业技术推广机构、经营管理机构、畜牧兽医机构、水产技术推广机构、农机化推广机构等五个类别机构，在乡级还增设了农业综合服务机构。在全国农技推广体系运行情况统计调查中，根据国发[2006]30号文件精神，农村经营管理系统不再列入基层农业技术推广体系，只包含种植业、畜牧兽医、水产、

农机化四个系统。两者统计范围不一致。

②在《全国农业系统国有单位人事劳动统计》报表制度中，各企业、事业、国家机关均按其经济上具有法人资格，行政上有独立组织的形式，作为划分基本统计总体单位的依据。"一套人马，两块牌子"的单位只统计一次。在全国农技推广体系运行情况统计调查中，按农业部所属种植业、畜牧兽医、水产、农机化四个系统进行统计。两者统计口径略有差别。

（3）与其他农业部门统计的差异

①"十一五"期间，全国农业系统设置了种植业、农机化领域、畜牧业/畜牧兽医服务业、农垦系统、渔业五个领域，对于无法明确归类的机构都纳入种植业领域，因此，种植业领域数据偏大，其中约20%应该属于农业综合服务类。

②乡镇农技推广机构综合设站后，农机化、畜牧兽医、渔业等领域的基层推广机构与种植业领域的基层推广机构合并或合署办公，按照《全国农业系统国有单位人事劳动统计》报表制度，"一套人马，两块牌子"的单位只统计一次。因此，本统计报表的农机化、畜牧兽医、渔业等领域数据比各领域主管部门统计的数据略低。

③"十一五"初期，国务院出台了《关于深化改革和加强基层农业技术推广体系建议的意见》（国发[2006]30号），对基层农业技术推广体系改革与建设作出全面部署，明确农村经营管理系统不再列入基层农业技术推广体系，有关行政职能列入乡镇政府职能。在《全国农业系统国有单位人事劳动统计》报表制度中，"十一五"期间农村经营管理机构一直列在农业技术推广体系中统计。因此，两者统计范围和统计口径存在差异，造成统计数据存在差异。

五、有关问题及建议

1. 机构编制方面

（1）存在的主要问题

一是农业公共服务机构还不健全。部分地区的农技推广、动植物疫病防控等公共服务机构尚未整合，基层农产品质量安全监管机构尚未全面建立，在基础设施建设、财政投入方面仍有明显不足。一些地方撤销乡镇农村经营管理事业机构，虽然提出职能列入政府职责，但未明确承担机构，有的虽明确承担机构，但没有相应岗位编制和专职人员。二是有些地方的管理体制还没理顺。以基层农技推广机构为例，有的地区实行乡管乡用，有的地区实行县管乡用。有的地区将农技站、畜牧站、农机站等整合为乡镇综合站，县里多头管理，部分地区上级行政主管部门不能有力的对基层站进行管理和指导。一些地方乡镇农村经营管理职能分别由几个机构承担，形成同类职能多头负责，既不利于工作统筹安排部署，也给县级主管部门工作指导、业务调度、人员培训等带来很大困难。三是职能定位需进一步明确。基层公共服务机构承担着为"三农"服务的主要公益性职能，部分地区对基层农业公共服务机构的公益性定位不够准确，造成财政投入不足、人员安排不到位、服务功能削弱等问题。

（2）对策与建议

认真贯彻落实党的十七届三中全会《中共中央关于推进农村改革发展若干重大问题的决定》、国务院《关于深化改革加强基层农业技术推广体系建设的意见》（国发〔2006〕30号）以及今年中央一号文件精神，进一步加强基层农业公共服务体系建设，特别是健全基层农技推广、动植物疫病防控、农产品质量安全监管机构，不断强化基层公益性农技推广服务。一是进一步加强农业行政管理体制研究，明确职能定位，理顺管理体制。建国以来，经过几次大的机构改革，我国农业行政管理体制历经八次改革创新，在机构和职能上不断改进和发展。但由于经济社会快速发展，农业产业发展有了新的特点和要求，应立足实际，与时俱进，通过科学确定职能、调整组织结构、改进行政管理方式、加强法制建设等有效手段，建立办事高效、运转协调、行为规范，适应社会主义市场经济体制需要的农业行政管理体制，形成与之配套的科学运行机制，主动适应形势的发展变化，更好地为农业农村经济发展服务。进一步理顺管理体制机制，明确各级农业业务主管部门和乡镇人民政府的相应职责，逐步建立起"县乡共管、县管为主"的基层公共服务机构管理模式。二是健全基层农业公共服务机构。强化基层农技推广机构的公益性定位，落实人员经费和待遇，提高财政保障水平，完善基础设施建设，确保有先进服务手段、有优良专业人员、有规模示范基地、有严格责任制度、有稳定财政保障。进一步加快体系改革的步伐，不断改善工作条件，进一步提高服务能力。进一步明确农村经营管理职能如何列入乡镇政府职责，对机构设置、人员编制、工作保障等提出明确要求，确保乡镇农村经营管理职责得到切实履行。

2. 人员队伍方面

（1）存在的主要问题

一是人员职称结构仍有待进一步优化。应继续加大干部队伍、高职称高学历人员和高等级技工人数比重。比如，专技人员副高级以上职称所占比例仅为9.4%，工人中技师及其以上所占比例为5.8%，高职称人员和高等级技工所占比例过小。二是人员素质仍需大幅提高。从专技人员学历情况来看，所占比例最大的为大专学历，占37.8%；研究生的比例最少，为2.9%。同时，机构精简、人员减少造成基层农技人员队伍流失严重，基层农技人员队伍仍普遍存在一些问题，比如专业知识和技能水平不强，知识结构老化等。三是各行业（领域）人力资源水平存在较大差距。种植业副高及以上专业技术人员所占比例最大，为12.5%；而农经专业技术人员中副高及以上职称的比例最少，为4.0%。与此同时，种植业的专业技术人员中本科及以上学历的比例最大，为31.9%；农机专业技术人员中本科及以上学历的比例最小，为23.0%。在工人中，农机化领域技术工人的比例最大，为76.5%；农垦系统的技术工人比例最小，为38.1%。四是基层一线高级专业技术人员比例过低。从机构层次来看，乡级与县级的专业技术人员占总人数的70.2%，但正高比例为0.17%，副高为3.8%，研究生比例为0.33%，本科生比例为13.5%，均低于全国平均水平（1.1%，8.2%，2.9%，25.5%）；从单位类型来看，技术推广类专业技术人员占总数的55.8%，但正高比例为0.42%，副高为4.1%，研究生比例为0.64%，本科生为13.0%，同样低于全国平均水平。

（2）对策与建议

一是健全完善人员聘用制度，强化岗位管理。农业事业单位应根据自身的性质、规模、发展需要和各类岗位的特点，建立岗位管理制度。通过积极推行岗位聘用制度，建立与绩效考核的紧密联系、鼓励人才创新创造的分配制度和激励制度，实现人员能上能下、能进能出的灵活用人机制。二是吸收高校毕业生到基层农业部门工作。一方面争取各有关部门支持，认真落实农业部、教育部出台《关于实施基层农技推广特设岗位计划的意见》。以基层农技推广机构、农民专业合作社、涉农企业、农业专业服务组织等为载体，引导鼓励高校涉农专业毕业生到基层担任特岗农技人员。另一方面严把进人关。通过制度建设，规范进人程序，优化人才资源配置，加强基层就业引导，有效拓宽基层农业事业单位的选人渠道，保证新进人员素质。三是加强培训教育。在普遍提高素质的同时，围绕主导产业培养专业化人才队伍。通过整合培训资源，建设规范化专业培训基地、专业人员队伍轮训制度等有效措施，围绕各地主导产业、特色产业对专业型人才的需求，有针对性的开展专业培训，调整优化人才队伍的专业知识结构，以适应当地农业发展需要。同时，可考虑大力发展农业专业技术教育，仿效师范生培养模式，每年拿出一些高招指标招收农林水专业学生，实行定向培养，免费教育。四是在职称评定等方面向基层倾斜。通过职称评定等渠道争取有力的人才发展政策向基层农业事业单位倾斜，从而进一步优化农业基层事业单位人才队伍结构，充分发挥职称工作对人才的激励作用，努力营造优秀人才脱颖而出的良好环境。但同时也要对专业技术人才队伍的发展高度负责，严格把好职称评审关。

3. 收入分配方面

（1）存在的主要问题

一是总体水平低。在全国各行业中，农业领域收入水平排名靠后，远低于全国平均水平，低于基层事业单位平均工资收入水平。2011年12月在第四届中国劳动论坛上，人力资源和社会保障部劳动工资研究所发布了调研报告，有关数据显示，2010年平均工资最高的行业是金融业（7.01万元），最低的农林牧渔业（1.67万元），最高与最低之比为4.2∶1。而世界上多数国家行业间差距在1.5～2倍，上世纪80年代我国行业间工资收入差距也基本保持在1.6～1.8倍。二是地区之间差距较大，增长水平不一。"十一五"期间，各地区职工收入平均水平差距较大，截至"十一五"末，辽宁省在岗职工年人均工资水平最低（1.08万元），北京市最高（6.06万元），是辽宁省的5.61倍。以"十一五"期间在岗职工人均工资总额五年平均值计算，北京市为辽宁省的6.4倍。同时，各地区职工收入增长速度差距较大，以"十一五"期间在岗职工年人均工资平均增长率计算，福建省增长率最小（8.9%），陕西省增长率最大（43.5%），是福建省的4.9倍。三是农业各领域收入水平差距较大。以"十一五"末年人均工资水平计算，农垦系统最低（1.34万元），渔业行业最高（2.80万元），是农垦系统的2.09倍。以"十一五"期间在岗职工人均工资总额五年平均值计算，农垦系统（1.01万元）不到其他四个行业平均值（2.11万元）的一半。四是工资倾斜政策落实情况不好。国家相关文件明确了浮动工资政策和农业行业特殊岗位津贴补贴，这对解决农林科技人员工资待遇偏低、队伍不稳定的现象有较好效果，但由于部分地区财政困难，经费来源无法保障，使得国家出台的各类倾斜性政策在基层特别是农技推广单位得不到落实。五是绩效工资改革实施滞后。2006年工资改革以来，除基础教育、"两卫"绩效工资逐步实施外，其他事业单位的绩效工资改革办法比较滞后。目前，大部分地区已出台其他事业单位的绩效工资实施意见，但各地具体细则办法颁布进度不一，基层事业单位绩效工资制度难以得到迅速落实。六是特殊岗位津补贴水平低。现行特殊岗位津补贴标准由于多年没有调整，已跟不上社会经济整体发展速度，更无法体现向特殊岗位提供防护保健和向艰苦岗位倾斜的政策优势。比如现行农业事业单位有毒有害津贴和畜牧兽医医疗卫生津贴标准是1997年确定的，最高不超过3元/人/天；水产捕捞人员出海伙食补贴标准是1986年确定的，最高不超过2.6元/人/天，一定程度上影响了相关岗位工作人员的积极性。

（2）对策与建议

贯彻落实今年中央1号文件精神，切实做好"一衔接"工作。对扎根乡村、服务农民、艰苦奉献的农技推广人员，要切实提高待遇水平，落实工资倾斜和绩效工资政策，实现在岗人员工资收入与基层事业单位人员工资收入平均水平相衔接。一是落实国家工资收入分配政策。尤其对相关倾斜政策，要加大工作力度，争取上级部门的重视和财政等相关部门的支持，保证政策落实到位。二是积极推进农业事业单位绩效工资实施工作。要以完善工资分配激励约束机制为核心，健全符合事业单位特点、体现岗位绩效和分级分类管理要求的收入分配制度。目前全国已有 26 个省出台事业单位绩效工资实施办法，各地农业行政主管部门应积极会同当地人事、财政部门制定相应的落实政策，尽早实施绩效工资改革。三是调整农业特殊岗位津贴补贴标准。针对农业事业单位有毒有害津贴和畜牧兽医医疗卫生津贴标准等农业特殊岗位津补贴标准偏低现状，积极反映情况，努力争取政策支持和财政投入，提高补贴标准，更好地体现政策倾斜力度。四是加大投入，提高待遇水平。各地农业主管部门要认真贯彻落实今年中央一号文件精神，结合绩效工资实施，积极争取当地人事、财政部门支持，不断提高财政保障水平和人员工资水平。农业事业单位通过提供技术支持、面向社会开展服务等，争取各方面投入，努力提高职工待遇水平，更好地调动工作人员积极性，稳定人员队伍，提高服务支撑能力（图 5-3-14）。

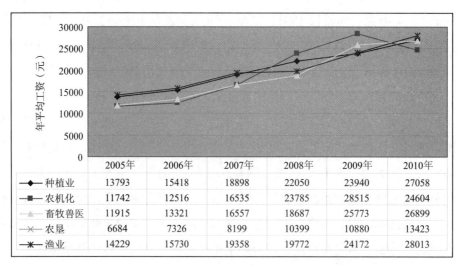

	2005年	2006年	2007年	2008年	2009年	2010年
种植业	13793	15418	18898	22050	23940	27058
农机化	11742	12516	16535	23785	28515	24604
畜牧兽医	11915	13321	16557	18687	25773	26899
农垦	6684	7326	8199	10399	10880	13423
渔业	14229	15730	19358	19772	24172	28013

图5-3-14 "十一五"期间各领域在岗职工年平均工资对比变化情况

第四节　分析总结参考

省级农业主管部门不仅要对统计数据进行分析，还要对统计工作进行总结。下面以广西农垦、安徽农委、青海农牧等单位撰写的材料为例，介绍统计数据分析与统计工作总结的参考范例。

一、统计数据分析

以下为统计数据分析范例，数据内容未核实，仅作格式参考。

范例：广西农垦 2016 年国有单位人事劳动
统计年报分析报告

按照《农业部办公厅关于填报 2016 年全国农业系统国有单位人事劳动统计报表的通知》（农办人〔2016〕48 号）要求，我局认真组织管区国有单位开展人事劳动统计工作，加强业务培训，规范数据采集填报程序，严格审核把关，认真做好数据汇总和年报分析，提高报表数据质量。现将广西农垦 2016 年国有单位人事劳动统计情况分析如下。

1. 广西农垦基本概况

广西农垦始建于 1951 年，现辖 101 家直属国有企事业单位。拥有 252 万亩[①]国有土地，分布在广西 14 个地级市、42 个县（区），人口 38 万人，职工 8 万多人。2006 年深化农垦管理体制改革以来，广西农垦实行农垦工委、农垦局、农垦集团实行"三块牌子，一套人马"管理体制。农垦工委是自治区党委的派出机构；农垦局是自治区人民政府特设的行政管理机构，行使相当于地级市的计划、财政、税收、土地管理、建设规划、国资管理等经济管理权限。广西农垦集团是自治区人民政府直属国有大型企业。"三块牌子，一套人马"管理体制经过十年的运营，农垦现代农业快速发展，综合实力大幅提升，形成了组织化程度高、规模化特征突出、产业体系健全的独特优势，示范带动能力不断增强。2016 年广西农垦牢牢把握稳中求进的工作总基调，积极践行"五大发展理念"，提质增效转方式，着力推进供给侧结构性改革和农垦改革，统筹推进垦区农场基地、专业集团、园区经济、资本运营、海外农垦等"五大板块经济"建设和民生建设，管区经济保持平稳发展，民生持续改善，2016 年管区完成全社会经营总收入达到 1409.2 亿元、地区生产总值 494 亿元、固定资产投资 343.9 亿元，招商引资实际到位资金 275.8 亿元，比 2015 年分别增长 8.5%、8%、14.4%、14.6%，比 2006 年增长了 548.6%、356.3 %、1334.2%、1466.4%。农垦集团全年实现营业总收入 106.5 亿元，利润总额 6.1 亿元，增长 52.3%，国有资产总额 473.6 亿元，增长 22%。2016 年农垦集团在中国制造业 500 强中排位 278 名，排位上升 7 位。

广西农垦经济社会持续健康发展的同时，也存在迫切需要进一步深化改革予以解

---

① 亩为非法定计量单位，1亩≈666.67平方米。

决的矛盾和问题。为贯彻落实《中共中央、国务院关于进一步推进农垦改革发展的意见》，巩固广西农垦改革发展的成果，进一步激发广西农垦发展活力，充分发挥广西农垦在全区农业现代化建设和经济社会发展中的重要作用，自治区党委、政府出台了《关于进一步推进广西农垦改革发展的实施意见》，这是时隔十年之后，自治区党委、政府再次出台的深化农垦管理体制改革的纲领性文件。《实施意见》由总体要求、深化农垦管理体制和经营机制改革、创新农垦土地管理方式、完善农垦产业发展体系和加强组织和政策保障等五个部分组成，共20条，明确了新时期广西农垦改革发展的方向、目标、任务和政策措施，全面系统地回答了农垦改革发展的一系列重大理论和实践问题。"十三五"乃至更长的时期，广西农垦的工作主题就是全面贯彻落实《实施意见》的文件精神，积极稳妥推进农垦改革发展，确保各项改革发展目标的顺利推进和实现。

2. 报表数据分析

（1）广西农垦国有单位机构情况

2016年，我局将原来合并填报和未纳入统计范围的海外机构共11家单独作为基层统计单位纳入统计范围，所有统计单位都由农业部核准机构账号。广西农垦纳入统计范围的直属国有企事业单位共有112家，其中农业企业48家、工商企业58家（工业企业26家，商业物流、物业、土地、建筑、设计、房产、旅游及园区投资公司32家），行政机关、科研文教事业单位4家和局机关1家。

（2）广西农垦国有单位从业人员和在岗职工人数情况

2016年末国有单位年末从业人员数为66152人，比上年的68518人减少了2366人。其中农业企业53069人，比上年减少了1920人，工商企业11712人，比上年减少了418人，机关事业单位1381人，比上年减少了18人。2016年末在岗职工人数25690人，比上年的26345人减少了655人。其中农业企业在岗职工15718人，工商企业在岗职工8814人，其他单位1158人。具体见下表：

单位类型	年末从业人员数（人）				年末在岗职工数（人）			
	2016年	2015年	增减人数	增减比例	2016年	2015年	增减人数	增减比例
农业企业	53069	54989	−1920	−3.49%	15718	16013	−295	−1.84%
工商企业	11712	12130	−418	−3.45%	8814	9177	−363	−4%
机关事业	1381	1399	−18	−1.29%	1158	1155	3	0.26%
总计	66152	68518	−2366	−3.45%	25690	26345	−655	−2.49%

农场从业人员和在岗职工减少的主要原因：一是按照农业供给侧改革的要求，积极推进土地资产化资本化改革，部分农场将租赁或承包给职工的土地收归农场，土地资产内部划转，实行"划拨农用地使用权抵押担保"试点工作取得成效，减少了用工人数。二是近年来，广西农垦整合资源积极推进"双高"基地建设和农业示范区建设，农场的产业结构不断调整，农业产业化、经营组织化、装备设施化和生产标准化、机械化、集约化程度不断提高，减少了用工人数。三是发展园区建设是推动农垦经济发展的五大板块之一，产业园区建设、地方征用农场土地等回收农场职工承包的土地后，农业土地承包岗位减少，用工人数减少。四是企业职工老龄化问题越来越严重，近年来退休职工逐年增加，艰苦边远地区的农场自然条件相对艰苦，待遇低，很难吸引和留住职工。

工商企业职工及从业人员减少的主要原因：一是近年糖价走低，甘蔗种植面积减少，用工人数相应减少；二是在经济低迷的大形势下，部分企业采取并岗减员，提质增效的办法应对危机；三是企业加强劳动管理，因违反劳动纪律被解除劳动关系或辞职的人员增多；四是钦州公司进行产业结构调整，将养殖、食品等产业进行内部承包，在岗职工进行分流；五是提高机械化作业的能力，提高人力资源使用效率，减少人工成本，减少了季节性用工；六是商业企业和部分困难企业不再新增职工，人员只出不进，由于经营困难，部分职工辞职；七是部分单位对在岗职工的统计口径理解存在偏差，将保留劳动关系自谋职业的职工统计为2015年度在岗职工，2017年1月进行统一培训后，正确理解统计口径内涵，并对在岗职工人数进行调整因而造成人数减少。

机关事业单位从业人员和职工人数变动的主要原因：职业技术学院、热作所和南亚所等3家事业单位加强岗位设置管理，科学利用现有编制合理引进人才，退休减员和新录用的人员基本平衡，减员主要是工作人员正常退休造成的。

为更直观地对比广西农垦在岗职工人数的变化情况，下面选取2007—2016年10年来的数据进行对比：

2007—2016年的10年间在岗职工人数变动如下图表：

单位类型	2007年	2008年	2009年	2010年	2011年	2012年	2013年	2014年	2015年	2016年
农业企业	28158	26028	23430	22888	20820	19635	19088	17461	16013	15718
工商企业	9223	9492	9628	9910	9812	9520	9524	9756	9177	8814
机关事业	1445	1570	1436	1402	1314	1300	1347	1130	1155	1158
总计	38826	37090	34494	34200	31946	30455	29959	28347	26345	25690

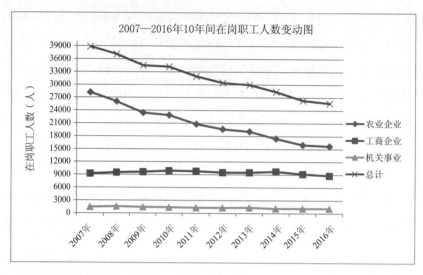

（3）广西农垦国有单位在岗职工结构组成情况

2016 年末在岗职工 25690 人，其中女性职工 12924 人，占全体职工比例 50.31%；少数民族职工 13339 人，占全体职工比例 51.92%；中共党员 5962 人，占全体职工比例 23.21%；博士 12 人，比上年增加了 1 人，硕士 469 人，比上年增加了 28 人。按照行业分布情况具体见下表：

单位类型	机构数	编制（定员）数	财政补助编制	年末在岗职工数	其中				
					女性	少数民族	中共党员	博士	硕士
农业企业	48			15718	9096	9635	4531		6
工商企业	59			8814	4345	5349	1689		91
机关事业单位	5	1251	850	1158	501	382	581	11	344
汇总数字	112	1251	850	25690	12924	13339	5962	12	469

（4）广西农垦国有单位从业人员劳动报酬和在岗职工工资情况

2016 年广西农垦国有单位从业人员人均工资总额 33415 元，比上年提高了 2498 元，增幅 8.08%；在岗职工人均工资 35698 元，比上年增加 4404 元，增幅 14.07%。按行业分布情况具体见下表：

项目	从业人员年人均工资总额（元/年）		增减幅度（元）	增减比例	在岗职工年平均收入（元/年）		增减幅度（元）	增减比例
年份	2016 年	2015 年			2016 年	2015 年		
农业企业	31979	29415	2564	8.72%	28361	24371	3990	16.37%
工商企业	33707	33221	486	1.46%	40317	37833	2484	6.57%
机关事业单位	86101	69954	16147	23.08 %	102843	78468	24375	31.06%
平均	33415	30917	2498	8.08%	35698	31294	4404	14.07%

农业企业从业人员人均收入和在岗职工人均工资增长的原因：现代农业大基地建设、工业反哺农业、园区经济发展以及土地资源的资产化资本化建设，为农业经济健康快速发展提供了力量源泉，是农业职工群众增收的加油站。一是"双高"基地建设和农业示范区建设，农业生产质量不断创新，甘蔗、水果等良种和全程机械化的推广，种植成本不断降低，土地产出效率不断提高。二是改变单一的经营管理模式，产业结构调整进一步推广，通过与专业公司合作和引导职工种植高效作物，淘汰低效劣质品种，开展林业旅游、林下种植、养殖，职工家庭收入和农场的经济效益不断提高。三是剑麻、甘蔗、水果等丰产丰收。四是园区企业为职工群众提供更多的兼职、就业机会，增加了农业企业从业人员和职工的收入。五是农场通过盘活土地资源，增加了土地的承包和租赁费，实现农场增效，职工增收。

工商企业在岗职工人均工资提高的主要原因：受经济下行压力加大的影响，糖业、木薯淀粉等产业价格下降，经济效益增幅降低，为降低成本控制工资总量和工资增长幅度，人均工资增长小幅提高。

机关事业单位从业人员人均收入和在岗职工人均工资增加的主要原因：事业单位的津补贴进行了调整，执行时间往前追溯并在2016年度进行补发，另外职业技术学院原没有列入绩效工资的部分纳入绩效工资总量，这两个主要原因使机关事业单位的工资增长幅度较大。

（5）广西农垦国有单位管理人员和专业技术人员情况

①广西农垦国有单位管理人员和技术人员基本情况

2016年广西国有单位管理人员和专业技术人员（不含在管理岗的）共计6274人，与上年6154人比，增加了120人。其中管理人员3988人，比上年3846增加了61人。管理人员和专业技术人员占在岗职工人数的24.42%，比上年增加了1.06%，具体分布行业为农业企业2256人、工商企业1516人、其他单位216人。

2016年广西农垦国有单位技术人员4749人，比上年4485增加264人。技术人员占在岗职工人数的18.86%，比上年增加了4.92%，具体分布行业为农业企业1976人、工商企业1961人、机关事业单位812人。按行业分布情况具体见下表：

单位类型	管理人员			专业技术人员				
	2016年	2015年	增减幅度（人）	2016年		2015年		增减幅度（人）
				专技人员	其中在管理岗	专技人员	其中在管理岗	
农业企业	2256	2242	14	1976	1360	1841	1238	135
工商企业	1516	1392	124	1961	1085	1859	937	102
机关事业	216	212	4	812	18	785	2	27
合计	3988	3846	142	4749	2463	4485	2177	264

②广西农垦国有单位管理人员和技术人员学历情况

2016 年广西农垦国有单位管理人员和专业技术人员中（不含在管理岗的），拥有研究生学历 667 人、大学本科学历 1741 人、大学专科学历 2086 人、中专学历 770 人、高中及以下学历 1010 人，拥有大学专科以上学历者 4494 人，占管理和专技人员数的 71.63%，与上年 71.68% 基本持平，占在岗职工人数的 17.49%，比上年提高了 0.75%。可见，具有高学历的人员所占比例不高，研究生以上高学历人才不多。近年起在职人员参加研究生学历教育的渠道变窄，引进应届毕业的研究生成为提高学历和高层次人才的主要途径。

2016 年各行业管理人员、技术人员学历分布情况如下表：

单位类型	管理人员						技术人员					
	年末在岗人数	研究生	大学本科	大学专科	中专	高中及以下	年末在岗人数	研究生	大学本科	大学专科	中专	高中及以下
农业企业	2256	97	461	844	270	584	1976	102	447	800	300	327
工商企业	1516	108	555	514	140	339	1961	111	688	772	290	100
机关事业单位	216	68	91	37	7	13	812	363	364	76	9	
汇总数字	3988	273	1107	1395	417	796	4749	576	1499	1648	599	427

2016 年专技人员中"双肩挑"人员学历情况如下表：

单位类型	管理人员						技术人员					
	年末在岗人数	研究生	大学本科	大学专科	中专	高中及以下	年末在岗人数	研究生	大学本科	大学专科	中专	高中及以下
农业企业	1976	102	447	800	300	327	1360	80	379	566	169	166
工商企业	1961	111	688	772	290	100	1085	97	476	388	77	47
机关事业单位	812	363	364	76	9		18	5	10	3		
汇总数字	4749	576	1499	1648	599	427	2463	182	865	957	246	213

2013—2016 年管理人员学历分布情况对比：

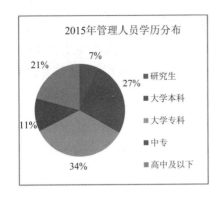

2013—2016年技术人员学历分布情况对比:

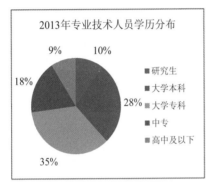

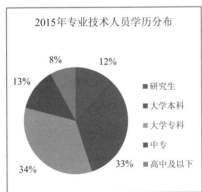

　　通过数据对标显现出拥有大专以上学历的人员逐年小幅增加,是广西农垦始终坚持注重引进人才、培养人才、鼓励职工参加学历教育的人才发展战略取得成效的具体体现。工业企业加快技术革新和生产机械化步伐,减少劳动密集型产业的用工量,技术的改造革新激励职工提高技能和学历水平。农业企业产业机构调整,园区建设减少土地承包岗位,农业岗位职工退休后,新引进的人员主要是面向大中专院校和社会引进有较高学历的年轻人。各单位加强人才队伍建设,从职业发展空间、待遇提升空间和人文关怀等方面引进、留用人才,同时营造良好的企业文化氛围,促进职工队伍素质和学历层次不断提高。

③广西农垦国有单位管理人员和技术人员年龄情况

2016 年广西农垦国有单位管理人员中 35 岁及以下 968 人、36 岁至 40 岁 467 人、41 岁至 45 岁 598 人、46 岁至 50 岁 768 人、51 岁至 54 岁 747 人、55 岁及以上 440 人。46 岁以上的占 49.02%。

2016 年广西农垦国有单位技术人员中 35 岁及以下 1505 人（其中管理岗 592 人）、36 岁至 40 岁 664 人（其中管理岗 300 人）、41 岁至 45 岁 720 人（其中管理岗 414 人）、46 岁至 50 岁 796 人（其中管理岗 475 人）、51 岁至 54 岁 710 人（其中管理岗 450 人）、55 岁及以上 354 人（其中管理岗 232 人）。46 岁以上的占 53.09%。

2016 年管理人员、技术人员年龄分布情况具体见以下表：

单位类型	管理人员							技术人员						
	年末在岗人数	35 岁及以下	36 岁至 40 岁	41 岁至 45 岁	46 岁至 50 岁	51 岁至 54 岁	55 岁及以上	年末在岗人数	35 岁及以下	36 岁至 40 岁	41 岁至 45 岁	46 岁至 50 岁	51 岁至 54 岁	55 岁及以上
农业企业	2256	498	237	317	458	468	278	1976	420	219	288	398	439	212
工商企业	1516	450	203	256	264	224	119	1961	740	307	310	314	202	115
机关事业单位	216	20	27	25	46	55	43	812	345	138	122	84	69	27
汇总数字	3988	968	467	598	768	747	440	4749	1505	664	720	796	710	354

2016 年技术人员中"双肩挑"人员年龄结构分布情况如下表：

单位类型	专业技术人员							其中：在管理岗人员						
	年末在岗人数	35 岁及以下	36 岁至 40 岁	41 岁至 45 岁	46 岁至 50 岁	51 岁至 54 岁	55 岁及以上	年末在岗人数	35 岁及以下	36 岁至 40 岁	41 岁至 45 岁	46 岁至 50 岁	51 岁至 54 岁	55 岁及以上
农业企业	1976	420	219	288	398	439	212	1360	291	148	200	272	301	148
工商企业	1961	740	307	310	314	202	115	1085	296	147	212	200	147	83
机关事业单位	812	345	138	122	84	69	27	18	5	5	2	3	2	1
汇总数字	4749	1505	664	720	796	710	354	2463	592	300	414	475	450	232

从统计结果来看，年龄在 46 岁以上人数的管理人员和技术人员（不含管理岗）总数 2658 人，占 42.37%，41 岁以上的 3562 人，占 56.77%，管理人员和专业技术人员年龄结构老龄化的问题日趋严重。充分利用农业供给侧改革和产业结构调整的契机，

加大人才引进和培养力度，对年龄偏大、知识老化、层次偏低的管理人员进行合理分流安置，激化选人育人留人机制。

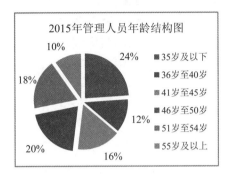

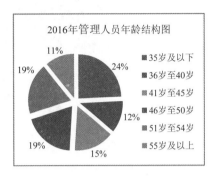

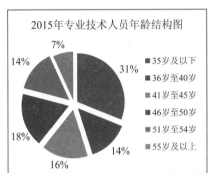

④广西农垦国有单位管理人员任职情况和技术人员专业技术职务情况

管理人员任职情况。2016年广西农垦国有单位管理人员中正厅级（三级职员）3人、副厅级（四级职员）6人、正处级（五级职员）133人、副处级（六级职员）229人、正科级（七级职员）922人、副科级（八级职员）942人、科员（九级职员）1268人、办事员（十级职员）259人、其他职员226人。2016年各行业管理人员任职分布情况具体见以下图表：

单位类型	年末在岗人数	任职情况										
		正部级/一级职员	副部级/二级职员	正厅级/三级职员	副厅级/四级职员	正处级/五级职员	副处级/六级职员	正科级/七级职员	副科级/八级职员	科员/九级职员	办事员/十级职员	其他
农业企业	2256					47	112	588	569	868	63	9
工商企业	1392					47	78	276	341	368	196	211
机关事业单位	212			3	6	39	39	58	30	32	0	6
汇总数字	3988			3	6	133	229	922	942	1268	259	226

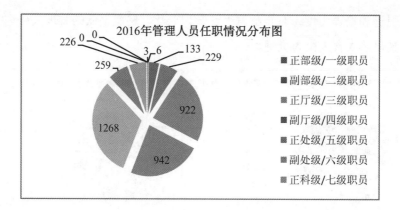

技术人员专业技术职务情况。2016 广西农垦国有单位技术人员中拥有正高职称 36 人，副高职称 374 人、中级职称 1438 人、初级职称 2648 人、未聘 253 人。

2016 年各行业技术人员技术等级分布情况，具体见以下图表：

单位类型	年末在岗人数	专业技术职务													未聘
		正高			副高			中级				初级			
		一级	二级	三级	四级	五级	六级	七级	八级	九级	十级	十一级	十二级	十三级	
农业企业	1976				6			137			576			1149	108
工商企业	1961				4			103			502			1263	89
事业单位	812	1	9	16	27	50	57	90	104	166	86	144	6	56
汇总数字	4749	1	9	26	27	50	297	90	104	1244	86	144	2418	253

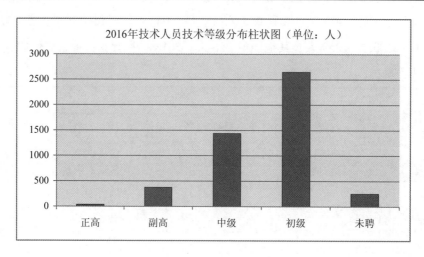

专业技术人员人数和技术职务层次提高原因：各单位采取多种激励办法提高专业

技术人员的专业技能和水平，按照不同的技术等级给与专业技术等级职称补贴，有的
单位开展论文发表数量和优秀论文的评定奖励等工作，创造更多的条件鼓励各类人员
参与各系列职称的评审，专业技术人员申请技术职称评聘的积极性空前高涨，专业技
术人员人数和技术职务层次不断提高。可见事业单位进行岗位设置制度的贯彻执行和
单位对专业技术人员进行有效的物质奖励是专业技术人员不断提高专业技术职务层次
的有效激励措施。

（6）广西农垦国有单位工人情况

2016 年广西农垦国有单位年末在岗工人总数为 19416 人，比上年的 20191 人减少
了 775 人。其中技术工人 2235 人、占工人总数的 15.11%。46 岁以上的工人 10748 人，
占工人总数的 55.36%，比上年增加了 4.98%，51 岁以上的 5135 人，占 26.45%，比上
年增加 4.21%，55 岁以上的 2066 人，占工人总数的 6.4%，比上年减少 1.6%。其中农
业企业 46 岁以上的工人数占工人总数的 63.02%，比上年增加了 6.19%。

2007—2016 年 10 年间工人人数变动情况如下图表：

单位类型	2007 年	2008 年	2009 年	2010 年	2011 年	2012 年	2013 年	2014 年	2015 年	2016 年
农业企业					17438	16262	15908	14590	13168	12846
工商企业					7420	7104	7001	7471	6863	6422
机关事业					532	516	492	179	160	148
总计	32760	32034	28760	28376	25390	23882	23401	22240	20191	19416

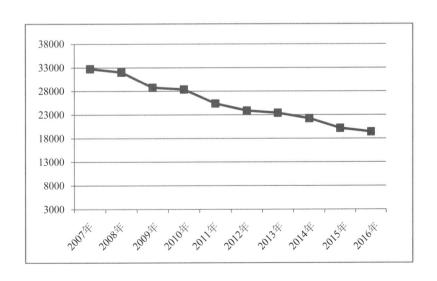

2016 年各行业工人分布情况具体见以下图表：

企业类型	年末在岗人数	技术工人	岗位等级						普通工人	年龄情况					
			一级/高级技师	二级/技师	三级/高级工	四级/中级工	五级/初级工	其他		35岁及以下	36岁至40岁	41岁至45岁	46岁至50岁	51岁至54岁	55岁及以上
农业企业	12846	404	9	28	33	232	102		12442	819	1304	2628	4047	2398	1650
工商企业	6422	1690	10	127	642	560	351		4732	1310	1046	1522	1517	640	387
机关事业单位	148	141	10	78	49	4	0		7	4	7	28	49	31	29
汇总数字	19416	2235	29	233	724	796	453		17181	2133	2357	4178	5613	3069	2066

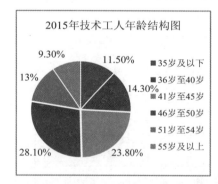

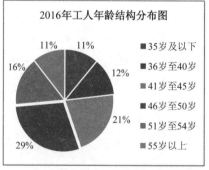

可见，工人年龄结构老化的程度更为严重，这一状况是老的国有企业普遍存在的问题。随着农业产业化、规模化、标准化、集约化、机械化水平的提高，农场实行土地流转、代耕代种、联耕联种、托管土地等形式实行规模经营，多年来农场也在逐渐减少招用新的农业种植工人，商业企业实行改制，留守的人员只出不进，工业企业采用新技术减员增效，在一定程度上都会减少劳动用工量，原有的固定工年龄逐渐增大，年龄结构老化成为必然。

农业技术工人比例偏低的主要原因是农业行业实行职工家庭承包，再则种植业的技术性要求不高造成的。

3. 人事劳动工作中存在问题和下一步的工作计划

存在的问题：2016 年，广西农垦人事劳动管理工作坚持以党的十八大，十八届三中、四中、五中、六中全会精神和习近平总书记系列重要讲话精神和治国理政新理念、新思想、新战略为指导，紧紧围绕农垦工作目标任务，积极践行"五大发展理念"，加强自身建设，创新工作思路，服务大局，求真务实，真抓实干，积极推进管区领导班子建设、干部队伍建设和人才队伍建设，加强绩效考核，规范人事劳动管理，取得了一些成绩。但工作中还存在一些问题，主要是职工队伍老龄化，年龄结构层次分布不尽合理，职工整体素质不高，具有高学历的人员所占比例虽逐年略有提高，但是仍不能满足农垦经济社会发展的需要。这些问题既是历史积淀形成的，也是老国有企业在调结构、促转型、谋发展、保稳定过程中面临的实际问题，需要有咬定青山不放松的决心，在统筹发展中逐步解决。

工作计划：2015 年 11 月中共中央、国务院下发了《关于进一步推进农垦改革发展的意见》（中发〔2015〕33 号），2017 年 2 月 3 日自治区党委、政府正式印发《关于进一步推进广西农垦改革发展的实施意见》（桂发〔2017〕3 号），这是时隔十年之后，自治区党委、政府再次出台的深化农垦管理体制改革的纲领性文件，广西农垦的改革进入了全面实施阶段。改革是解决职工年龄结构老化和知识层次不合理，实现职工队伍建设与企业改革统筹平衡发展的重要途径。2017 年组织人事劳动工作将围绕改革这一主线从以下几方面进行努力：

第一，加强干部队伍建设，从严抓好干部管理。严格执行《党政领导干部选拔任用工作条例》，坚持正确的选人用人导向，结合农垦改革实际，统筹干部选拔、培养、交流、使用，严把政治关、能力关、作风关和廉洁关，让敢于坚持原则、敢于担当的好干部脱颖而出。选好干部、培强班子，优化干部队伍配置，特别是抓好党建和纪检监察干部队伍的建设，从严从实抓好党内监督和干部管理，保持干部队伍的纯洁性和廉洁性。

第二，深化国有农场劳动用工制度改革。创新农场企业化经营管理体制，大力发展农场农业种植大户、养殖大户和农机大户，培育规模化经营的新兴经营主体，减少用工数量。健全职工招录、培训和考核机制，结合国有农场改革发展进程，按照一定的标准，依法与长期在农场从事农业生产经营的从业人员签订劳动合同，逐步建立以劳动合同制为核心的市场化的新型劳动用工制度。

第三，继续实施人才强垦战略。适应农垦体制改革和农业供给侧改革的需要，建立市场化的人才选聘机制，注重高级经营管理人才培养和引进，构建高素质的现代农垦企业经营管理人才队伍，不断优化农垦人才队伍的年龄结构和知识结构。

第四，规范薪酬分配制度。薪酬分配制度改革是农垦改革的重要部分，政策性强、敏感度高，按照自治区党委深化国有企业改革和收入分配制度改革精神，结合农垦企业特点开展薪酬制度改革，形成内部管理人员能上能下、员工能进能出、收入能增能减的动态管理机制。积极探索建立管理层和企业骨干持股、期权等多种形式的长效激励约束机制。

第五，审慎稳妥做好人员安置工作。改革触及各方的利益，特别是涉及干部职工切身利益的，必须统筹协调，审慎稳妥推进，认真研究政策，积极争取支持，努力实现职工利益最大化，消除职工安置分流的障碍，避免因农垦体制改革安置分流中把人心改散了，把职工思想改乱了，把职工队伍改小了，把工作积极性改差了，把发展的劲头改松了，把稳定的形势改没了。

第六，加强自身建设。继续以"两学一做"学习教育活动为抓手，突出抓好人教处党支部的思想建设、组织建设、作风建设，强化服务意识，提升自身素质，充分发挥党支部的战斗堡垒作用和党员先锋模范作用。

二、统计工作总结

以下为统计工作总结范例，数据内容未核实，仅作格式参考。

范例：广西农垦 2016 年人事劳动统计工作开展情况的报告

为做好 2016 年度全国农业系统国有单位人事劳动统计工作，我局高度重视，精心组织，积极部署，认真落实好人事劳动统计年报工作。

（1）加强组织协调，抓好责任落实。我局召开上年度人事劳动统计工作总结和工作布置会议，及时印发《自治区农垦局关于填报 2016 年全国农业系统国有单位人事劳动统计报表的通知》（桂垦人发〔2016〕75 号），对统计工作做了全面的总结和具体的部署。要求各单位领导负总责，落实具体工作责任人，按照《统计法》、《全国农业系统国有单位人事劳动统计报表制度》和《农业部办公厅关于填报 2016 年全国农业系统国有单位人事劳动统计报表的通知》（农办人〔2016〕48 号）要求，认真统计，严格审核，把好数据质量关，不错报漏报，主要领导对上报数据签字审核，确保年报所有数据真实有效。对工作不重视，责任心不强，存在漏报、瞒报、不报的单位，给与通报。

（2）开展学习培训，加强业务指导。2016年度人事统计年报首次使用"全国农业系统国有单位人事劳动统计网上直报系统"实行网上直报是适应大数据时代要求，有利于彻底解决重统漏统的问题，这对统计工作提出更高的要求。为了加强对基层统计单位的业务技术培训，使广西农垦国有单位人事劳动统计人员能正确使用网上直报系统，进一步提升业务水平，保证人事劳动统计工作质量，2017年1月13日，农业部专家来南宁对广西农垦112个基层单位120多名统计人员进行了业务培训。统计人员系统学习《全国农业系统国有单位人事劳动统计报表制度》、网上直报统计软件的操作，通过培训学习，使统计人员正确理解统计指标的含义，熟练掌握统计软件使用方法。同时自治区农垦局组织QQ群，要求基层单位统计人员加入QQ群，对统计工作中遇到的疑问和难题进行互相交流和解答。

（3）严格审核，确保数据质量。在统计报表汇总工作中，对每一份报表、每一项内容、每一个数据都进行认真审查、核对、分析，与上年的数字进行比照，认真分析统计结果，对变动幅度比较大的数据逐一查明原因，确保数据真实、准确。

（4）加强协调合作，提高工作质量。为避免数据多头报送，数出多门的问题，创新工作方法，实行人事劳动统计与综合统计工作同时布置，数据收集、整理、填报中，要注意与综合统计部门沟通协调配合，保证数据的统一性，提高了统计数据的质量。

（5）认真撰写综合分析报告。统计分析是统计工作的重要组成部分，是充分发挥统计数据作用的有效途径。尽管农业部对基层统计单位的统计分析材料不同意要求，但是为了充分发挥统计数据在实际工作中的运用效率，同时也为了我局能全面掌握各单位的情况，我局在下发统计年报工作的通知中，对综合分析材料的内容提出了明确的要求。在工作总结及布置会议中进一步强调统计分析的重要性，2016年度大部分的基层统计单位报送了统计分析报告。通过阅览各单位报送的分析材料，对多年数据和材料进行对比分析，理清共性和特性问题，从枯燥的统计数据表象发现其内在的规律，努力撰写了高质量的分析报告，以便正真实现统计数据的决策参考价值。

（6）加强工作总结，严肃报送程序和工作纪律。在工作总结会上，组织6家单位进行了典型发言，发言既实现了经验交流的目的，也达到了创先争优的效果。同时在工作总结及布置会上，工作布置文件中，都强调了报送程序和工作纪律，使2016年度的统计工作无论是重视程度、及时性、准确性，报表的质量上都有进一步的提升。

（7）建议和意见。2017年也是农业系统国有单位人事劳动统计报表制度的改革年。一是报表制度的改革要适应当前改革发展的需要。当前中央强调推进供给侧结构性改革，去产能、去库存，优化产业结构和实行新的业态，在结构调整、资源的重新配置过程中将对人事劳动管理工作提出新的更高的要求，新的报表制度在制定过程中要结合当前改革需要，适应改革发展的需要，使统计数据能客观反映情况，真正发挥指导工作、提供决策依据的实际运用效果。二是建议增设"年末职工人数"指标项。因改革中涉及人员分流安置的问题，职工的身份有在岗和不在岗保留身份等形式，为真实反映职工的情况，建议增设"年末职工人数"，以便全面反映包括"不在岗职工"的职工人数。三是体现评聘分离的专业技术人员情况。国家放宽对专业技术职务资格评审条件，使从 2016 年起，广西出台新的专业技术职称评聘政策，允许行政机关公务人员参加职称考核评定，事业单位岗位设置制度实行专业技术人员评聘分离，这些政策，使获得专业技术资格和聘任到相应技术等级岗位存在时间差，现行的报表仅仅体现聘任在专业技术岗位的人数，不能真正反映专业技术人员队伍的人数。

三、综合分析报告

在实际工作中，统计数据分析与统计工作总结大多是合二为一撰写的。以下为综合分析报告范例，数据内容未核实，仅作格式参考。

范例 1：安徽省农业系统 2016 年国有单位人事劳动统计
年报工作情况汇报

按照农业部办公厅《关于填报 2016 年全国农业系统国有单位人事劳动统计报表的通知》（农办人〔2016〕48 号）要求，现将安徽省农委系统 2016 年国有单位人事劳动统计年报工作汇报如下：

1. 统计工作开展情况

委领导对全省农业系统国有单位人事劳动统计年报工作高度重视，为适应 2016 年统计形式的新变化，进一步提高各级人事劳动统计人员的业务水平，2016 年 11 月 18 日，在合肥举办了全省农业系统人事劳动统计培训班。农业部人力资源开发中心有关负责同志应邀为培训班授课，全省各市、县（市、区）农业部门和委属各单位、省有关单位等人事劳动统计人员 300 余人参加培训。培训班全面解析了人事劳动统计报表制度，演示了统计软件和网上直报系统的操作，并进行答疑解惑，达到了提高认识、提升能力、交流经验的预期目的。与此同时，培训班肯定了近年来全省农业系统的人事劳动统计工作取得的成绩，分析了人事劳动统计工作面临的新形势、新变化，提出要坚持以统计数据分析为导向，以统计机制建设为重点，以统计信息化为支撑，进一步强化统计数据分析，切实发挥统计工作围绕中心、服务大局的作用，努力推动我省农业系统人事劳动统计工作再上新台阶。

2. 报表基本情况

截至 2016 年 12 月底，全省农业系统机构总数 3813 个，编制 42505 个，年末从业人员 74384 人，年末在岗职工 62572 人。其中：行政机关 171 个，从业人员 2710 人；事业单位 3539 个，从业人员 33332 人；企业 103 个，从业人员 38342 人。事业单位中教育 76 个，科研 56 个，农场 162 个，技术推广 2697 个，参公 120 个，执法监督 322 个。

从领域上看机构人员分布，种植业 1287 个，从业人员 23747 人；农机化 638 个，从业人员 4709 人；畜牧兽医 659 个，从业人员 4493 人；农垦 23 个，从业人员 30941 人；渔业 294 个，从业人员 3593 人；农业综合服务机构 912 个，从业人员 6901 人。全省各类机构情况见下表：

		机构数	2015	2016	增减数
总　计			3940	3813	−127
单位类型		机　关	171	171	
	事业	小　计	3671	3539	−132
		教　育	75	76	1
		科　研	57	56	−1
		农　场	163	162	−1
		技术推广	2821	2697	−124
		参　公	127	120	−7
		执法监督	299	322	23
	企　业		98	103	5
层次	省　级		72	71	−1
	地　级		215	220	5
	县　级		1462	1390	−72
	乡　级		2191	2132	−59
领域	种植业		1438	1287	−151
	农机化		653	638	−15
	畜牧/兽医		640	659	19
	农垦		25	23	−2
	渔业		287	294	7
	农业综合服务		897	912	15

①从业人员劳动报酬

全省农业系统从业人员劳动报酬总额309123.8万元，年人均报酬3.8058万元。其中机关年人均报酬6.8765万元，事业单位年人均报酬4.5448万元，企业年人均报酬2.5743万元。

从层次看：省级单位年人均报酬3.0971万元，地级单位5.9862万元，县级单位3.7603万元，乡级单位4.5612万元。

②公务员及管理人员情况

年末在岗6813人，其中机关2373人，事业单位3880人，企业560人。从学历分布看：研究生405人，本科生2863人，大专生2309人，中专及以下1236人。从年龄状况看：35岁及以下831人，36岁至45岁1752人，46岁至54岁3394人，55岁及以上836人。公务员及管理人员学历、年龄分布见下图：

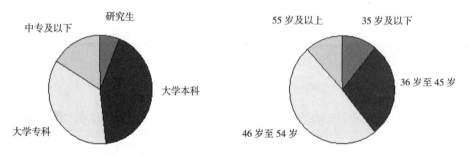

③专业技术人员构成

全省农业系统专业技术人员20772人，占在岗职工总数的33.2%。从职称结构看：正高276人，副高2781人，中级8497人，初级8789人，未聘429人，副高以上占14.7%。全省专业技术人员职称层次分布见下表：

职务＼层次	省级	地级	县级	乡级
总计	2754	1550	8963	8413
正高	83	72	115	6
副高	444	388	1239	710
中级	953	617	3447	3480
初级	1163	480	3474	3672

从学历结构看：研究生908人，本科生6842人，大专生8281人，中专及以下4741人，大专以上学历占专业技术人员总数的77.2%。从年龄情况看：35岁及以下2612人，36岁至45岁8507人，46岁至54岁8515人，55岁及以上1138人。各层次专业技术人员学历、职称分布见下图：

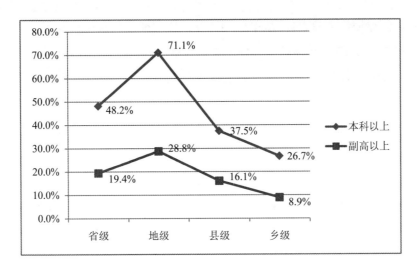

④技术推广人员构成

全省技术推广体系专业技术人员 13027 人，占专业技术人员总数的 62.7%。其中：正高 171 人，副高 1701 人，中级 5658 人，初级 5272 人，未聘 225 人，副高以上占 14.4%。全省技术推广体系工人 2395 人，占在岗工人总数的 6.7%。其中：技术工人 1631 人，占 68.1%；普通工人 764 人，占 31.9%。

从层次看，技术推广体系的专业技术人员主要集中在县、乡两级，比重分别为 44.6%、48.9%。其中具有初级、中级职称的占比重较大。

⑤公共服务机构情况

全省农业公共服务机构 3049 个，其中技术推广机构 2697 个。省级技术推广体系 8 个，占省级公共服务机构总数 80%；地级技术推广体系 85 个，占地级公共服务机构总数 72.6%；县级技术推广体系 617 个，占县级公共服务机构总数 74.5%；乡级技术推广体系 1987 个，占乡级公共服务机构总数 94.9%。

3. 主要特点

根据统计数据分析，2016 年我省农业系统国有单位人事劳动情况主要有以下几个特点。

（1）全省农业机构、编制、人员减少。与 2015 年相比，我省农业系统国有单位机构减少 127 个，编制减少 893 个，年末从业人员减少 5184 人。主要原因是人员退休等自然减员。事业单位机构改革，部分县（市、区）原粮食、林业等机构从农委系统脱离。往年由市农委统一填报预估数据的现象多有存在，网上直报系统改善了数据重复统计等现象，逐级上报使得数据更准确。

（2）事业单位机构庞大，技术推广、农场及种植业、农垦占据主体。事业单位机构数占农业系统机构数 92.8%。从单位类型看，技术推广和农场从业人员占事业单位从业人员总数的 77.2%。从领域看，种植业和农垦从业人员数占 73.5%。

（3）人员劳动报酬增加，自上而下基本呈增长趋势。2016 年全省劳动报酬总额增幅 10.4%，年人均报酬增幅 5%。从层次上看：省级年人均报酬基本持平，地级增幅 8.9%，县级增幅 4.3%，乡级增幅 12.9%。人均劳动报酬自上而下基本呈增长趋势。

（4）专业技术人员知识结构层次分明。初、中级职称及大专、中专学历人员在专业技术人员中占主体；副高以上职称和本科以上学历在省、地级所占比例较高。

4. 存在问题

（1）农技推广服务不足。随着城市化和企业化进程的加快，大量农村青壮年劳动力进城务工，真正从事农业生产有文化的农民很少。农业技术推广不仅要承担重大技术的引进、试验、示范、推广，还要承担病虫害综合防治、动物疫病防控和动植物检验检疫，不仅要对种子化肥和农药等生产资料提供技术服务，还要承担面向产前、产中、产后的农业生产全程公共信息服务。推广能力落后于生产和农民需要。专业化和社会化服务组织发展还相对滞后，不能满足现代农业发展要求。

（2）高素质农技人员缺乏。基层农技人员结构偏向老化，农业高素质和新生人才力量不足，年龄断层现象严重。一是专业人才少，工作方式转变慢。虽然大多数干部具备大专以上学历，但真正对口专业人才少，不利于农村事业的创新发展。二是优惠政策少，人才吸引力不足。由于基层农业部门编制少，人员少，优惠政策少，高学历的农业高等院校大学生无法充实进来，亟需的高素质人才引不进来。三是在使用专业技术人才方面，一些专业技术人员职称达到了晋升条件，由于单位没有岗位、职数，无法聘任，挫伤了基层农技人员的积极性，近年来我省申报高、中级农业技术职称人员逐年减少。四是基层农技人才流失。基层工作条件较差，工作环境较苦，许多有能力的技术人员，离开农技推广岗位，造成骨干力量慢慢流失。五是基层农技部门因经费短缺，省、市农业部门召开的培训班、观摩会不能参加，专业性报刊杂志无法订阅，基础设施的不足，更无法上网查阅技术资料，致使许多技术人员知识老化，不能胜任当前的农技推广工作。而且当前针对县乡农技人员培训少，专业技术人员业务技能很难适应新形势下农业农村经济发展的需要，专业技术人员的素质亟待进一步提高。

（3）农技推广经费有限。农技推广工作是农技推广机构面向广大农民提供的公益性农业技术服务，一切活动都受财政资金供给多少的制约。这些年来，各级财政向各级农技推广机构提供的业务费、专项经费有限。一是农技推广经费不足，影响和制约了农技推广机构的正常运转，影响了示范推广工作的进行。不少农技站配备的设备仪器缺乏专业人员及运行费用，配备的仪器设备没有发挥应有的作用。二是农技人员劳动报酬较低。除基本工资外，没有足够的科技试验、示范、推广经费，工作开展和推广十分艰难。三是部分乡镇农技站、综合服务站办公条件简陋，办公场所不足，仪器设备陈旧，手段落后，无法满足日常工作的需要，想要彻底改观，尚需时日。

5.建议及措施

（1）推进基层农技推广体系建设。各级政府要加大投入，增加农技推广机构的业务费和专项经费，按种养规模和服务绩效安排推广工作经费。通过完善基础设施、设备，引导促进加快基层推广机构建设步伐，尽快构建起设施齐全、功能完备、服务到位、充满活力的基层农技推广体系。

（2）建立健全农技推广人才的引进、培养机制。一是在专业技术职务晋升聘任、提拔重用和适当物质奖励等方面，可实行聘任、提拔与工作实绩挂钩，充分调动广大基层农技推广人员的工作积极性、主动性和创造性。二是制订优惠政策和有效措施，鼓励高层次专业技术人员到基层锻炼、指导，不断充实基层的技术力量。根据专业需要，采取公开招录、竞争上岗、择优聘用的方式，每年接收一批应届大学毕业生充实到我市的农业科技队伍，特别是乡镇基层站所。三是要建立农技推广人员定期培训制度，鼓励农业技术推广人员参加继续教育和业务培训，并把农业技术推广人员参加继续教育学习的成果作为考核晋升的重要依据，以便尽快达到更新专业知识、提高综合素质、增强服务能力的效果。

（3）完善农技推广队伍管理模式。加强对农技推广队伍的管理，推行"双重领导，条块结合，以条为主"的管理模式。各级农业主管部门要进一步完善考评制度，将农技人员的工作量和工作实绩作为主要考核指标，将农民群众对农技人员的评价作为重要考核内容。完善技术职务评聘制度，不断提高基层农业技术推广队伍的整体素质。同时积极创新农技推广的方式方法，实行基层农技人员包村联户制度，形成科技入户的新机制。

（4）进一步提高农技推广服务效能。各级农技推广机构要根据农民需要、市场需求和产业发展要求，以提高技术覆盖率和到位率为目标，不断改进工作方式，创新服务模式，提高服务效能。在服务理念上，要根据农民学习特点，采取农民喜闻乐见的形式，增加实地指导，积极开办田间课堂，让农民学中做、做中学、方便农民学习，提高农民参与培训的积极性。在服务形式上，要推行以龙头企业为主体的订单服务模式、以农资经销商为主体的农资服务模式、以农业示范园区为主体的示范推广服务模式等。在服务内容上，要由以产前服务为主向产中和产后服务延伸，由种植业向林业、牧业、渔业、加工业、服务业等全方位发展。

（5）积极构建多元化农业科技服务队伍。推进农业技术推广体系向农业产业化龙头企业延伸，探索建立"农技推广机构＋龙头企业（合作组织、能人大户）＋农户"的新模式，逐步建立以公益性推广机构为主导，以社会化农技推广组织为重要力量，充满活力的多元化新型农技推广队伍。进一步巩固与高等院校、科研院所的战略合作关系，引才引智，为我省农业科技进步提供高端支持。

范例 2：青海省农牧系统国有单位人事劳动统计报表简要分析

2016 年，在农业部人事司的大力支持和厅党组的正确领导下，全省各级农牧主管部门共同努力，求真务实，扎实工作，顺利完成了 2016 年度农牧系统人事劳动统计汇总工作。现将人事劳动统计工作简要汇报如下：

1. 工作开展情况

一是领导重视，提高认识。为认真贯彻落实农业部全国农业系统国有单位人事劳动统计工作会议精神，回顾总结 2015 年全省人事劳动统计工作，部署安排 2016 年全省统计工作任务，全面推广网上直报系统，研究探讨做好统计工作的思路和措施，并顺利完成 2016 年度全省人事劳动统计报表的填报工作，我厅领导高度重视，积极协调，核拨培训经费 5.4 万元，并于 11 月 14—16 日举办了全省农牧系统人事统计报表培训会议，培训范围延伸到县级农牧（畜牧）局，共 70 余名统计人员参加了培训。

二是明确分工，工作职责。要求各市州农牧局严格按照行政区划隶属关系执行逐级审核、汇总、上报。各市州农牧局负责牵头审核、汇总、上报州直及所辖县农业系统全领域数据和机构登记信息；县农牧局负责牵头填报、汇总、上报县直及所辖乡镇农业系统全领域数据和机构登记信息。牵头汇总单位要严审统计数据，层层把关，对不符合填报要求的数据进行驳回修改、逐级审核、全面提高统计数据质量。进一步完善统计数据上报责任制，保证数据的准确性和科学性，做到基层上报的原始数据不虚、不假、不漏、不误，要求各农牧单位"一把手"为第一责任人，统计工作人员为直接责任人，健全多级管理机制，一级抓一级，层层抓落实，确保了上报数据的准确、有效。

三是加强宣传教育，注重统计队伍建设。厅各级领导在下基层调研、检查等工作中多次对各州、地、市行政主管部门领导强调人事劳动统计报表的重要性、必要性，要求全面梳理全省农牧系统机构数量、人员信息，以基层单位为基础建立完成数据库，要督促所辖单位使用"网上直报系统"，加强业务指导和技术培训，实现省、市、县、乡镇四级统计数据专网互联互通。建立统计数据信息采集、维护、交换等长效运行管理机制，着力逐步构建覆盖全省基本单位信息服务体系，负起责任，层层抓好填报、汇总工作，确保填报数据的准确性、可靠性。

2.统计情况分析

（1）基本情况

2016年年底，全省农牧系统（含农机、农垦、水产）共有各类机构786个，编制11088个，年末从业人员总数14223人，其中，公共管理人员1870人，专业技术人员5858人，工人6056人；公共服务人员5127人，技术推广人员4710人，女性5380人，少数民族5106人，中共党员4555人，博士37人，硕士180人。从业人员工资总额911135千元，在岗职工年平均工资65885元。

单位机构类型上，按类别分国家机关51个、事业单位727个、企业8个；按层次分省级42个，地级61个，县级340个，乡级343个。

工资总额上，在岗职工年平均工资分别为机关89807元、75963元、30777元。

行业领域划分上，种植业单位75个，农机化单位42个，畜牧兽医单位450个，农垦单位6个，渔业单位15个，综合服务单位198个。其从业人员期末人数分别为5731、507、5287、251、156、2291人，其在岗职工年平均工资为40082、84640、86704、39575、85480、77857元。

（2）报表分析

①机构分布情况

从机构总体分布看，全省农业系统机构中技术推广部门最多，占2016年全部机构数的67.56%，其他依次为其他部门、机关、农场、企业、科研、教育，机构数及总体分布与2015年一致，未发生变化。机构总体分布情况见下表：

单位：个

机构	合计	机关	企业	教育	科研	农场	技术推广	其他
2016年	786	51	8	3	4	10	531	179
比例（%）	——	6.49	1.02	0.4	0.5	1.27	67.56	22.77

从行业分布看，由于我省农牧业主要以畜牧和兽医为主，畜牧兽医机构占到了机构总数的57.25%，其他依次为农业综合服务、种植业、农机化、渔业、农垦。行业机构分布情况见下表：

单位：个

领域	合计	种植业	农机化	畜牧/兽医	农垦	渔业	农业综合服务
2016年	786	75	42	450	6	15	198
比例（%）	——	9.54	5.34	57.25	0.76	1.90	25.19

②人员分布情况

从人员分布情况看，从业人员主要分布在技术推广、企业、农场中，分别为4645、3335、3737人，各占从业人员总数的32.65%、23.44%、26.27%。人员变化整体呈稳定趋势，主要原因是2014年《事业单位人事管理条例》和《机关事业单位工作人员养老保险制度改革的决定》出台后，出现了集中申请办理退休的情况，大多数单位空缺岗位较多，在2015年、2016年公开招聘和考录中得到了有效补充，退休等减少人员与新进等增加人员基本持平。人员分布情况见下表：

单位：人

单位类型	合计	机关	企业	教育	科研	农场	技术推广	其他
2016年	14223	589	3335	235	95	3737	4645	1587
比例（%）	——	4.14	23.44	1.65	0.66	26.27	32.65	11.15

（3）专业技术人员情况

从专业技术人员分布、职称、学历看，一是专业技术人员主要集中在技术推广部门，技术推广部门专业技术人员占全部专业技术人员的55.62%，但其中、初级专业技术人员占的比例很大，达到了84.87%，虽然各级政府及农牧主管部门积极创造改善条件，但因农牧区工作条件艰苦、基础设施差、待遇低、学习机会少、岗位少晋升慢等原因很难留住人才。二是从专业类型看，畜牧兽医专业技术人员占55.02%，其次为农业18.52%、其他13.79%、农机8.07%、农经3.77%、水产部门0.82%。三是从职称比例看，各级专业技术人员比例严重失衡，初级以下职称的人员占45.04%，高级职称只占13.06%，中级职称41.91%，一是州、县具有中级以上专业技术职称，但由于经费紧张，无空岗而迟迟不能聘任人员很多，评聘矛盾依然突出；二是高级职称人员少。从地、县、乡三级人员总体上看，学历层次较低，学历层次跟不上，发表论文科研成果少，影响职称晋升；另一方面年龄断层，原先评为高级职称的同志大都退休，而年青人因"硬件"不足，得不到及时补充；三是全省事业单位岗位设置工作开始实施后，人员最为密集的县乡两级专业技术人员受岗位比例的限制，取得任职资格后无法聘任上岗。下表分别为专业技术人员职称、学历分布情况表，专业技术人员分布情况及专业技术人员占比情况表。

单位：人

	合计	正高	副高	中级	初级	未聘	研究生	本科	专科	中专	其他
2016年	5858	79	686	2455	2493	145	155	2826	1938	992	227
比例（%）	--	1.35	11.71	41.91	42.56	2.48	2.65	48.24	33.08	16.93	3.88

单位：人

	合计	企业	教育	科研	农场	技推	其他	农业	畜牧	兽医	水产	农经	农机	其他
2016年	5858	326	235	62	232	3258	1745	1085	1171	2052	48	221	473	
比例（%）	--	5.57	4.01	1.06	3.96	55.62	29.79	18.52	19.99	35.03	0.82	3.77	8.07	13.79

单位：人

单位类型	合计	企业	教育	科研	农场	技术推广
全部职工数	13634	3335	235	95	3737	4645
专技人员数	5858	326	235	62	232	3258
比例（%）	42.97	9.78	100.00	65.26	6.21	70.14

从专业技术人员占比情况表中看，专业技术人员除企业、农事三场外，教育、技术推广、科研等单位专业技术人员的占比例均较高，与2015年情况基本一致。

（4）工人情况

工人主要集中分布在农事三场、技术推广和企业中。技术推广部门的工人主要集中在各级草原站、农牧站，而机关、教育、科研等部门的工人主要是从事驾驶和后勤服务的人员。工人分布情况见下表：

单位：人

	合计	机关	企业	教育	科研	农场	技推	其他	技工	技师	高级	中级	初级	普工	其他
2016年	6056	65	2512	24	31	2909	317	198	2916	96	379	280	2143	3140	18
比例（%）	--	1.07	41.48	0.40	0.51	48.04	5.23	3.27	48.15	1.59	6.26	4.62	35.39	51.85	0.30

从工人分布情况表中可以看出，技术工人中，技师、高级工、中级工、初级工比例不合理，具有高技能的工人技师只占全部技工的1.59%，普工、初级工占全部工人的87.24%，出现断层的原因有：一是达到报考技师条件的大多都是老工人，文化层次较低，很难通过理论考试；二是机构改革后，打破了工人和干部的身份界线，许多技术工人被聘到了干部岗位工作；三是岗位设置设限，许多达到条件的工人没有聘任岗位；四是在全省统计数据中，企业工人占了很大比例，企业因工作性质等原因，工人

申报技能鉴定的积极性不高。

（5）工资情况

从现实情况看，机关、教育人员年人均工资水平最高，其他依次为技推、其他部门、科研、农场、企业。2016年度养老保险改革实施后，对全省机关事业单位工作人员职务工资、级别（薪级）工资进行调整，工资水平整体升高。从业人员工资总额情况见下表：

单位类型	合计	机关	企业	教育	科研	农场	技术推广	其他
2016年工资总额（千元）	911135	54827	100450	18954	5768	167343	386173	177620
2016年人均工资（元）	65885	89807	30777	89290	58857	48576	84252	83216

3. 存在的问题及原因

（1）人员队伍建设中存在的问题

①基层专业技术人员任务重、人员少、力量弱，人员流动大。各级基层技术推广单位中，专业技术人员长期工作牧区，工作环境艰苦、基础设施和工作条件差、因岗位受限，职称晋升慢，待遇低、工作量大，且学历低，学习机会少，专业技术队伍不稳定影响工作开展。

②技术工人队伍建设、职业技能开发工作和农民技术员队伍建设进度较慢。一是有些领导和具体从事这方面工作的同志有畏难情绪，在缺少经费、经验的条件下，等待、观望思想较重；二是工作宣传的力度不够，缺乏配套措施，开展工作难度较大。

③国有农场的经济实力不强、投入少、技术手段落后，经营方式滞后，严重依赖自然条件，很难创造出良好的经济效益，其中这些单位绝大多数是自收自支，一切全靠单位自身发展，从历年报表分析中可以看出，此类单位职工收入不稳定。

（2）人事劳动统计工作中的问题

①工作经费缺乏，深入细致开展工作难度大。一是由于基层统计人员变换频繁，开展此项工作没有专项资金，缺乏对基层统计人员的系统培训，统计人员对统计业务工作理解存在偏差；二是有些统计人员对有些指标掌握不准，数据准确性难以保证。

②农业人事劳动统计制度体系不完善。农业人事劳动统计工作人员流动性较大，各个牵头汇总单位与基层统计单位只有业务指导关系，不能对下级、基层单位统计填报情况进行考核，督促难度大。

4. 解决问题的对策与建议

要解决好上述问题，关键还在于农牧系统的各级领导。只有各级领导，尤其是基层的领导思想通了、重视了，农业人事劳动工作才能得以有效的开展，广大农牧技术人员才能提高工作积极性。为此建议采取以下措施：

一是切实保障正常统计工作经费落实。加大基层农牧部门开展工作的力度，给予一定的经费支持和统计业务培训，定期投入一定数额的经费用以开展大规模人员培训工作，鼓励他们在服务好农牧民的同时多创收，以弥补经费的不足。

二是努力解决好基层农牧技术人员待遇问题。要加强对他们献身农牧事业的教育外，尽力为他们创造良好的工作、生活待遇。要采取有效措施帮助他们提高业务、知识水平，更新知识，适应技术改进的需要。

三是积极把农牧技术工人队伍建设好。农事三场担负着示范和推广新技术的重任，工人队伍的强弱，直接影响到工作的好坏，拥有一支具有一定专业知识水平的技术工人队伍，对生产示范工作将起到很大的促进作用，要以农事三场为突破点，通过调研，制定出场可行的办法，如进行行业特有工种鉴定培训工作，促使他们用好技术，进而带动整个农牧行业的职业技能开展工作。

四是鼓励国有农牧场广开门路，多种经营，切实提高职工的收入，稳定农牧场职工队伍。农牧场集中了大量的农牧职工，帮助他们提高收入水平是我们责无旁贷的职责，要积极扶持他们开辟新的生产门路，多方面全面发展。

五是积极与有关部门配合，通力合作，摸清群众心理，制订出切实可行的办法，动员社会各界力量，做好农牧民的教育、引导工作，使他们深刻认识到科学技术带来的好处，便于农技推广工作的开展。

六是建议进一步优化统计软件，提高统计工作效率，以确保统计报表能够真实、准确反映单位及单位从业人员基本情况。

附　录

附录一：中华人民共和国统计法

中华人民共和国统计法

1983 年 12 月 8 日第六届全国人民代表大会常务委员会第三次会议通过　根据 1996 年 5 月 15 日第八届全国人民代表大会常务委员会第十九次会议《关于修改〈中华人民共和国统计法〉的决定》修正　2009 年 6 月 27 日第十一届全国人民代表大会常务委员会第九次会议修订　自 2010 年 1 月 1 日起施行。

目　　录

第一章　总　　则

第一条　为了科学、有效地组织统计工作，保障统计资料的真实性、准确性、完整性和及时性，发挥统计在了解国情国力、服务经济社会发展中的重要作用，促进社会主义现代化建设事业发展，制定本法。

第二条　本法适用于各级人民政府、县级以上人民政府统计机构和有关部门组织实施的统计活动。

统计的基本任务是对经济社会发展情况进行统计调查、统计分析，提供统计资料和统计咨询意见，实行统计监督。

第三条　国家建立集中统一的统计系统，实行统一领导、分级负责的统计管理体制。

第四条　国务院和地方各级人民政府、各有关部门应当加强对统计工作的组织领导，为统计工作提供必要的保障。

第五条　国家加强统计科学研究，健全科学的统计指标体系，不断改进统计调查方法，提高统计的科学性。

国家有计划地加强统计信息化建设，推进统计信息搜集、处理、传输、共享、存储技术和统计数据库体系的现代化。

第六条　统计机构和统计人员依照本法规定独立行使统计调查、统计报告、统计监督的职权，不受侵犯。

地方各级人民政府、政府统计机构和有关部门以及各单位的负责人，不得自行修改统计机构和统计人员依法搜集、整理的统计资料，不得以任何方式要求统计机构、统计人员及其他机构、人员伪造、篡改统计资料，不得对依法履行职责或者拒绝、抵制统计违法行为的统计人员打击报复。

第七条　国家机关、企业事业单位和其他组织以及个体工商户和个人等统计调查对象，必须依照本法和国家有关规定，真实、准确、完整、及时地提供统计调查所需的资料，不得提供不真实或者不完整的统计资料，不得迟报、拒报统计资料。

第八条　统计工作应当接受社会公众的监督。任何单位和个人有权检举统计中弄虚作假等违法行为。对检举有功的单位和个人应当给予表彰和奖励。

第九条　统计机构和统计人员对在统计工作中知悉的国家秘密、商业秘密和个人信息，应当予以保密。

第十条　任何单位和个人不得利用虚假统计资料骗取荣誉称号、物质利益或者职务晋升。

第二章　统计调查管理

第十一条　统计调查项目包括国家统计调查项目、部门统计调查项目和地方统计调查项目。

国家统计调查项目是指全国性基本情况的统计调查项目。部门统计调查项目是指国务院有关部门的专业性统计调查项目。地方统计调查项目是指县级以上地方人民政府及其部门的地方性统计调查项目。

国家统计调查项目、部门统计调查项目、地方统计调查项目应当明确分工，互相衔接，不得重复。

第十二条　国家统计调查项目由国家统计局制定，或者由国家统计局和国务院有关部门共同制定，报国务院备案；重大的国家统计调查项目报国务院审批。

部门统计调查项目由国务院有关部门制定。统计调查对象属于本部门管辖系统的，报国家统计局备案；统计调查对象超出本部门管辖系统的，报国家统计局审批。

地方统计调查项目由县级以上地方人民政府统计机构和有关部门分别制定或者共同制定。其中，由省级人民政府统计机构单独制定或者和有关部门共同制定的，报国家统计局审批；由省级以下人民政府统计机构单独制定或者和有关部门共同制定的，报省级人民政府统计机构审批；由县级以上地方人民政府有关部门制定的，报本级人民政府统计机构审批。

第十三条　统计调查项目的审批机关应当对调查项目的必要性、可行性、科学性进行审查，对符合法定条件的，作出予以批准的书面决定，并公布；对不符合法定条件的，作出不予批准的书面决定，并说明理由。

第十四条　制定统计调查项目，应当同时制定该项目的统计调查制度，并依照本法第十二条的规定一并报经审批或者备案。

统计调查制度应当对调查目的、调查内容、调查方法、调查对象、调查组织方式、调查表式、统计资料的报送和公布等作出规定。

统计调查应当按照统计调查制度组织实施。变更统计调查制度的内容，应当报经原审批机关批准或者原备案机关备案。

第十五条　统计调查表应当标明表号、制定机关、批准或者备案文号、有效期限等标志。

对未标明前款规定的标志或者超过有效期限的统计调查表，统计调查对象有权拒绝填报；县级以上人民政府统计机构应当依法责令停止有关统计调查活动。

第十六条　搜集、整理统计资料，应当以周期性普查为基础，以经常性抽样调查为主体，综合运用全面调查、重点调查等方法，并充分利用行政记录等资料。

重大国情国力普查由国务院统一领导，国务院和地方人民政府组织统计机构和有关部门共同实施。

第十七条　国家制定统一的统计标准，保障统计调查采用的指标涵义、计算方法、分类目录、调查表式和统计编码等的标准化。

国家统计标准由国家统计局制定，或者由国家统计局和国务院标准化主管部门共同制定。

国务院有关部门可以制定补充性的部门统计标准，报国家统计局审批。部门统计标准不得与国家统计标准相抵触。

第十八条　县级以上人民政府统计机构根据统计任务的需要，可以在统计调查对象中推广使用计算机网络报送统计资料。

第十九条　县级以上人民政府应当将统计工作所需经费列入财政预算。

重大国情国力普查所需经费，由国务院和地方人民政府共同负担，列入相应年度的财政预算，按时拨付，确保到位。

第三章　统计资料的管理和公布

第二十条　县级以上人民政府统计机构和有关部门以及乡、镇人民政府，应当按照国家有关规定建立统计资料的保存、管理制度，建立健全统计信息共享机制。

第二十一条　国家机关、企业事业单位和其他组织等统计调查对象，应当按照国家有关规定设置原始记录、统计台账，建立健全统计资料的审核、签署、交接、归档等管理制度。

统计资料的审核、签署人员应当对其审核、签署的统计资料的真实性、准确性和完整性负责。

第二十二条　县级以上人民政府有关部门应当及时向本级人民政府统计机构提供统计所需的行政记录资料和国民经济核算所需的财务资料、财政资料及其他资料，并按照统计调查制度的规定及时向本级人民政府统计机构报送其组织实施统计调查取得的有关资料。

县级以上人民政府统计机构应当及时向本级人民政府有关部门提供有关统计资料。

第二十三条　县级以上人民政府统计机构按照国家有关规定，定期公布统计资料。

国家统计数据以国家统计局公布的数据为准。

第二十四条　县级以上人民政府有关部门统计调查取得的统计资料，由本部门按照国家有关规定公布。

第二十五条　统计调查中获得的能够识别或者推断单个统计调查对象身份的资料，任何单位和个人不得对外提供、泄露，不得用于统计以外的目的。

第二十六条　县级以上人民政府统计机构和有关部门统计调查取得的统计资料，除依法应当保密的外，应当及时公开，供社会公众查询。

第四章　统计机构和统计人员

第二十七条　国务院设立国家统计局，依法组织领导和协调全国的统计工作。

国家统计局根据工作需要设立的派出调查机构，承担国家统计局布置的统计调查等任务。

县级以上地方人民政府设立独立的统计机构，乡、镇人民政府设置统计工作岗位，配备专职或者兼职统计人员，依法管理、开展统计工作，实施统计调查。

第二十八条　县级以上人民政府有关部门根据统计任务的需要设立统计机构，或者在有关机构中设置统计人员，并指定统计负责人，依法组织、管理本部门职责范围内的统计工作，实施统计调查，在统计业务上受本级人民政府统计机构的指导。

第二十九条　统计机构、统计人员应当依法履行职责，如实搜集、报送统计资料，不得伪造、篡改统计资料，不得以任何方式要求任何单位和个人提供不真实的统计资料，不得有其他违反本法规定的行为。

统计人员应当坚持实事求是，恪守职业道德，对其负责搜集、审核、录入的统计资料与统计调查对象报送的统计资料的一致性负责。

第三十条　统计人员进行统计调查时，有权就与统计有关的问题询问有关人员，要求其如实提供有关情况、资料并改正不真实、不准确的资料。

统计人员进行统计调查时，应当出示县级以上人民政府统计机构或者有关部门颁发的工作证件；未出示的，统计调查对象有权拒绝调查。

第三十一条　国家实行统计专业技术职务资格考试、评聘制度，提高统计人员的专业素质，保障统计队伍的稳定性。

统计人员应当具备与其从事的统计工作相适应的专业知识和业务能力。

县级以上人民政府统计机构和有关部门应当加强对统计人员的专业培训和职业道德教育。

第五章　监督检查

第三十二条　县级以上人民政府及其监察机关对下级人民政府、本级人民政府统计机构和有关部门执行本法的情况，实施监督。

第三十三条　国家统计局组织管理全国统计工作的监督检查，查处重大统计违法行为。

县级以上地方人民政府统计机构依法查处本行政区域内发生的统计违法行为。但是，国家统计局派出的调查机构组织实施的统计调查活动中发生的统计违法行为，由组织实施该项统计调查的调查机构负责查处。

法律、行政法规对有关部门查处统计违法行为另有规定的，从其规定。

第三十四条　县级以上人民政府有关部门应当积极协助本级人民政府统计机构查

处统计违法行为，及时向本级人民政府统计机构移送有关统计违法案件材料。

第三十五条　县级以上人民政府统计机构在调查统计违法行为或者核查统计数据时，有权采取下列措施：

（一）发出统计检查查询书，向检查对象查询有关事项；

（二）要求检查对象提供有关原始记录和凭证、统计台账、统计调查表、会计资料及其他相关证明和资料；

（三）就与检查有关的事项询问有关人员；

（四）进入检查对象的业务场所和统计数据处理信息系统进行检查、核对；

（五）经本机构负责人批准，登记保存检查对象的有关原始记录和凭证、统计台账、统计调查表、会计资料及其他相关证明和资料；

（六）对与检查事项有关的情况和资料进行记录、录音、录像、照相和复制。

县级以上人民政府统计机构进行监督检查时，监督检查人员不得少于二人，并应当出示执法证件；未出示的，有关单位和个人有权拒绝检查。

第三十六条　县级以上人民政府统计机构履行监督检查职责时，有关单位和个人应当如实反映情况，提供相关证明和资料，不得拒绝、阻碍检查，不得转移、隐匿、篡改、毁弃原始记录和凭证、统计台账、统计调查表、会计资料及其他相关证明和资料。

第六章　法律责任

第三十七条　地方人民政府、政府统计机构或者有关部门、单位的负责人有下列行为之一的，由任免机关或者监察机关依法给予处分，并由县级以上人民政府统计机构予以通报：

（一）自行修改统计资料、编造虚假统计数据的；

（二）要求统计机构、统计人员或者其他机构、人员伪造、篡改统计资料的；

（三）对依法履行职责或者拒绝、抵制统计违法行为的统计人员打击报复的；

（四）对本地方、本部门、本单位发生的严重统计违法行为失察的。

第三十八条　县级以上人民政府统计机构或者有关部门在组织实施统计调查活动中有下列行为之一的，由本级人民政府、上级人民政府统计机构或者本级人民政府统计机构责令改正，予以通报；对直接负责的主管人员和其他直接责任人员，由任免机关或者监察机关依法给予处分：

（一）未经批准擅自组织实施统计调查的；

（二）未经批准擅自变更统计调查制度的内容的；

（三）伪造、篡改统计资料的；

（四）要求统计调查对象或者其他机构、人员提供不真实的统计资料的；

（五）未按照统计调查制度的规定报送有关资料的。

统计人员有前款第三项至第五项所列行为之一的，责令改正，依法给予处分。

第三十九条　县级以上人民政府统计机构或者有关部门有下列行为之一的，对直接负责的主管人员和其他直接责任人员由任免机关或者监察机关依法给予处分：

（一）违法公布统计资料的；

（二）泄露统计调查对象的商业秘密、个人信息或者提供、泄露在统计调查中获得的能够识别或者推断单个统计调查对象身份的资料的；

（三）违反国家有关规定，造成统计资料毁损、灭失的。

统计人员有前款所列行为之一的，依法给予处分。

第四十条　统计机构、统计人员泄露国家秘密的，依法追究法律责任。

第四十一条　作为统计调查对象的国家机关、企业事业单位或者其他组织有下列行为之一的，由县级以上人民政府统计机构责令改正，给予警告，可以予以通报；其直接负责的主管人员和其他直接责任人员属于国家工作人员的，由任免机关或者监察机关依法给予处分：

（一）拒绝提供统计资料或者经催报后仍未按时提供统计资料的；

（二）提供不真实或者不完整的统计资料的；

（三）拒绝答复或者不如实答复统计检查查询书的；

（四）拒绝、阻碍统计调查、统计检查的；

（五）转移、隐匿、篡改、毁弃或者拒绝提供原始记录和凭证、统计台账、统计调查表及其他相关证明和资料的。

企业事业单位或者其他组织有前款所列行为之一的，可以并处五万元以下的罚款；情节严重的，并处五万元以上二十万元以下的罚款。

个体工商户有本条第一款所列行为之一的，由县级以上人民政府统计机构责令改正，给予警告，可以并处一万元以下的罚款。

第四十二条　作为统计调查对象的国家机关、企业事业单位或者其他组织迟报统计资料，或者未按照国家有关规定设置原始记录、统计台账的，由县级以上人民政府统计机构责令改正，给予警告。

企业事业单位或者其他组织有前款所列行为之一的，可以并处一万元以下的罚款。

个体工商户迟报统计资料的，由县级以上人民政府统计机构责令改正，给予警告，可以并处一千元以下的罚款。

第四十三条 县级以上人民政府统计机构查处统计违法行为时，认为对有关国家工作人员依法应当给予处分的，应当提出给予处分的建议；该国家工作人员的任免机关或者监察机关应当依法及时作出决定，并将结果书面通知县级以上人民政府统计机构。

第四十四条 作为统计调查对象的个人在重大国情国力普查活动中拒绝、阻碍统计调查，或者提供不真实或者不完整的普查资料的，由县级以上人民政府统计机构责令改正，予以批评教育。

第四十五条 违反本法规定，利用虚假统计资料骗取荣誉称号、物质利益或者职务晋升的，除对其编造虚假统计资料或者要求他人编造虚假统计资料的行为依法追究法律责任外，由作出有关决定的单位或者其上级单位、监察机关取消其荣誉称号，追缴获得的物质利益，撤销晋升的职务。

第四十六条 当事人对县级以上人民政府统计机构作出的行政处罚决定不服的，可以依法申请行政复议或者提起行政诉讼。其中，对国家统计局在省、自治区、直辖市派出的调查机构作出的行政处罚决定不服的，向国家统计局申请行政复议；对国家统计局派出的其他调查机构作出的行政处罚决定不服的，向国家统计局在该派出机构所在的省、自治区、直辖市派出的调查机构申请行政复议。

第四十七条 违反本法规定，构成犯罪的，依法追究刑事责任。

第七章 附 则

第四十八条 本法所称县级以上人民政府统计机构，是指国家统计局及其派出的调查机构、县级以上地方人民政府统计机构。

第四十九条 民间统计调查活动的管理办法，由国务院制定。

中华人民共和国境外的组织、个人需要在中华人民共和国境内进行统计调查活动的，应当按照国务院的规定报请审批。

利用统计调查危害国家安全、损害社会公共利益或者进行欺诈活动的，依法追究法律责任。

第五十条 本法自 2010 年 1 月 1 日起施行。

附录二：中华人民共和国统计法实施条例

中华人民共和国国务院令

第681号

《中华人民共和国统计法实施条例》已经 2017 年 4 月 12 日国务院第 168 次常务会议通过，现予公布，自 2017 年 8 月 1 日起施行。

总理　李克强

2017 年 5 月 28 日

中华人民共和国统计法实施条例

第一章　总　则

第一条　根据《中华人民共和国统计法》（以下简称统计法），制定本条例。

第二条　统计资料能够通过行政记录取得的，不得组织实施调查。通过抽样调查、重点调查能够满足统计需要的，不得组织实施全面调查。

第三条　县级以上人民政府统计机构和有关部门应当加强统计规律研究，健全新兴产业等统计，完善经济、社会、科技、资源和环境统计，推进互联网、大数据、云计算等现代信息技术在统计工作中的应用，满足经济社会发展需要。

第四条　地方人民政府、县级以上人民政府统计机构和有关部门应当根据国家有关规定，明确本单位防范和惩治统计造假、弄虚作假的责任主体，严格执行统计法和本条例的规定。

地方人民政府、县级以上人民政府统计机构和有关部门及其负责人应当保障统计活动依法进行，不得侵犯统计机构、统计人员独立行使统计调查、统计报告、统计监督职权，不得非法干预统计调查对象提供统计资料，不得统计造假、弄虚作假。

统计调查对象应当依照统计法和国家有关规定，真实、准确、完整、及时地提供统计资料，拒绝、抵制弄虚作假等违法行为。

第五条　县级以上人民政府统计机构和有关部门不得组织实施营利性统计调查。

国家有计划地推进县级以上人民政府统计机构和有关部门通过向社会购买服务组织实施统计调查和资料开发。

第二章　统计调查项目

第六条　部门统计调查项目、地方统计调查项目的主要内容不得与国家统计调查项目的内容重复、矛盾。

第七条　统计调查项目的制定机关（以下简称制定机关）应当就项目的必要性、可行性、科学性进行论证，征求有关地方、部门、统计调查对象和专家的意见，并由制定机关按照会议制度集体讨论决定。

重要统计调查项目应当进行试点。

第八条　制定机关申请审批统计调查项目，应当以公文形式向审批机关提交统计调查项目审批申请表、项目的统计调查制度和工作经费来源说明。

申请材料不齐全或者不符合法定形式的，审批机关应当一次性告知需要补正的全部内容，制定机关应当按照审批机关的要求予以补正。

申请材料齐全、符合法定形式的，审批机关应当受理。

第九条　统计调查项目符合下列条件的，审批机关应当作出予以批准的书面决定：

（一）具有法定依据或者确为公共管理和服务所必需；

（二）与已批准或者备案的统计调查项目的主要内容不重复、不矛盾；

（三）主要统计指标无法通过行政记录或者已有统计调查资料加工整理取得；

（四）统计调查制度符合统计法律法规规定，科学、合理、可行；

（五）采用的统计标准符合国家有关规定；

（六）制定机关具备项目执行能力。

不符合前款规定条件的，审批机关应当向制定机关提出修改意见；修改后仍不符合前款规定条件的，审批机关应当作出不予批准的书面决定并说明理由。

第十条　统计调查项目涉及其他部门职责的，审批机关应当在作出审批决定前，征求相关部门的意见。

第十一条　审批机关应当自受理统计调查项目审批申请之日起 20 日内作出决定。20 日内不能作出决定的，经审批机关负责人批准可以延长 10 日，并应当将延长审批期限的理由告知制定机关。

制定机关修改统计调查项目的时间，不计算在审批期限内。

第十二条　制定机关申请备案统计调查项目，应当以公文形式向备案机关提交统计调查项目备案申请表和项目的统计调查制度。

统计调查项目的调查对象属于制定机关管辖系统，且主要内容与已批准、备案的统计调查项目不重复、不矛盾的，备案机关应当依法给予备案文号。

第十三条　统计调查项目经批准或者备案的，审批机关或者备案机关应当及时公布统计调查项目及其统计调查制度的主要内容。涉及国家秘密的统计调查项目除外。

第十四条　统计调查项目有下列情形之一的，审批机关或者备案机关应当简化审批或者备案程序，缩短期限：

（一）发生突发事件需要迅速实施统计调查；

（二）统计调查制度内容未作变动，统计调查项目有效期届满需要延长期限。

第十五条　统计法第十七条第二款规定的国家统计标准是强制执行标准。各级人民政府、县级以上人民政府统计机构和有关部门组织实施的统计调查活动，应当执行国家统计标准。

制定国家统计标准，应当征求国务院有关部门的意见。

第三章　统计调查的组织实施

第十六条　统计机构、统计人员组织实施统计调查，应当就统计调查对象的法定填报义务、主要指标涵义和有关填报要求等，向统计调查对象作出说明。

第十七条　国家机关、企业事业单位或者其他组织等统计调查对象提供统计资料，应当由填报人员和单位负责人签字，并加盖公章。个人作为统计调查对象提供统计资料，应当由本人签字。统计调查制度规定不需要签字、加盖公章的除外。

统计调查对象使用网络提供统计资料的，按照国家有关规定执行。

第十八条　县级以上人民政府统计机构、有关部门推广使用网络报送统计资料，应当采取有效的网络安全保障措施。

第十九条　县级以上人民政府统计机构、有关部门和乡、镇统计人员，应当对统计调查对象提供的统计资料进行审核。统计资料不完整或者存在明显错误的，应当由统计调查对象依法予以补充或者改正。

第二十条　国家统计局应当建立健全统计数据质量监控和评估制度，加强对各省、自治区、直辖市重要统计数据的监控和评估。

第四章　统计资料的管理和公布

第二十一条　县级以上人民政府统计机构、有关部门和乡、镇人民政府应当妥善保管统计调查中取得的统计资料。

国家建立统计资料灾难备份系统。

第二十二条　统计调查中取得的统计调查对象的原始资料，应当至少保存 2 年。

汇总性统计资料应当至少保存 10 年，重要的汇总性统计资料应当永久保存。法律法规另有规定的，从其规定。

第二十三条　统计调查对象按照国家有关规定设置的原始记录和统计台账，应当至少保存 2 年。

第二十四条　国家统计局统计调查取得的全国性统计数据和分省、自治区、直辖市统计数据，由国家统计局公布或者由国家统计局授权其派出的调查机构或者省级人民政府统计机构公布。

第二十五条　国务院有关部门统计调查取得的统计数据，由国务院有关部门按照国家有关规定和已批准或者备案的统计调查制度公布。

县级以上地方人民政府有关部门公布其统计调查取得的统计数据，比照前款规定执行。

第二十六条　已公布的统计数据按照国家有关规定需要进行修订的，县级以上人民政府统计机构和有关部门应当及时公布修订后的数据，并就修订依据和情况作出说明。

第二十七条　县级以上人民政府统计机构和有关部门应当及时公布主要统计指标涵义、调查范围、调查方法、计算方法、抽样调查样本量等信息，对统计数据进行解释说明。

第二十八条　公布统计资料应当按照国家有关规定进行。公布前，任何单位和个人不得违反国家有关规定对外提供，不得利用尚未公布的统计资料谋取不正当利益。

第二十九条　统计法第二十五条规定的能够识别或者推断单个统计调查对象身份的资料包括：

（一）直接标明单个统计调查对象身份的资料；

（二）虽未直接标明单个统计调查对象身份，但是通过已标明的地址、编码等相关信息可以识别或者推断单个统计调查对象身份的资料；

（三）可以推断单个统计调查对象身份的汇总资料。

第三十条　统计调查中获得的能够识别或者推断单个统计调查对象身份的资料应

当依法严格管理，除作为统计执法依据外，不得直接作为对统计调查对象实施行政许可、行政处罚等具体行政行为的依据，不得用于完成统计任务以外的目的。

第三十一条　国家建立健全统计信息共享机制，实现县级以上人民政府统计机构和有关部门统计调查取得的资料共享。制定机关共同制定的统计调查项目，可以共同使用获取的统计资料。

统计调查制度应当对统计信息共享的内容、方式、时限、渠道和责任等作出规定。

第五章　统计机构和统计人员

第三十二条　县级以上地方人民政府统计机构受本级人民政府和上级人民政府统计机构的双重领导，在统计业务上以上级人民政府统计机构的领导为主。

乡、镇人民政府应当设置统计工作岗位，配备专职或者兼职统计人员，履行统计职责，在统计业务上受上级人民政府统计机构领导。乡、镇统计人员的调动，应当征得县级人民政府统计机构的同意。

县级以上人民政府有关部门在统计业务上受本级人民政府统计机构指导。

第三十三条　县级以上人民政府统计机构和有关部门应当完成国家统计调查任务，执行国家统计调查项目的统计调查制度，组织实施本地方、本部门的统计调查活动。

第三十四条　国家机关、企业事业单位和其他组织应当加强统计基础工作，为履行法定的统计资料报送义务提供组织、人员和工作条件保障。

第三十五条　对在统计工作中做出突出贡献、取得显著成绩的单位和个人，按照国家有关规定给予表彰和奖励。

第六章　监督检查

第三十六条　县级以上人民政府统计机构从事统计执法工作的人员，应当具备必要的法律知识和统计业务知识，参加统计执法培训，并取得由国家统计局统一印制的统计执法证。

第三十七条　任何单位和个人不得拒绝、阻碍对统计工作的监督检查和对统计违法行为的查处工作，不得包庇、纵容统计违法行为。

第三十八条　任何单位和个人有权向县级以上人民政府统计机构举报统计违法行为。

县级以上人民政府统计机构应当公布举报统计违法行为的方式和途径，依法受理、核实、处理举报，并为举报人保密。

第三十九条　县级以上人民政府统计机构负责查处统计违法行为；法律、行政法规对有关部门查处统计违法行为另有规定的，从其规定。

第七章　法律责任

第四十条　下列情形属于统计法第三十七条第四项规定的对严重统计违法行为失察，对地方人民政府、政府统计机构或者有关部门、单位的负责人，由任免机关或者监察机关依法给予处分，并由县级以上人民政府统计机构予以通报：

（一）本地方、本部门、本单位大面积发生或者连续发生统计造假、弄虚作假；

（二）本地方、本部门、本单位统计数据严重失实，应当发现而未发现；

（三）发现本地方、本部门、本单位统计数据严重失实不予纠正。

第四十一条　县级以上人民政府统计机构或者有关部门组织实施营利性统计调查的，由本级人民政府、上级人民政府统计机构或者本级人民政府统计机构责令改正，予以通报；有违法所得的，没收违法所得。

第四十二条　地方各级人民政府、县级以上人民政府统计机构或者有关部门及其负责人，侵犯统计机构、统计人员独立行使统计调查、统计报告、统计监督职权，或者采用下发文件、会议布置以及其他方式授意、指使、强令统计调查对象或者其他单位、人员编造虚假统计资料的，由上级人民政府、本级人民政府、上级人民政府统计机构或者本级人民政府统计机构责令改正，予以通报。

第四十三条　县级以上人民政府统计机构或者有关部门在组织实施统计调查活动中有下列行为之一的，由本级人民政府、上级人民政府统计机构或者本级人民政府统计机构责令改正，予以通报：

（一）违法制定、审批或者备案统计调查项目；

（二）未按照规定公布经批准或者备案的统计调查项目及其统计调查制度的主要内容；

（三）未执行国家统计标准；

（四）未执行统计调查制度；

（五）自行修改单个统计调查对象的统计资料。

乡、镇统计人员有前款第三项至第五项所列行为的，责令改正，依法给予处分。

第四十四条　县级以上人民政府统计机构或者有关部门违反本条例第二十四条、第二十五条规定公布统计数据的，由本级人民政府、上级人民政府统计机构或者本级人民政府统计机构责令改正，予以通报。

第四十五条　违反国家有关规定对外提供尚未公布的统计资料或者利用尚未公布的统计资料谋取不正当利益的，由任免机关或者监察机关依法给予处分，并由县级以上人民政府统计机构予以通报。

第四十六条　统计机构及其工作人员有下列行为之一的，由本级人民政府或者上级人民政府统计机构责令改正，予以通报：

（一）拒绝、阻碍对统计工作的监督检查和对统计违法行为的查处工作；

（二）包庇、纵容统计违法行为；

（三）向有统计违法行为的单位或者个人通风报信，帮助其逃避查处；

（四）未依法受理、核实、处理对统计违法行为的举报；

（五）泄露对统计违法行为的举报情况。

第四十七条　地方各级人民政府、县级以上人民政府有关部门拒绝、阻碍统计监督检查或者转移、隐匿、篡改、毁弃原始记录和凭证、统计台账、统计调查表及其他相关证明和资料的，由上级人民政府、上级人民政府统计机构或者本级人民政府统计机构责令改正，予以通报。

第四十八条　地方各级人民政府、县级以上人民政府统计机构和有关部门有本条例第四十一条至第四十七条所列违法行为之一的，对直接负责的主管人员和其他直接责任人员，由任免机关或者监察机关依法给予处分。

第四十九条　乡、镇人民政府有统计法第三十八条第一款、第三十九条第一款所列行为之一的，依照统计法第三十八条、第三十九条的规定追究法律责任。

第五十条　下列情形属于统计法第四十一条第二款规定的情节严重行为：

（一）使用暴力或者威胁方法拒绝、阻碍统计调查、统计监督检查；

（二）拒绝、阻碍统计调查、统计监督检查，严重影响相关工作正常开展；

（三）提供不真实、不完整的统计资料，造成严重后果或者恶劣影响；

（四）有统计法第四十一条第一款所列违法行为之一，1年内被责令改正3次以上。

第五十一条　统计违法行为涉嫌犯罪的，县级以上人民政府统计机构应当将案件移送司法机关处理。

第八章　附　　则

第五十二条　中华人民共和国境外的组织、个人需要在中华人民共和国境内进行统计调查活动的，应当委托中华人民共和国境内具有涉外统计调查资格的机构进行。

涉外统计调查资格应当依法报经批准。统计调查范围限于省、自治区、直辖市行政区域内的，由省级人民政府统计机构审批；统计调查范围跨省、自治区、直辖市行政区域的，由国家统计局审批。

涉外社会调查项目应当依法报经批准。统计调查范围限于省、自治区、直辖市行政区域内的，由省级人民政府统计机构审批；统计调查范围跨省、自治区、直辖市行政区域的，由国家统计局审批。

第五十三条　国家统计局或者省级人民政府统计机构对涉外统计违法行为进行调查，有权采取统计法第三十五条规定的措施。

第五十四条　对违法从事涉外统计调查活动的单位、个人，由国家统计局或者省级人民政府统计机构责令改正或者责令停止调查，有违法所得的，没收违法所得；违法所得 50 万元以上的，并处违法所得 1 倍以上 3 倍以下的罚款；违法所得不足 50 万元或者没有违法所得的，处 200 万元以下的罚款；情节严重的，暂停或者取消涉外统计调查资格，撤销涉外社会调查项目批准决定；构成犯罪的，依法追究刑事责任。

第五十五条　本条例自 2017 年 8 月 1 日起施行。1987 年 1 月 19 日国务院批准、1987 年 2 月 15 日国家统计局公布，2000 年 6 月 2 日国务院批准修订、2000 年 6 月 15 日国家统计局公布，2005 年 12 月 16 日国务院修订的《中华人民共和国统计法实施细则》同时废止。

附录三：部门统计管理办法

中华人民共和国国家统计局令

第22号

《部门统计调查项目管理办法》已经 2017 年 6 月 2 日国家统计局第 1 次局务会议讨论通过，现予公布，自 2017 年 10 月 1 日起施行。

局长　宁吉喆

2017 年 7 月 14 日

部门统计调查项目管理办法

第一章　总　　则

第一条　为加强部门统计调查项目的规范性、统一性管理，提高统计调查的科学性和有效性，减轻统计调查对象负担，推进部门统计信息共享，根据《中华人民共和国统计法》及其实施条例和国务院有关规定，制定本办法。

第二条　本办法适用于国务院各部门制定的统计调查项目。

第三条　本办法所称的统计调查项目，是指国务院有关部门通过调查表格、问卷、行政记录、大数据以及其他方式搜集整理统计资料，用于政府管理和公共服务的各类统计调查项目。

第四条　国家统计局统一组织领导和协调全国统计工作，指导国务院有关部门开展统计调查，统一管理部门统计调查。

第五条　国务院有关部门应当明确统一组织协调统计工作的综合机构，负责归口管理、统一申报本部门统计调查项目。

第二章　部门统计调查项目的制定

第六条　国务院有关部门执行相关法律、行政法规、国务院的决定和履行本部门职责，需要开展统计活动的，应当制定相应的部门统计调查项目。

第七条　制定部门统计调查项目，应当减少调查频率，缩小调查规模，降低调查成本，减轻基层统计人员和统计调查对象的负担。可以通过行政记录和大数据加工整理获得统计资料的，不得开展统计调查；可以通过已经批准实施的各种统计调查整理获得统计资料的，不得重复开展统计调查；抽样调查、重点调查可以满足需要的，不得开展全面统计调查。

第八条　制定部门统计调查项目，应当有组织、人员和经费保障。

第九条　制定部门统计调查项目，应当同时制定该项目的统计调查制度。

统计调查制度内容包括总说明、报表目录、调查表式、分类目录、指标解释、指标间逻辑关系，采用抽样调查方法的还应当包括抽样方案。

统计调查制度总说明应当对调查目的、调查对象、统计范围、调查内容、调查频率、调查时间、调查方法、组织实施方式、质量控制、报送要求、信息共享、资料公布等作出规定。

面向单位的部门统计调查，其统计调查对象应当取自国家基本单位名录库或者部门基本单位名录库。

第十条　部门统计调查应当规范设置统计指标、调查表，指标解释和计算方法应当科学合理。

第十一条　部门统计调查应当使用国家统计标准。无国家统计标准的，可以使用经国家统计局批准的部门统计标准。

第十二条　新制定的部门统计调查项目或者对现行统计调查项目进行较大修订的，应当开展试填试报等工作。其中，重要统计调查项目应当进行试点。

第十三条　部门统计调查项目涉及其他部门职责的，应当事先征求相关部门意见。

第三章　部门统计调查项目审批和备案

第十四条　国务院有关部门制定的统计调查项目，统计调查对象属于本部门管辖系统或者利用行政记录加工获取统计资料的，报国家统计局备案；统计调查对象超出本部门管辖系统的，报国家统计局审批。

部门管辖系统包括本部门直属机构、派出机构和垂直管理的机构，省及省以下与部门对口设立的管理机构。

第十五条　部门统计调查项目审批或者备案包括申报、受理、审查、反馈、决定等程序。

第十六条　部门统计调查项目送审或者备案时，应当通过部门统计调查项目管理平台提交下列材料：

（一）申请审批项目的部门公文或者申请备案项目的部门办公厅（室）公文；

（二）部门统计调查项目审批或者备案申请表；

（三）统计调查制度；

（四）统计调查项目的论证报告、背景材料、经费保障等，修订的统计调查项目还应当提供修订说明；

（五）征求有关地方、部门、统计调查对象和专家意见及其采纳情况；

（六）制定机关按照会议制度集体讨论决定的会议纪要；

（七）重要统计调查项目的试点报告；

（八）由审批机关或者备案机关公布的统计调查制度的主要内容；

（九）防范和惩治统计造假、弄虚作假责任规定。

前款第（一）项的公文应当同时提交纸质文件。

第十七条　申请材料齐全并符合法定形式的，国家统计局予以受理。

申请材料不齐全或者不符合法定形式的，国家统计局应当一次告知需要补正的全部内容，制定机关应当按照国家统计局的要求予以补正。

第十八条　统计调查制度应当列明下列事项：

（一）向国家统计局报送的制定机关组织实施统计调查取得的具体统计资料清单；

（二）主要统计指标公布的时间、渠道；

（三）统计信息共享的内容、方式、时限、渠道、责任单位和责任人；

（四）向统计信息共享数据库提供的统计资料清单；

（五）统计调查对象使用国家基本单位名录库或者部门基本单位名录库的情况。

第十九条　国家统计局对申请审批的部门统计调查项目进行审查，符合下列条件的部门统计调查项目，作出予以批准的书面决定：

（一）具有法定依据或者确为部门公共管理和服务所必需；

（二）与现有的国家统计调查项目和部门统计调查项目的主要内容不重复、不矛盾；

（三）主要统计指标无法通过本部门的行政记录或者已有统计调查资料加工整理取得；

（四）部门统计调查制度科学、合理、可行，并且符合本办法第八条、第九条和第十八条规定；

（五）采用的统计标准符合国家有关规定；

（六）符合统计法律法规和国家有关规定。

不符合前款规定的，国家统计局向制定机关提出修改意见；修改后仍不符合前款规定条件的，国家统计局作出不予批准的书面决定，并说明理由。

第二十条 国家统计局对申请备案的部门统计调查项目进行审查，符合下列条件的部门统计调查项目，作出同意备案的书面决定：

（一）统计调查项目的调查对象属于制定机关管辖系统，或者利用行政记录加工获取统计资料；

（二）与现有的国家统计调查项目和部门统计调查项目的主要内容不重复、不矛盾；

（三）部门统计调查制度科学、合理、可行，并且符合本办法第八条、第九条和第十八条规定。

第二十一条 国家统计局在收到制定机关申请公文及完整的相关资料后，在20个工作日内完成审批，20个工作日内不能作出决定的，经审批机关负责人批准可以延长10日，并应当将延长审批期限的理由告知制定机关；在10个工作日内完成备案。完成时间以复函日期为准。

制定机关修改统计调查项目的时间，不计算在审批期限内。

第二十二条 部门统计调查项目有下列情形之一的，国家统计局简化审批或者备案程序，缩短期限：

（一）发生突发事件，需要迅速实施统计调查；

（二）统计调查内容未做变动，统计调查项目有效期届满需要延长期限。

第二十三条 部门统计调查项目实行有效期管理。审批的统计调查项目有效期为3年，备案的统计调查项目有效期为5年。统计调查制度对有效期规定少于3年的，从其规定。有效期以批准执行或者同意备案的日期为起始时间。

统计调查项目在有效期内需要变更内容的，制定机关应当重新申请审批或者备案。

第二十四条 部门统计调查项目经国家统计局批准或者备案后，应当在统计调查表的右上角标明表号、制定机关、批准机关或者备案机关、批准文号或者备案文号、有效期限等标志。

第二十五条 制定机关收到批准或者备案的书面决定后，在10个工作日内将标注批准文号或者备案文号和有效期限的统计调查制度发送到部门统计调查项目管理平台。

第二十六条 国家统计局及时通过国家统计局网站公布批准或者备案的部门统计调查项目名称、制定机关、批准文号或者备案文号、有效期限和统计调查制度的主要内容。

第四章　部门统计调查的组织实施

第二十七条　国务院有关部门应当健全统计工作流程规范，完善统计数据质量控制办法，夯实统计基础工作，严格按照国家统计局批准或者备案的统计调查制度组织实施统计调查。

第二十八条　国务院有关部门在组织实施统计调查时，应当就统计调查制度的主要内容对组织实施人员进行培训；应当就法定填报义务、主要指标涵义和口径、计算方法、采用的统计标准和其他填报要求，向调查对象作出说明。

第二十九条　国务院有关部门应当按《中华人民共和国统计法实施条例》的要求及时公布主要统计指标涵义、调查范围、调查方法、计算方法、抽样调查样本量等信息，对统计数据进行解释说明。

第三十条　国务院有关部门组织实施统计调查应当遵守国家有关统计资料管理和公布的规定。

第三十一条　部门统计调查取得的统计资料，一般应当在政府部门间共享。

第三十二条　国务院有关部门建立统计调查项目执行情况评估制度，对实施情况、实施效果和存在问题进行评估，认为应当修改的，按规定报请国家统计局审批或者备案。

第五章　国家统计局提供的服务

第三十三条　国家统计局依法开展部门统计调查项目审批和备案工作，为国务院有关部门提供有关统计业务咨询、统计调查制度设计指导、统计业务培训等服务。

第三十四条　国家统计局组织国务院有关部门共同维护、更新国家基本单位名录库，为部门统计调查提供调查单位名录和抽样框。

第三十五条　国家统计局建立统计标准库，为部门统计调查提供国家统计标准和部门统计标准。

第三十六条　国家统计局向国务院有关部门提供部门统计调查项目查询服务。

第三十七条　国家统计局推动建立统计信息共享数据库，为国务院有关部门提供部门统计数据查询服务。

第六章　监督检查

第三十八条　国家统计局依法对部门统计调查制度执行情况进行监督检查，依法查处部门统计调查中的重大违法行为；县级以上地方人民政府统计机构依法查处本级和下级人民政府有关部门和统计调查对象执行部门统计调查制度中发生的统计违法行为。

第三十九条　任何单位和个人有权向国家统计局举报部门统计调查违法行为。

国家统计局公布举报统计违法行为的方式和途径，依法受理、核实、处理举报，并为举报人保密。

第四十条　县级以上人民政府有关部门积极协助本级人民政府统计机构查处统计违法行为，及时向县级以上人民政府统计机构移送有关统计违法案件材料。

第四十一条　县级以上人民政府统计机构在调查部门统计违法行为或者核查部门统计数据时，有权采取《中华人民共和国统计法》第三十五条规定的下列措施：

（一）发出检查查询书，向检查单位和调查对象查询部门统计调查项目有关事项；

（二）要求检查单位和调查对象提供与部门统计调查有关的统计调查制度、调查资料、调查报告及其他相关证明和资料；

（三）就与检查有关的事项询问有关人员；

（四）进入检查单位和调查对象的业务场所和统计数据处理信息系统进行检查、核对；

（五）经本机构负责人批准，登记保存检查单位与统计调查有关的统计调查制度、调查资料、调查报告及其他相关证明和资料；

（六）对与检查事项有关的情况和资料进行记录、录音、录像、照相和复制。

县级以上人民政府统计机构进行监督检查时，监督检查人员不得少于2人，并应当出示执法证件；未出示的，有关部门有权拒绝检查。

第四十二条　县级以上人民政府统计机构履行监督检查职责时，有关部门应当如实反映情况，提供相关证明和资料，不得拒绝、阻碍检查，不得转移、隐匿、篡改、毁弃与部门统计调查有关的统计调查制度、调查资料、调查报告及其他相关证明和资料。

第七章　法律责任

第四十三条　县级以上人民政府有关部门在组织实施部门统计调查活动中有下列行为之一的，由上级人民政府统计机构、本级人民政府统计机构责令改正，予以通报：

（一）违法制定、实施部门统计调查项目；

（二）未执行国家统计标准或者经依法批准的部门统计标准；

（三）未执行批准和备案的部门统计调查制度；

（四）在部门统计调查中统计造假、弄虚作假。

第四十四条　县级以上人民政府有关部门及其工作人员有下列行为之一的，由上级人民政府统计机构、本级人民政府统计机构责令改正，予以通报：

（一）拒绝、阻碍对部门统计调查的监督检查和对部门统计违法行为的查处；

（二）包庇、纵容部门统计违法行为；

（三）向存在部门统计违法行为的单位或者个人通风报信，帮助其逃避查处。

第四十五条　县级以上人民政府统计机构在查处部门统计违法行为中，认为对有关国家工作人员依法应当给予处分的，应当提出给予处分的建议，将处分建议和案件材料移送该国家工作人员的任免机关或者监察机关。

第八章　附　　则

第四十六条　中央编办管理机构编制的群众团体机关、经授权代主管部门行使统计职能的国家级集团公司和工商领域联合会或者协会等开展的统计调查项目，参照部门统计调查项目管理。

县级以上地方人民政府统计机构对本级人民政府有关部门制定的统计调查项目管理，参照本办法执行。

第四十七条　本办法自 2017 年 10 月 1 日起施行。国家统计局 1999 年公布的《部门统计调查项目管理暂行办法》同时废止。

附录四：网上直报登录账号与汇总关系

本附录列出 2016 年各级统计单位实际使用的账号，说明各领域、各层次汇总方案和汇总关系，为 2017 年各级汇总单位重新制订本地区、本领域网上直报汇总方案提供依据。

全国各省（区、市）

下属单位账号	下属单位名称	上级单位账号
110000	北京市	000200
120000	天津市	000200
130000	河北省	000200
140000	山西省	000200
150000	内蒙古自治区	000200
210000	辽宁省	000200
220000	吉林省	000200
230000	黑龙江省	000200
310000	上海市	000200
320000	江苏省	000200
330000	浙江省农业厅	000200
340000	安徽省	000200
350000001	福建省种植业	000200
360000	江西省	000200
370000	山东省	000200
410000	河南省	000200
420000	湖北省	000200
430000	湖南省	000200
440000	广东省	000200
450000	广西壮族自治区	000200
460000	海南省	000200
500000	重庆市农业委员会	000200
510000	四川省	000200
520000	贵州省	000200
530000	云南省	000200
540000	西藏自治区	000200

610000	陕西省	000200
620000	甘肃省	000200
630000	青海省	000200
640000	宁夏回族自治区	000200
650000	新疆维吾尔自治区	000200
	单位个数	31

天津市

下属单位账号	下属单位名称	上级单位账号
120010	天津市市本级	120000
120110	东丽区	120000
120111	天津市西青区汇总	120000
120112	津南区农业经济委员会	120000
120113	北辰区	120000
120114	武清区	120000
120115	宝坻区农业委员会	120000
120116	滨海新区	120000
120221	宁河县	120000
120223	静海县	120000
120225	天津市蓟州区	120000
	单位个数	11

天津市市本级

下属单位账号	下属单位名称	上级单位账号
120010000	天津市农村工作委员会	120010
120010001	天津市种植业发展服务中心	120010
120010002	天津市农业机械发展服务中心	120010
120010003	天津市畜牧兽医局	120010
120010004	天津市农业科学院	120010
120010005	天津市渔业发展服务中心	120010
120010006	天津市水产集团有限公司	120010
120010007	天津食品集团有限公司	120010
	单位个数	8

东丽区

下属单位账号	下属单位名称	上级单位账号
120110000022	天津市东丽区农业经济委员会（天津市东丽区畜牧兽医局、天津市东丽区绿化委员会办公室）	120110
120110000023	天津市东丽区农村合作经济管理站	120110
120110000024	天津市东丽区人工影响天气办公室	120110
120110000006	天津市东丽区动物疫病预防控制中心（天津市东丽区畜牧技术推广站）	120110
120110000007	天津市东丽区动物卫生监督所	120110
120110000004	天津市东丽区畜牧水产服务中心	120110
120110000008	天津市东丽区农业技术推广服务中心	120110
120110000015	天津市东丽区水产技术推广站	120110
120110000005	天津市东丽区乡镇畜牧兽医站	120110
120110000009	天津市东丽区农业技术推广中心	120110
120110000012	天津市东丽区蔬菜工作站	120110
120110000025	天津市东丽区林业工作站	120110
120110000011	天津市东丽区种植业开发中心	120110
120110000013	天津市东丽区种子管理站	120110
120110000010	天津市农业广播电视学校东丽区分校	120110
120110000026	天津市东丽区农业机械化技术学校	120110
120110000027	天津市东丽区农业机械供应站	120110
	单位个数	17

天津市西青区汇总

下属单位账号	下属单位名称	上级单位账号
120111106002	天津市西青区农业经济委员会	120111
120111106003	天津市西青区农业技术推广服务中心	120111
120111106004	天津市西青区植物保护站	120111
120111106005	天津市农业广播电视学校西青区分校	120111
120111106006	天津市西青区蔬菜工作站	120111
120111106007	天津市西青区种子管理站	120111
120111106008	天津市西青区农业机械监理站	120111
120111106009	天津市西青区农业技术推广站	120111
120111106010	天津市西青区农机化技术推广服务站	120111
120111106011	天津市西青区土壤肥料站	120111

下属单位账号	下属单位名称	上级单位账号
120111106012	天津市西青区人工影响天气办公室	120111
120111106013	天津市西青区农业机械化技术学校	120111
120111106014	天津市西青区农业机械供应站	120111
120111000006	天津市西青区畜牧水产业发展服务中心	120111
120111106015	天津市西青区乡镇畜牧兽医总站	120111
120111106016	天津市西青区畜牧兽医站	120111
120111106017	天津市西青区水产技术推广站	120111
120111106018	天津市西青区动物疫病预防控制中心、天津市西青区畜牧技术推广站	120111
120111106019	天津市西青区动物卫生监督所	120111
120111106020	天津市西青区杨柳青镇农业服务中心	120111
120111106021	天津市西青区张家窝镇农业服务中心	120111
120111106022	天津市西青区王稳庄镇农业服务中心	120111
120111106023	天津市西青区精武镇农业服务中心	120111
120111106024	天津市西青区辛口镇农业服务中心	120111
120111106025	天津市西青区中北镇农业服务中心	120111
120111106026	天津市西青区李七庄街农业服务中心	120111
120111106027	天津市西青区西营门街农业服务中心	120111
120111106028	天津市西青区大寺镇农业服务中心	120111
	单位个数	28

津南区农业经济委员会

下属单位账号	下属单位名称	上级单位账号
120112000007	天津市津南区农业经济委员会	120112
120112000002	天津市津南区农业技术推广服务中心	120112
120112000001	天津市津南区畜牧水产业发展服务中心	120112
120112000008	天津市津南区农业机械发展服务中心	120112
120112000009	天津市农业广播电视学校津南区分校（天津市津南区农民科技教育培训中心）	120112
120112000010	天津市优质小站稻开发中心（天津市优质小站稻开发公司）	120112
120112000011	天津市津南区动物疫病预防控制中心（天津市津南区畜牧技术推广站）	120112
120112000012	天津市津南区水产技术推广站	120112
120112000013	天津市津南区动物卫生监督所	120112
120112000014	天津市津南区畜牧兽医站	120112
	单位个数	10

北辰区

下属单位账号	下属单位名称	上级单位账号
120113111003	天津市北辰区农业经济委员会 （天津市北辰区畜牧兽医局）	120113
120113000010	天津市北辰区种植业发展服务中心	120113
120113000026	天津市北辰区养殖业发展服务中心	120113
120113111004	天津市北辰区农业机械发展服务中心	120113
120113111005	天津市北辰区农村合作经济经营管理站	120113
120113111006	天津市北辰区人工影响天气办公室	120113
120113111007	天津市北辰区宜兴埠镇农业和水务服务中心	120113
120113111008	天津市北辰区双街镇农业和水务服务中心	120113
120113111009	天津市北辰区双口镇农业和水务服务中心	120113
120113111010	天津市北辰区小淀镇农业和水务服务中心	120113
120113111011	天津市北辰区北仓镇农业和水务服务中心	120113
120113111012	天津市北辰区大张庄镇农业和水务服务中心	120113
120113111013	天津市北辰区青光镇农业和水务服务中心	120113
120113111014	天津市北辰区西堤头镇农业和水务服务中心	120113
	单位个数	14

武清区

下属单位账号	下属单位名称	上级单位账号
120114000026	天津市武清区农业委员会	120114
120114000027	武清区种植业发展服务中心	120114
120114000028	武清区植保植检站（武清区农药监督管理站）	120114
120114000029	武清区蔬菜服务站	120114
120114000030	武清区种子管理站	120114
120114000031	武清区农村能源服务站	120114
120114000032	武清区农业环保站	120114
120114000033	天津农业广播电视学校武清区分校	120114
120114000034	武清区农业良种繁殖站	120114
120114000035	武清区种子公司	120114
120114000004	天津市武清区畜牧水产业发展服务中心	120114
120114000036	天津市武清区乡镇畜牧兽医总站	120114
120114000037	天津市武清区动物疫病预防控制中心 （天津市武清区畜牧技术推广站）	120114
120114000038	天津市武清区动物卫生监督所	120114

下属单位账号	下属单位名称	上级单位账号
120114000039	天津市武清区家畜改良站	120114
120114000040	天津市武清区农业机械发展服务中心	120114
120114000041	天津市武清区农机安全监理站	120114
120114000042	天津市武清区农业机械化学校	120114
120114000043	天津市武清区农业机械化服务中心站	120114
120114000044	天津市武清区杨村农机管理服务站	120114
120114000045	天津市武清区泗村店农机管理服务站	120114
120114000046	天津市武清区城关农机管理服务站	120114
120114000047	天津市武清区河西务农机管理服务站	120114
120114000048	天津市武清区梅厂农机管理服务站	120114
120114000049	天津市武清区后巷农机管理服务站	120114
120114000050	天津市武清区大良农机管理服务站	120114
120114000051	天津市武清区汉沽港农机管理服务站	120114
120114000052	天津市武清区农机油料管理服务站	120114
	单位个数	28

宝坻区农业委员会

下属单位账号	下属单位名称	上级单位账号
120115000018	天津市宝坻区农业委员会	120115
120115000007	天津市宝坻区种植业发展服务中心	120115
120115000019	天津市宝坻区种子咨询服务站	120115
120115000011	天津市宝坻区农经管理站	120115
120115000020	天津市宝坻区农村农源服务站	120115
120115000013	天津市宝坻区蔬菜技术推广中心	120115
120115000016	天津市宝坻区生物中心	120115
120115000014	天津市宝坻区种子管理站	120115
120115000017	天津市宝坻区良种培育中心	120115
120115000021	天津市农业广播电视学校宝坻区分校 （天津市宝坻区农民科技教育培训中心）	120115
120115000006	天津市宝坻区畜牧水产业发展服务中心	120115
120115000022	天津市宝坻区动物疫病预防控制中心 （天津市宝坻区畜牧技术推广站）	120115
120115000023	天津市宝坻区乡镇畜牧兽医总站	120115
120115000024	天津市宝坻区动物卫生监督所	120115

下属单位账号	下属单位名称	上级单位账号
120115000025	天津市宝坻区兽医院	120115
120115000026	天津市宝坻区农业机械发展服务中心	120115
120115000027	天津市宝坻区农机安全监理站	120115
120115000028	天津市宝坻区农机化技术学校	120115
120115000029	天津市宝坻区农机大钟庄服务站	120115
120115000030	天津市宝坻区农机大白庄服务站	120115
120115000031	天津市宝坻区农机大口屯服务站	120115
	单位个数	21

滨海新区

下属单位账号	下属单位名称	上级单位账号
120116000070	天津市滨海新区农村工作委员会	120116
120116000071	天津市滨海新区人工影响天气办公室	120116
120116000072	天津市滨海新区塘沽良种场	120116
120116000073	天津市滨海新区塘沽农机安全监理站	120116
120116000074	天津市滨海新区塘沽农业技术推广中心 （天津市滨海新区塘沽种子管理站）	120116
120116000075	天津市滨海新区塘沽动物疫病预防控制中心 （天津市滨海新区塘沽畜牧技术推广站）	120116
120116000004	天津市滨海新区塘沽水产局	120116
120116000009	天津市滨海新区塘沽渔船闸管理所	120116
120116000010	天津市滨海新区塘沽渔业电台	120116
120116000008	天津市滨海新区塘沽水产技术推广站	120116
120116000076	天津市滨海新区塘沽动物卫生监督所	120116
120116000077	天津市滨海新区塘沽农副产品购销服务中心	120116
120116000078	天津市农业广播电视学校塘沽分校 （天津市滨海新区塘沽农民科技教育培训中心）	120116
120116000079	天津市滨海新区塘沽农用航空服务站	120116
120116000080	天津市滨海新区塘沽农机技术推广站 （天津市滨海新区塘沽农业机械化学校）	120116
120116000012	天津市滨海新区汉沽农业机械服务中心	120116
120116000081	天津市滨海新区汉沽农业机械技术学校	120116
120116000082	天津市滨海新区汉沽生态工程研究所	120116
120116000083	天津市滨海新区汉沽生态工程研究所试验农场	120116
120116000011	天津市滨海新区汉沽水产局	120116

下属单位账号	下属单位名称	上级单位账号
120116000069	天津市滨海新区汉沽水产技术推广站	120116
120116000068	天津市滨海新区汉沽渔业生态环境监测站	120116
120116000084	天津市滨海新区汉沽农业技术推广站 （天津市滨海新区汉沽农药监督管理站）	120116
120116000021	天津市滨海新区汉沽蔬菜技术推广站	120116
120116000085	天津市滨海新区汉沽种子管理站	120116
120116000017	天津市滨海新区汉沽农村能源服务站	120116
120116000014	天津市农业广播电视学校汉沽分校 （天津市滨海新区汉沽农民科技教育培训中心）	120116
120116000016	天津市滨海新区汉沽动物卫生监督所	120116
120116000018	天津市滨海新区汉沽动物疫病预防控制中心 （天津市滨海新区汉沽畜牧兽医技术推广站）	120116
120116000013	天津市滨海新区汉沽渔农经营管理站	120116
120116000086	天津滨海新区大港农机服务中心	120116
120116000087	天津市滨海新区大港农机监理站	120116
120116000088	天津市滨海新区大港农机推广站	120116
120116000089	天津市滨海新区大港农机化学校	120116
120116000090	天津市滨海新区大港农机供应站	120116
120116000091	天津市北大港湿地自然保护区管理中心	120116
120116000023	天津市滨海新区大港水产服务中心	120116
120116000092	天津市滨海新区大港水产技术推广站	120116
120116000093	天津市滨海新区大港渔苇管理所	120116
120116000094	天津市滨海新区大港农业服务中心 （天津市滨海新区大港兽医局）	120116
120116000048	天津市滨海新区大港林果种苗站	120116
120116000055	天津市滨海新区大港动物卫生监督所	120116
120116000095	天津市滨海新区大港动物疫病预防控制中心 （天津市滨海新区大港畜牧技术推广站）	120116
120116000046	天津市滨海新区大港种子管理站	120116
120116000096	天津市滨海新区大港蔬菜技术推广站	120116
120116000097	天津市滨海新区大港土壤肥料工作站	120116
120116000098	天津市滨海新区大港农村能源服务站	120116
120116000099	天津市滨海新区大港农业技术推广站	120116
120116000100	天津市农业广播电视学校滨海新区大港分校	120116
120116000005	中华人民共和国北塘渔港监督	120116
120116000006	中华人民共和国东沽渔港监督	120116
120116000007	中华人民共和国天津渔船检验局塘沽检验处	120116
120116000101	天津市滨海新区汉沽乡镇建筑管理站	120116
	单位个数	53

宁河县

下属单位账号	下属单位名称	上级单位账号
120221000033	天津市宁河区农业委员会（天津市宁河区畜牧兽医局）	120221
120221000034	天津市宁河区人工影响天气办公室	120221
120221000035	天津市宁河区农副产品产销服务中心	120221
120221000036	天津市宁河区农业机械发展服务中心	120221
120221000037	天津市宁河区农机化技术推广服务站	120221
120221000038	天津市宁河区农机化技术学校	120221
120221000039	天津市宁河区农业机械监理站	120221
120221000040	宁河县芦台农机管理服务中心站	120221
120221000041	宁河县芦台镇农机化管理站	120221
120221000042	宁河县大北镇农机化管理站	120221
120221000043	宁河县板桥农机管理服务中心站	120221
120221000044	宁河县板桥镇农机化管理站	120221
120221000045	宁河县苗庄镇农机化管理站	120221
120221000046	宁河县丰台镇农机化管理站	120221
120221000047	宁河县岳龙镇农机化管理站	120221
120221000048	宁河县宁河农机管理服务中心站	120221
120221000049	宁河县宁河镇农机化管理站	120221
120221000050	宁河县廉庄乡农机化管理站	120221
120221000051	宁河县东棘坨镇农机化管理站	120221
120221000052	宁河县任凤农机管理服务中心站	120221
120221000053	宁河县七里海镇农机化管理站	120221
120221000054	宁河县淮淀乡农机化管理站	120221
120221000055	宁河县俵口乡农机化管理站	120221
120221000056	宁河县潘庄农机管理服务中心站	120221
120221000057	宁河县潘庄镇农机化管理站	120221
120221000058	宁河县造甲城镇农机化管理站	120221
120221000059	天津市宁河区种植业发展服务中心	120221
120221000060	天津市宁河区农业技术推广中心	120221
120221000061	天津市宁河区蔬菜技术推广站	120221
120221000062	天津市广播电视学校宁河分校	120221
120221000063	天津市宁河区农村合作经济经营管理站	120221
120221000064	天津市宁河区种子管理站	120221

下属单位账号	下属单位名称	上级单位账号
120221000065	天津市宁河区植保植检站	120221
120221000066	天津市宁河区蔬菜种苗场	120221
120221000067	天津市宁河区原种场	120221
120221000068	天津市宁河区第二良种场	120221
120221000069	天津市宁河区农业环保站	120221
120221000070	天津市宁河区能源服务站	120221
120221000071	天津市宁河区土壤肥料工作站	120221
120221000072	天津市宁河区畜牧水产业发展服务中心	120221
120221000073	天津市宁河区动物疫病预防控制中心	120221
120221000074	天津市宁河区动物卫生监督所	120221
120221000075	天津市宁河区乡镇畜牧兽医总站	120221
120221000076	天津市宁河区畜禽服务管理站	120221
120221000077	天津市宁河区水产服务管理站	120221
120221000078	天津市宁河区水产良种实验场	120221
120221000079	天津市宁河区鱼种场	120221
120221000080	天津市宁河区渔牧场	120221
120221000081	天津市宁河区兴惠农种鸡兔业发展服务中心	120221
120221000082	宁河县水产公司	120221
	单位个数	50

静海县

下属单位账号	下属单位名称	上级单位账号
120223000015	天津市静海区农业委员会	120223
120223000016	天津市静海区农民专业合作社服务中心	120223
120223000017	天津市静海区种植业发展服务中心	120223
120223000018	天津市静海区良种场	120223
120223000019	天津市静海区农业机械发展服务中心	120223
120223000020	天津市静海区农业机械监理站	120223
120223000021	天津市静海区农机化技术学校	120223
120223000022	天津市静海区城关农业机械管理服务中心站	120223
120223000023	天津市静海区北肖楼农业机械管理服务中心站	120223
120223000024	天津市静海区蔡公庄农业机械管理服务中心站	120223
120223000025	天津市静海区王口农业机械管理服务中心站	120223
120223000026	天津市静海区子牙农业机械发展服务中心站	120223

下属单位账号	下属单位名称	上级单位账号
120223000027	天津市静海区林海循环经济示范区管理委员会	120223
120223000028	天津市静海区畜牧水产业发展服务中心	120223
120223000029	天津市静海区动物疫病预防控制中心	120223
120223000030	天津市静海区动物卫生监督所	120223
120223000031	天津市静海区畜禽繁殖技术服务站	120223
120223000032	天津市静海区水产良种场	120223
120223000033	天津市静海区渔牧药品服务站	120223
120223000034	天津市静海区畜牧良种试验场	120223
120223000035	天津市静海区乡镇畜牧兽医总站	120223
120223000036	天津市静海镇畜牧兽医水产站	120223
120223000037	天津市子牙镇畜牧兽医水产站	120223
120223000038	天津市良王庄乡畜牧兽医水产站	120223
120223000039	天津市大丰堆镇畜牧兽医水产站	120223
120223000040	天津市陈官屯镇畜牧兽医水产站	120223
120223000041	天津市台头镇畜牧兽医水产站	120223
120223000042	天津市蔡公庄镇畜牧兽医水产站	120223
120223000043	天津市王口镇畜牧兽医水产站	120223
120223000044	天津市唐官屯镇畜牧兽医水产站	120223
120223000045	天津市中旺镇畜牧兽医水产站	120223
120223000046	天津市独流镇畜牧兽医水产站	120223
120223000047	天津市杨成庄乡畜牧兽医水产站	120223
120223000048	天津市团泊镇畜牧兽医水产站	120223
120223000049	天津市沿庄镇畜牧兽医水产站	120223
120223000050	天津市双塘镇畜牧兽医水产站	120223
120223000051	天津市西翟庄镇畜牧兽医水产站	120223
120223000052	天津市梁头镇畜牧兽医水产站	120223
	单位个数	38

天津市蓟州区

下属单位账号	下属单位名称	上级单位账号
120225000021	天津市蓟州区农业委员会	120225
120225000022	蓟州区种植业发展服务中心	120225
120225000016	天津市蓟州区农业综合服务站	120225
120225000013	天津市蓟州区种子管理站	120225

下属单位账号	下属单位名称	上级单位账号
120225000015	天津市蓟县农村合作经济管理站	120225
120225000023	天津市蓟州区良种繁殖场	120225
120225000024	天津市蓟州区植保植检站 （天津市蓟州区农药监督管理站）	120225
120225000012	天津市蓟州区蔬菜技术服务站	120225
120225000010	天津市蓟县农业技术推广中心	120225
120225000014	天津市蓟州区农作物育种栽培研究所	120225
120225000009	天津市农业广播电视学校蓟州区分校	120225
120225000001	天津市蓟县畜牧业发展服务中心	120225
120225000025	天津市蓟县畜牧改良站	120225
120225000026	天津市蓟县畜禽养殖技术培训中心	120225
120225000027	天津市蓟县第一种猪场	120225
120225000028	天津市蓟县动物疫病预防控制中心 （天津市蓟县畜牧技术推广站）	120225
120225000029	天津市蓟县动物卫生监督所	120225
120225000030	天津市蓟县种鸡场	120225
120225000031	天津市蓟县肉牛屠宰管理中心	120225
120225000032	天津市蓟县第二种鸡场	120225
120225000033	天津市蓟县畜牧兽医管理总站	120225
120225000034	天津市蓟县畜禽定点屠宰管理中心	120225
120225000035	天津市蓟州区水产业发展服务中心	120225
120225000036	天津市蓟州区南河洼养鱼技术服务中心	120225
120225000037	天津市蓟州区水产品产销服务站	120225
120225000038	天津市蓟州区水产生态渔业示范站	120225
120225000039	天津市蓟州区水产孵化场	120225
120225000040	天津市蓟州区青甸鱼种场	120225
120225000041	天津市蓟州区于桥水库鱼种场	120225
120225000042	天津市蓟州区优质水产苗种繁育场	120225
120225000043	天津市蓟县农业机械发展服务中心	120225
120225000044	天津市蓟县农机学校	120225
120225000045	天津市蓟县农机服务队	120225
120225000046	天津市蓟县农机安全监理站	120225
120225000047	天津市蓟县康宏新春物业站	120225
120225000048	天津市蓟县农机供应公司	120225
	单位个数	36

河北省

下属单位账号	下属单位名称	上级单位账号
130010	河北省省本级	130000
130100	石家庄市	130000
130181	石家庄市辛集市农牧局	130000
130200	唐山市	130000
130300	秦皇岛市	130000
130400	邯郸市	130000
130500	邢台市	130000
130600	保定市	130000
130682	保定市定州市	130000
130700	张家口市	130000
130800	承德市	130000
130900	沧州市	130000
131000	廊坊市	130000
131100	衡水市	130000
130000004	河北省农垦系统	130000
	单位个数	15

河北省省本级

下属单位账号	下属单位名称	上级单位账号
130010000001	河北省农业厅 （河北省委省政府农村工作办公室）	130010
130010000002	河北省农村合作经济经营管理总站	130010
130010000003	河北省农业广播电视学校 （河北省农民教育培训中心）	130010
130010000004	河北省农垦事业发展中心	130010
130010000005	河北省水产良种站	130010
130010000006	河北省畜牧业监测预警服务中心	130010
130010000007	河北省土壤肥料总站	130010
130010000008	河北省农业利用外资办公室	130010
130010000009	河北省动物卫生监督所	130010
130010000010	河北省农机安全监理总站	130010
130010000011	河北省经济作物技术指导站	130010
130010000012	河北省农业技术推广总站	130010

下属单位账号	下属单位名称	上级单位账号
130010000013	河北省农民体育协会秘书处	130010
130010000014	河北省国家救灾备荒种子管理中心	130010
130010000015	河北省畜牧兽医研究所	130010
130010000016	河北省畜牧站	130010
130010000017	河北省动物疫病预防控制中心	130010
130010000018	河北省渔政处	130010
130010000019	河北省植保植检站	130010
130010000020	河北省农药检定所 （农业部农药残留质量监督检验测试中心） （河北省农药产品质量监督检验站（三））	130010
130010000021	河北省农业厅机关服务中心	130010
130010000022	河北省绿色食品办公室	130010
130010000023	河北省农机化技术推广服务总站	130010
130010000024	河北省种子管理总站	130010
130010000025	河北省农业环境保护监测站	130010
130010000026	河北省农业机械鉴定站	130010
130010000027	河北省农机修造服务总站	130010
130010000028	河北省农业宣传中心	130010
130010000029	河北省新能源办公室	130010
130010000030	河北省新能源技术推广站	130010
130010000031	河北省农作物引育种中心	130010
130010000032	河北省农村发展教育培训中心	130010
130010000033	河北省农业产业化项目服务中心	130010
130010000034	河北省渔船检验渔港监督管理处	130010
130010000035	河北省海洋与水产科学研究院	130010
130010000036	河北省水产技术推广站	130010
130010000037	河北省水产养殖病害防治监测总站	130010
130010000038	河北省渔业资源与环境养护总站	130010
130010000039	河北省畜禽定点屠宰管理办公室	130010
130010000040	河北省兽药监察所	130010
130010000041	河北省草原监理监测站	130010
130010000042	河北省畜牧良种工作站	130010
130010000043	河北省奶源管理办公室	130010
130010000044	河北省饲料工业协会秘书处	130010

下属单位账号	下属单位名称	上级单位账号
130010000045	河北省农业信息中心	130010
130000000001	河北省农林科学院	130010
130000000010	河北省农林科学院滨海农业研究所	130010
130000000013	河北省农林科学院谷子研究所	130010
130000000014	河北省农林科学院旱作农业研究所（衡水市农业科学研究院）	130010
130000000005	河北省农林科学院经济作物研究所	130010
130000000007	河北省农林科学院粮油作物研究所	130010
130010000046	河北省农林科学院棉花研究所	130010
130000000008	河北省农业机械化研究所有限公司	130010
130000000009	河北省农林科学院农业信息与经济研究所	130010
130000000012	河北省农林科学院石家庄果树研究所	130010
130000000011	河北省农林科学院植物保护研究所	130010
130000000015	河北一兽药业有限公司	130010
130000000003	河北省农林科学院遗传生理研究所	130010
130000000004	河北省农林科学院昌黎果树研究所	130010
130000000002	河北省农林科学院农业资源环境研究所	130010
	单位个数	60

石家庄市

下属单位账号	下属单位名称	上级单位账号
130100003	石家庄市畜牧水产	130100
130100006	石家庄市农业综合服务	130100
130100001	石家庄市种植业	130100
	单位个数	3

石家庄市畜牧水产

下属单位账号	下属单位名称	上级单位账号
130100000001	石家庄市畜牧水产局	130100003
130100000002	石家庄市饲料产品质量监督检验站、畜牧技术推广站	130100003
130100000003	石家庄市畜牧行政综合执法支队	130100003
130100000004	石家庄市动物卫生监督所	130100003
130100000005	石家庄市动物疫病预防控制中心	130100003
130100000006	石家庄市水产管理处	130100003

下属单位账号	下属单位名称	上级单位账号
130100000007	石家庄市水产技术推广站	130100003
130100000008	石家庄市畜产品质量监测中心	130100003
130100000009	石家庄市牧工商开发总公司	130100003
130100000010	石家庄市畜禽定点屠宰管理办公室	130100003
130100000011	石家庄市黄壁庄水库渔政监督管理站	130100003
130100000012	高邑县畜牧工作总站	130100003
130100000013	藁城区畜牧工作总站	130100003
130100000014	行唐县畜牧工作总站	130100003
130100000015	行唐县畜牧局下属事业单位	130100003
130100000016	晋州市畜牧局	130100003
130100000017	井陉矿区动物卫生监督所	130100003
130100000018	井陉县畜牧局	130100003
130100000019	灵寿县农业畜牧局下属事业单位	130100003
130100000020	鹿泉区畜牧局	130100003
130100000021	栾城区畜牧工作总站	130100003
130100000022	平山县畜牧水产局	130100003
130100000023	深泽县畜牧局	130100003
130100000024	深泽县畜牧局下属事业单位	130100003
130100000025	无极县畜牧局	130100003
130100000026	新乐市畜牧局	130100003
130100000027	元氏县畜牧局	130100003
130100000028	赞皇县畜牧局	130100003
130100000029	赵县畜牧兽医技术服务中心	130100003
130100000030	正定县动监督卫生监督所	130100003
	单位个数	30

石家庄市农业综合服务

下属单位账号	下属单位名称	上级单位账号
130101000001	中共石家庄市委农村工作委员会	130100006
130101000002	石家庄市农业信息化工作领导小组办公室（石家庄市农业信息中心）	130100006
130101000003	河北省农业广播电视学校石家庄市分校（石家庄市农民科技教育培训中心）	130100006
130199000001	石家庄高新技术产业开发区农业办公室	130100006

下属单位账号	下属单位名称	上级单位账号
130127000001	中共高邑县委农村工作委员会	130100006
130182000001	中共石家庄市藁城区委农村工作委员会	130100006
130125000001	中共行唐县委农村工作委员会	130100006
130183000001	中国共产党晋州市委员会农村工作委员会	130100006
130107000001	中共井陉矿区委农工部	130100006
130121000001	中共井陉县委农村工作委员会	130100006
130126000001	中共灵寿县委农村工作委员会	130100006
130124000001	中国共产党石家庄市栾城区委员会农村工作委员会	130100006
130131000001	中国共产党平山县农村工作委员会	130100006
130104000001	中共石家庄市桥西区委农村工作委员会（石家庄市桥西区农业办公室）	130100006
130128000001	中国共产党深泽县委员会农村工作委员会	130100006
130130000001	中国共产党无极县委员会农村工作委员会	130100006
130105000001	中共新华区委农村工作委员会（新华区农业、农村办公室）	130100006
130184000001	中国共产党新乐市委员会农村工作委员会	130100006
130108000001	中国共产党石家庄市裕华区委员会农村工作委员会	130100006
130132000001	中共元氏县委农村工作委员会	130100006
130129000001	中共赞皇县委农村工作委员会	130100006
130102000001	中共石家庄市长安区农村工作委员会	130100006
130133000001	中国共产党赵县委员会农村工作委员会	130100006
130123000001	中国共产党正定县委员会农村工作委员会	130100006
	单位个数	24

石家庄市种植业

下属单位账号	下属单位名称	上级单位账号
130101001	河北省石家庄市农业局	130100001
130107001	井陉矿区种植业	130100001
130121001	井陉县种植业	130100001
130123001	河北省正定县农林畜牧局	130100001
130124001	栾城县种植业	130100001
130125001	行唐县种植业	130100001
130126001	灵寿县种植业	130100001
130127001	高邑县种植业	130100001

下属单位账号	下属单位名称	上级单位账号
130128001	河北省石家庄市深泽县农业局	130100001
130129001	赞皇县种植业	130100001
130130001	无极县种植业	130100001
130131001	河北省平山县农业畜牧局	130100001
130132001	元氏县种植业	130100001
130133001	赵县种植业	130100001
130182001	河北省石家庄市藁城区农林畜牧局	130100001
130183001	晋州市种植业	130100001
130184001	新乐市种植业	130100001
	单位个数	17

河北省石家庄市农业局

下属单位账号	下属单位名称	上级单位账号
130101000004	石家庄市农业局	130101001
130101000005	石家庄市农林科学研究院	130101001
130101000006	石家庄市农业行政综合执法支队	130101001
130101000007	石家庄市农产品质量检测中心	130101001
130101000008	石家庄市新能源办公室	130101001
130101000009	石家庄市农业技术推广中心	130101001
130101000010	石家庄市种子管理站	130101001
130101000011	石家庄市农业机械化推广站	130101001
130101000012	石家庄市农机安全监理所	130101001
130101000013	河北省石家庄市农业机械总公司	130101001
	单位个数	10

井陉矿区种植业

下属单位账号	下属单位名称	上级单位账号
130107000002	石家庄市井陉矿区农林畜牧局	130107001
130107000003	石家庄市井陉矿区农业工作站	130107001
	单位个数	2

井陉县种植业

下属单位账号	下属单位名称	上级单位账号
130121000002	井陉县农林畜牧局	130121001
130121000003	中央农业广播电视学校井陉分校	130121001

下属单位账号	下属单位名称	上级单位账号
130121000004	国营井陉县原种场	130121001
130121000005	井陉县农业技术推广中心	130121001
130121000006	井陉县良种试验场	130121001
130121000007	井陉县种子管理站	130121001
130121000008	井陉县农业机械技术推广站	130121001
130121000009	河北省井陉县农机安全监理站	130121001
130121000010	井陉县农机公司	130121001
	单位个数	9

河北省正定县农林畜牧局

下属单位账号	下属单位名称	上级单位账号
130123000002	正定县农林畜牧局	130123001
130123000003	正定县农业综合执法大队	130123001
130123000004	中央农业广播电视学校正定分校	130123001
130123000005	正定镇农业技术推广站	130123001
130123000006	新安镇农业技术推广站	130123001
130123000007	新城铺镇农业技术推广站	130123001
130123000008	曲阳桥乡农业技术推广站	130123001
130123000009	南楼乡农业技术推广站	130123001
130123000010	正定县农业综合技术推广站	130123001
130123000011	正定县北楼粮油作物原种场	130123001
130123000012	正定县农业机械化技术推广站	130123001
	单位个数	11

栾城县种植业

下属单位账号	下属单位名称	上级单位账号
130124000002	石家庄市栾城区农业畜牧局	130124001
130124000003	石家庄市栾城区农广校	130124001
130124000004	石家庄市栾城区农业技术推广中心	130124001
130124000005	石家庄市栾城区农业行政综合执法大队	130124001
130124000006	石家庄市栾城区原种场	130124001
130124000007	石家庄市栾城区第二原种场原种场	130124001
130124000008	栾城区农机管理站	130124001
	单位个数	7

行唐县种植业

下属单位账号	下属单位名称	上级单位账号
130125000002	行唐县农林畜牧局	130125001
130125000003	行唐县农业机械管理局	130125001
	单位个数	2

灵寿县种植业

下属单位账号	下属单位名称	上级单位账号
130126000002	灵寿县农业畜牧局	130126001
130126000003	灵寿县农业技术推广中心	130126001
130126000004	灵寿县新能源办公室	130126001
130126000005	灵寿县现代农业产业办公室	130126001
130126000006	灵寿县农村经济管理办公室	130126001
130126000007	灵寿县农业机械管理办公室	130126001
130126000008	灵寿县农业机械化技术推广站	130126001
130126000009	灵寿县农机安全监理站	130126001
130126000010	灵寿县农机培训学校	130126001
	单位个数	9

高邑县种植业

下属单位账号	下属单位名称	上级单位账号
130127000002	高邑县农业畜牧局	130127001
130127000003	高邑县农业技术中心	130127001
130127000004	高邑县原种场	130127001
130127000005	高邑县执法大队	130127001
	单位个数	4

河北省石家庄市深泽县农业局

下属单位账号	下属单位名称	上级单位账号
130128000002	深泽县农业局	130128001
130128000004	深泽县农业技术推广中心	130128001
130128000003	深泽县农业机械管理局	130128001
	单位个数	3

赞皇县种植业

下属单位账号	下属单位名称	上级单位账号
130129000002	赞皇县农业畜牧局	130129001
130129000003	赞皇县农业技术推广中心	130129001
130129000004	赞皇县新能源办公室	130129001
130129000005	赞皇县种子管理站	130129001
130129000006	赞皇县农业信息中心	130129001
130129000007	赞皇县农业行政综合执法大队	130129001
130129000008	赞皇县邢郭乡农业技术推广区域站	130129001
130129000009	赞皇县赞皇镇农业技术推广区域站	130129001
130129000010	赞皇县许亭乡农业技术推广区域站	130129001
130129000011	赞皇县张楞乡农业技术推广区域站	130129001
130129000012	赞皇县阳泽乡农业技术推广区域站	130129001
130129000013	赞皇县农场	130129001
130129000014	赞皇县原种场	130129001
130129000015	赞皇县种子公司	130129001
130129000016	赞皇县农业机械管理局	130129001
130129000017	赞皇县农业机械化技术推广站	130129001
130129000018	赞皇县农机安全监理站	130129001
130129000019	赞皇镇农机管理站	130129001
130129000020	许亭乡农机管理站	130129001
130129000021	土门乡农机管理站	130129001
	单位个数	20

无极县种植业

下属单位账号	下属单位名称	上级单位账号
130130000002	无极县农林畜牧局	130130001
130130000003	无极县农广校	130130001
130130000004	无极县农业技术推广中心	130130001
130130000005	无极县无极农业技术推广区域站	130130001
130130000006	无极县郭庄农业技术推广区域站	130130001
130130000007	无极县里城道农业技术推广区域站	130130001
130130000008	无极县大陈农业技术推广区域站	130130001
130130000009	无极县东侯坊农业技术推广区域站	130130001

下属单位账号	下属单位名称	上级单位账号
130130000010	无极县七汲农业技术推广区域站	130130001
130130000011	无极县郝庄农业技术推广区域站	130130001
130130000012	无极县高头农业技术推广区域站	130130001
130130000013	无极县无极张段固农业技术推广区域站	130130001
130130000014	无极县北苏农业技术推广区域站	130130001
130130000015	无极县南流农业技术推广区域站	130130001
130130000016	无极县农场	130130001
130130000017	无极县原种场	130130001
130130000018	无极县蔬菜产业化办公室	130130001
130130000019	无极县农业行政综合执法大队	130130001
130130000020	无极县种管站	130130001
130130000021	无极县农经站	130130001
130130000022	无极县农一场	130130001
130130000023	无极县农二场	130130001
130130000024	无极县农产品检测中心	130130001
130130000025	无极县农机技术推广站	130130001
130130000026	无极县农机监理站	130130001
	单位个数	25

河北省平山县农业畜牧局

下属单位账号	下属单位名称	上级单位账号
130131000002	平山县农业畜牧局	130131001
130131000003	平山县农业技术推广站	130131001
130131000004	平山县农业技术推广中心	130131001
130131000005	平山县防蝗植保站	130131001
130131000006	平山县种子管理站	130131001
130131000007	平山县蔬菜办公室	130131001
130131000008	平山县种子公司	130131001
130131000009	平山县农业开发服务总公司	130131001
130131000010	国营平山县原种场	130131001
130131000011	平山县农业机械管理办公室	130131001
130131000012	平山县农机安全监理站	130131001
130131000013	平山县农业机械化技术推广站	130131001
130131000014	平山县农业机械化技术学校	130131001
	单位个数	13

元氏县种植业

下属单位账号	下属单位名称	上级单位账号
130132000002	元氏县农林畜牧局	130132001
130132000003	元氏县农广校	130132001
130132000004	元氏县新能源办公室	130132001
130132000005	元氏县农业技术推广中心	130132001
130132000006	元氏县种子公司	130132001
130132000007	国营元氏县原种场	130132001
130132000008	元氏县农机总公司	130132001
130132000009	元氏县农业机械化技术推广站	130132001
130132000010	元氏县农机监理站	130132001
130132000011	元氏县农机化技术学校	130132001
	单位个数	10

赵县种植业

下属单位账号	下属单位名称	上级单位账号
130133000002	赵县农林牧业局	130133001
130133000003	赵县农林牧业局农业技术推广中心	130133001
130133000004	赵县新能源办公室	130133001
130133000005	赵县农业技术服务中心	130133001
130133000006	河北省国营赵县乡官原种场	130133001
130133000007	赵县农业行政综合执法大队	130133001
130133000008	赵县农业机械技术服务中心	130133001
	单位个数	7

河北省石家庄市藁城区农林畜牧局

下属单位账号	下属单位名称	上级单位账号
130182000002	石家庄市藁城区农林畜牧局	130182001
130182000003	石家庄市藁城区马庄良种示范场	130182001
130182000004	石家庄市藁城区小丰良种示范场	130182001
130182000005	石家庄市藁城区农业综合行政执法大队	130182001
130182000006	河北省农业广播电视学校石家庄市藁城区分校	130182001
130182000007	石家庄市藁城区人民政府农业区划办公室	130182001
130182000008	石家庄市藁城区农业技术推广中心	130182001
130182000009	石家庄市藁城区种子产业总公司	130182001

下属单位账号	下属单位名称	上级单位账号
130182000010	石家庄市藁城区农业科学研究所	130182001
130182000011	石家庄市藁城区植物保护检疫站	130182001
130182000012	石家庄市藁城区新能源办公室	130182001
130182000013	石家庄市藁城区高科技园区	130182001
130182000014	石家庄市藁城区农业机械服务推广中心	130182001
	单位个数	13

晋州市种植业

下属单位账号	下属单位名称	上级单位账号
130183000002	晋州市农林畜牧局	130183001
130183000003	晋州市农业技术推广中心	130183001
130183000004	河北省农业广播电视学校晋州市分校	130183001
130183000005	晋州市农村经济管理站	130183001
130183000006	晋州市种子管理站	130183001
130183000007	晋州市农业综合执法队	130183001
130183000008	晋州市晋州镇农业技术推广站	130183001
130183000009	晋州市桃园镇农业技术推广站	130183001
130183000010	晋州市总十庄镇农业技术推广站	130183001
130183000011	晋州市东里庄镇农业技术推广站	130183001
130183000012	晋州市马于镇农业技术推广站	130183001
130183000013	晋州市东卓宿镇农业技术推广站	130183001
130183000014	晋州市槐树镇农业技术推广站	130183001
130183000015	晋州市小樵镇农业技术推广站	130183001
130183000016	晋州市营里镇农业技术推广站	130183001
130183000017	晋州市周家庄乡农业技术推广站	130183001
130183000018	晋州市农机安全监理站	130183001
130183000019	晋州市农业技术推广学校	130183001
130183000020	晋州市农业机械化推广站	130183001
130183000021	晋州市粮食作物原种场	130183001
	单位个数	20

新乐市种植业

下属单位账号	下属单位名称	上级单位账号
130184000011	新乐市农林畜牧局	130184001
130184000002	新乐市农村经济经营管理站	130184001
130184000003	新乐市农业技术推广中心	130184001
130184000004	新乐市新能源管理站	130184001
130184000005	新乐市农机管理站	130184001
130184000006	新乐市农业机械化技术推广站	130184001
130184000007	新乐市农机安全监理站	130184001
130184000008	新乐市农机化技术学校	130184001
130184000009	新乐市农作物良种繁育中心	130184001
130184000010	新乐市农业行政综合执法大队	130184001
	单位个数	10

石家庄市辛集市农牧局

下属单位账号	下属单位名称	上级单位账号
130181206003	辛集市农牧局机关	130181
130181000002	辛集市农村经济管理站	130181
130181000003	中央农业广播电视学校辛集市分校	130181
130181000004	辛集市农业技术推广中心	130181
130181000005	辛集市无公害农产品检测中心	130181
130181000006	辛集市无公害农产品管理办公室	130181
130181000007	辛集市新能源办公室	130181
130181000008	辛集市农业行政综合执法大队	130181
130181000009	辛集市植保植检站	130181
130181000010	辛集市原种场	130181
130181206004	中共辛集市委农工委	130181
	单位个数	11

唐山市

下属单位账号	下属单位名称	上级单位账号
130200001	唐山市种植业	130200
130200006	唐山市农业综合服务	130200
	单位个数	2

唐山市种植业

下属单位账号	下属单位名称	上级单位账号
130201001	市辖区种植业	130200001
130202001	路南区种植业	130200001
130203001	路北区种植业	130200001
130204001	古冶区种植业	130200001
130205001	唐山市开平区农业 .	130200001
130207001	丰南区种植业	130200001
130208001	唐山市丰润区农业	130200001
130209001	唐山市曹妃甸区农业	130200001
130223001	唐山市滦县农业	130200001
130224001	唐山市滦南县农业	130200001
130225001	唐山市乐亭县农牧局	130200001
130227001	唐山市迁西县农业	130200001
130229001	唐山市玉田县农业	130200001
130281001	唐山市遵化市农业	130200001
130283001	唐山市迁安市农业	130200001
130299001	唐山市汉沽管理区农业	130200001
	单位个数	16

市辖区种植业

下属单位账号	下属单位名称	上级单位账号
130201000001	唐山市农牧局	130201001
130201000002	唐山市渔业电讯管理站	130201001
130201000003	唐山市水产养殖良种繁殖实验场	130201001
130201000004	唐山市农业信息中心	130201001
130201000005	河北省唐山市植物保护检疫站	130201001
130201000006	唐山市蔬菜种苗中心	130201001
130201000007	唐山市农作物种子管理检验站	130201001
130201000008	唐山市技物结合服务中心	130201001
130201000009	唐山市农业机械质量监督管理站	130201001
130201000010	唐山市农机技术推广站	130201001
130201000011	唐山市动物疫病预防控制中心	130201001
130201000008	唐山市技物结合服务中心	130201001

下属单位账号	下属单位名称	上级单位账号
130201000012	唐山市农业科学研究院	130201001
130201000013	唐山市畜牧水产培训中心	130201001
130201000014	唐山市饲料研究所	130201001
130201000015	唐山市新能源办公室	130201001
130201000016	唐山市新能源技术推广站	130201001
130201000017	唐山市畜牧工作站	130201001
130201000018	唐山市农村土地经营权流转交易中心	130201001
130201000019	唐山市动物卫生监督所	130201001
130201000020	中华人民共和国河北渔业船舶检验局唐山检验处（中华人民共和国渔港监督处）	130201001
130201000021	唐山市牧工商服务中心	130201001
130201000022	唐山市渔政检查大队	130201001
130201000023	唐山市蔬菜质量监测中心	130201001
130201000024	唐山市农机安全监理所	130201001
130201000025	唐山市水产技术推广站	130201001
130201000026	唐山市农牧局土壤肥料站	130201001
130201000027	中央农业广播电视学校唐山分校	130201001
130201000028	唐山市畜牧水产品质量监测中心	130201001
130201000029	唐山市实验养鸡场	130201001
单位个数		30

路南区种植业

下属单位账号	下属单位名称	上级单位账号
130202000001	唐山市路南区农村经济局	130202001
130202000002	唐山市路南区动物卫生监督所	130202001
130202000003	唐山市路南区农村土地流转交易中心	130202001
130202000004	唐山市路南区稻地动检站	130202001
单位个数		4

路北区种植业

下属单位账号	下属单位名称	上级单位账号
130203000001	唐山市路北区农村经济局	130203001
单位个数		1

古冶区种植业

下属单位账号	下属单位名称	上级单位账号
130204000001	唐山市古冶区农林畜牧水产局机关	130204001
130204000002	唐山市古冶区畜牧水产站	130204001
130204000003	唐山市古冶区动物卫生监督所	130204001
130204000004	唐山市古冶区农机安全监理站	130204001
	单位个数	4

唐山市开平区农业.

下属单位账号	下属单位名称	上级单位账号
130205000001	唐山市开平区农林畜牧水产局	130205001
130205000003	开平区农机化	130205001
130205000004	开平区畜牧、兽医	130205001
130205000005	开平区种植业	130205001
130205000006	开平区渔业	130205001
130205000007	开平区综合	130205001
	单位个数	6

丰南区种植业

下属单位账号	下属单位名称	上级单位账号
130207000001	唐山市丰南区农牧局	130207001
130207000002	唐山市丰南区水产服务中心	130207001
130207000003	唐山市丰南区农业机械化技术学校	130207001
130207000004	唐山市丰南区畜牧兽医管理委员会	130207001
130207000005	唐山市丰南区农机安全监理站	130207001
130207000006	唐山市丰南区畜牧服务中心	130207001
130207000007	唐山市丰南区农业服务中心	130207001
130207000008	唐山市丰南区国营稻地原种场	130207001
130207000007	唐山市丰南区农业服务中心	130207001
	单位个数	9

唐山市丰润区农业

下属单位账号	下属单位名称	上级单位账号
130208000003	唐山市丰润区农业畜牧水产局（行政）	130208001
130208000004	唐山市丰润区农业畜牧水产局（局事业）	130208001

下属单位账号	下属单位名称	上级单位账号
130208000005	唐山市丰润区农业畜牧水产局（农机学校）	130208001
130208000006	唐山市丰润区农业畜牧水产局（农广校）	130208001
130208000007	唐山市丰润区农业畜牧水产局（农机监理站）	130208001
130208000008	唐山市丰润区农业畜牧水产局（8个农技推广站）	130208001
130208000009	唐山市丰润区农业畜牧水产局（12个畜牧兽医工作站）	130208001
	单位个数	7

唐山市曹妃甸区农业

下属单位账号	下属单位名称	上级单位账号
130209000001	唐山市曹妃甸区农林畜牧水产局	130209001
130209000003	唐山市曹妃甸区农林技术服务中心	130209001
130209000004	唐山市曹妃甸区畜牧水产技术服务中心	130209001
130209000005	唐山市曹妃甸区农林畜牧水产技术推广站	130209001
	单位个数	4

唐山市滦县农业

下属单位账号	下属单位名称	上级单位账号
130223000001	滦县农牧局	130223001
130223000003	滦县农牧局农业技术推广中心	130223001
130223000004	滦县农业行政综合执法大队	130223001
130223000005	滦县农广校	130223001
130223000006	滦县农机推广站	130223001
130223000007	滦县农用物资站	130223001
130223000008	滦县国营原种场	130223001
130223000009	滦县种子公司	130223001
130223000010	滦县林业局	130223001
130223000011	滦县青龙山国营林场	130223001
130223000012	滦县茨榆坨国营林场	130223001
130223000013	滦县畜牧水产中心	130223001
130223000014	滦县畜牧水产中心（水产）	130223001
	单位个数	13

唐山市滦南县农业

下属单位账号	下属单位名称	上级单位账号
130224000001	滦南县农牧局综合执法大队	130224001
130224000002	滦南县农牧局	130224001
130224000004	滦南县畜牧服务中心	130224001
130224000005	滦南县水产服务中心	130224001
130224000006	滦南县农牧局农业技术服务中心	130224001
	单位个数	5

唐山市乐亭县农牧局

下属单位账号	下属单位名称	上级单位账号
130225000001	乐亭县农牧局	130225001
130225000003	乐亭县农业	130225001
130225000004	乐亭县畜牧兽医局	130225001
130225000005	乐亭县水产中心	130225001
	单位个数	4

唐山市迁西县农业

下属单位账号	下属单位名称	上级单位账号
130227000001	唐山市迁西县农牧局	130227001
130227000002	中国共产党迁西县委员会农村工作委员会	130227001
130227000003	农业技术推广站	130227001
130227000004	畜牧技术推广站	130227001
130227000005	农业机械安全监理站	130227001
130227000006	行政审批服务中心	130227001
	单位个数	6

唐山市玉田县农业

下属单位账号	下属单位名称	上级单位账号
130229000001	唐山市玉田县农牧局	130229001
130229000004	玉田县农牧局基层管理站	130229001
130229000005	玉田县农牧局机关	130229001
130229000006	中央农业广播电视学校玉田分校	130229001
130229000007	玉田县农业机械化技术学校	130229001
130229000008	水产渔政科	130229001

下属单位账号	下属单位名称	上级单位账号
130229000009	玉田县动物卫生监督所	130229001
130229000010	玉田县农业植保检疫站	130229001
130229000011	玉田县农业行政综合执法大队	130229001
130229000012	玉田县农机安全监理站	130229001
130229000013	河北省玉田种猪场	130229001
130229000014	玉田县农业技术站（农业技术推广中心）	130229001
130229000015	玉田县农产品质量检验检测中心	130229001
130229000016	农技推广区域综合站（农业）	130229001
130229000017	玉田县动物疫病预防控制中心	130229001
130229000018	玉田县农业机械化技术推广站	130229001
	单位个数	16

唐山市遵化市农业

下属单位账号	下属单位名称	上级单位账号
130281000001	唐山市遵化市农业畜牧水产局	130281001
130281000003	遵化市农业畜牧水产局	130281001
130281000004	遵化市农业技术推广中心	130281001
130281000005	遵化市农业机械化技术学校	130281001
130281000006	遵化市农机安全监理站	130281001
130281000007	遵化市农业畜牧水产局土肥站	130281001
130281000008	遵化市新能源办公室	130281001
130281000009	遵化市植保植检站	130281001
130281000010	遵化市农业畜牧水产局农产品综合质检站	130281001
130281000011	河北省遵化农作物品种试验站	130281001
130281000012	遵化市基层畜牧兽医管理站	130281001
130281000013	遵化市动物卫生监督所	130281001
130281000014	遵化市畜牧科技园区管理处	130281001
	单位个数	13

唐山市迁安市农业

下属单位账号	下属单位名称	上级单位账号
130283000001	唐山市迁安市农业畜牧水产局	130283001
130283000003	迁安市农业畜牧水产局	130283001
130283000004	迁安市农业畜牧水产局植保植检站	130283001
130283000005	迁安市农业综合执法大队	130283001

下属单位账号	下属单位名称	上级单位账号
130283000006	迁安市农产品质量监测中心	130283001
130283000007	迁安市农业小额信贷担保中心	130283001
130283000008	迁安市农业科技园区	130283001
130283000009	迁安市农业畜牧水产局农机监理站	130283001
130283000010	迁安市新能源办公室	130283001
130283000011	迁安市农业畜牧水产局农业技术推广站	130283001
130283000012	动物卫生监督所畜牧水产技术服务中心	130283001
130528000011	动物疫病预防控制中心	130283001
130283000013	迁安市农业畜牧水产局机关	130283001
	单位个数	13

唐山市汉沽管理区农业

下属单位账号	下属单位名称	上级单位账号
130299000001	唐山市汉沽管理区农业局	130299001
130299000002	唐山市汉沽管理区农业技术服务中心	130299001
130299000003	唐山市汉沽管理区农机监理站	130299001
130299000004	唐山市汉沽管理区动物卫生监督所	130299001
130299000005	唐山市汉沽管理区汉丰镇人民政府	130299001
130299000006	唐山市汉沽管理区农业发展中心	130299001
130299000007	河北唐山芦台经济开发区农牧局	130299001
130299000008	唐山海港经济开发区农业办公室	130299001
	单位个数	8

唐山市农业综合服务

下属单位账号	下属单位名称	上级单位账号
130201000030	中共唐山市委农村工作委员会（统筹城乡委员会）	130200006
130209000002	中共曹妃甸区委员会农村工作部	130200006
130207000009	中国共产党唐山市丰南区委员会农村工作委员会	130200006
130208000002	中国共产党唐山市丰润区委员会农村工作委员会	130200006
130204000005	唐山市古冶区委农村工作委员会	130200006
130299000010	中共唐山市委汉沽管理区工作委员会农村工作委员会	130200006
130205000002	中共唐山市开平区委农村工作委员会	130200006
130225000002	中国共产党乐亭县委员会农村工作委员会（乐亭县统筹城乡发展工作委员会）	130200006

下属单位账号	下属单位名称	上级单位账号
130299000009	中共唐山市委芦台经济开发区工委农村工作委员会	130200006
130224000003	中共滦南县委农村工作委员会	130200006
130223000002	中共滦县县委农村工作委员会（滦县农村经济经营管理局）	130200006
130283000002	中国共产党迁安市委员会农村工作委员会（迁安市统筹城乡发展工作委员会）	130200006
130227000002	中国共产党迁西县委员会农村工作委员会	130200006
130229000002	中国共产党玉田县委员会农村工作委员会	130200006
130281000002	中共遵化市委农村工作委员会	130200006
	单位个数	15

秦皇岛市

下属单位账号	下属单位名称	上级单位账号
130300001	秦皇岛市种植业	130300
130300006	秦皇岛市农委	130300
	单位个数	2

秦皇岛市种植业

下属单位账号	下属单位名称	上级单位账号
130301001	秦皇岛市市本级农业	130300001
130302001	秦皇岛市海港区农业	130300001
130303001	秦皇岛市山海关区农业	130300001
130304001	秦皇岛市北戴河区农业	130300001
130321001	秦皇岛市青龙满族自治县农业	130300001
130322001	秦皇岛市昌黎县农业	130300001
130323001	秦皇岛市抚宁县农业	130300001
130324001	秦皇岛市卢龙县农牧局	130300001
	单位个数	8

秦皇岛市市本级农业

下属单位账号	下属单位名称	上级单位账号
130301000001	秦皇岛市农业局	130301001
130301000002	秦皇岛市农业行政综合执法支队	130301001
130301000003	秦皇岛市新能源办公室	130301001
130301000004	秦皇岛市渔政监察支队	130301001

下属单位账号	下属单位名称	上级单位账号
130301000005	秦皇岛市种子管理总站（秦皇岛市种子监督检验站）	130301001
130301000006	秦皇岛市农机技术推广总站	130301001
130301000007	秦皇岛市农村经济管理总站	130301001
130301000008	秦皇岛市农业技术推广总站	130301001
130301000009	秦皇岛市植物保护站 （植物检疫站、农药监督管理站）	130301001
130301000010	秦皇岛市农业经济作物管理总站 （市农业优质产品开发中心） （市绿色食品管理办公室）	130301001
130301000011	中央农业广播电视学校秦皇岛分校 （秦皇岛市农民科技教育培训中心）	130301001
130301000012	秦皇岛市农业局土肥站	130301001
130301000013	秦皇岛市农业环境保护站	130301001
130301000014	秦皇岛市农机安全监理所	130301001
130301000015	秦皇岛市农业信息中心	130301001
130301000016	秦皇岛市畜牧工作站 （秦皇岛市种畜禽质量监督管理站）	130301001
130301000017	秦皇岛市动物疫病预防控制中心	130301001
130301000018	秦皇岛市动物卫生监督所 （市铁路兽医卫生检疫站，市兽医卫生监督检验所）	130301001
130301000019	秦皇岛市农产品质量安全监督检验中心 （秦皇岛市兽药监察所，秦皇岛市饲料监测站）	130301001
130301000020	秦皇岛市水产技术推广站	130301001
130301000021	中华人民共和国河北渔业船舶检验局秦皇岛检验处 （中华人民共和国秦皇岛渔港监督处）	130301001
130301000022	秦皇岛市国家级水产种质资源保护区管理处 （市海洋渔业生态环境监测站）	130301001
130301000023	秦皇岛市原种场（秦皇岛市农作物品种试验站）	130301001
130301000024	秦皇岛市农业科技综合培训中心	130301001
	单位个数	24

秦皇岛市海港区农业

下属单位账号	下属单位名称	上级单位账号
130302000002	海港区农业局	130302001
130302000003	海港区渔政监督管理站	130302001
130302000004	海港区农机安全监理站	130302001
130302000005	海港区蔬菜生产办公室	130302001

下属单位账号	下属单位名称	上级单位账号
130302000006	海港区农业技术站	130302001
130302000007	海港区农经管理站	130302001
130302000008	秦皇岛市海港区畜牧技术站	130302001
130302000009	秦皇岛市海港区动物疫病预防控制中心	130302001
130302000010	秦皇岛市海港区动物卫生监督所	130302001
130302000011	秦皇岛市海港区东港动物防疫监督站	130302001
130302000012	秦皇岛市海港区西港动物防疫监督站	130302001
130302000013	秦皇岛市海港区北港动物防疫监督站	130302001
	单位个数	12

秦皇岛市山海关区农业

下属单位账号	下属单位名称	上级单位账号
130303000001	秦皇岛市山海关区农业局	130303001
130303000002	秦皇岛市山海关区农业技术推广中心	130303001
130303000003	秦皇岛市山海关区农业行政综合执法大队	130303001
130303000004	秦皇岛市山海关区动物卫生监督所	130303001
130303000005	秦皇岛市山海关区动物疫病预防控制中心	130303001
130303000006	山海关区动物防疫监督站	130303001
130303000007	山海关海域国家级水产种质资源保护区管理站（水产技术推广中心）	130303001
130303000008	河北渔业船舶检验局山海关检验站	130303001
130303000009	中华人民共和国山海关渔港监督（渔政监督管理站）	130303001
	单位个数	9

秦皇岛市北戴河区农业

下属单位账号	下属单位名称	上级单位账号
130304000001	秦皇岛市北戴河区农牧局	130304001
130304000002	北戴河区农业技术推广站	130304001
130304000003	北戴河区农经管理站	130304001
130304000004	北戴河区农机监理站	130304001
130304000005	北戴河区渔政监督管理站	130304001
130304000006	北戴河区动物卫生监督所	130304001
130304000007	北戴河区动物疫病预防控制中心	130304001
	单位个数	7

秦皇岛市青龙满族自治县农业

下属单位账号	下属单位名称	上级单位账号
130321000001	青龙满族自治县畜牧局	130321001
130321000003	青龙满族自治县畜牧局兽医站	130321001
130321000004	青龙满族自治县动物卫生监督所	130321001
130321000005	青龙满族自治县畜牧局饲料工业办公室	130321001
130321000006	青龙满族自治县畜牧局药械中心	130321001
130321000007	青龙满族自治县畜禽产品销售中心	130321001
130321000008	青龙满族自治县畜牧局祖山动物防疫监督站	130321001
130321000009	青龙满族自治县畜牧局木头凳动物防疫监督站	130321001
130321000010	青龙满族自治县畜牧局安子岭动物防疫监督站	130321001
130321000011	青龙满族自治县畜牧局三星口动物防疫监督站	130321001
130321000012	青龙满族自治县畜牧局双山子动物防疫监督站	130321001
130321000013	青龙满族自治县畜牧局土门子动物防疫监督站	130321001
130321000014	青龙满族自治县畜牧局马圈子动物防疫监督站	130321001
130321000015	青龙满族自治县畜牧局大巫岚动物防疫监督站	130321001
130321000016	青龙满族自治县畜牧局隔河头动物防疫监督站	130321001
130321000017	青龙满族自治县畜牧局八道河动物防疫监督站	130321001
130321000018	青龙满族自治县畜牧局肖营子动物防疫监督站	130321001
130321000019	青龙满族自治县畜牧局城关动物防疫监督站	130321001
130321000020	青龙满族自治县畜牧局凉水河动物防疫监督站	130321001
130321000021	青龙满族自治县畜牧局草碾动物防疫监督站	130321001
130321000022	青龙满族自治县畜牧局祖山兽医站	130321001
130321000023	青龙满族自治县畜牧局山神庙兽医站	130321001
130321000024	青龙满族自治县畜牧局三间房兽医站	130321001
130321000025	青龙满族自治县畜牧局龙王庙兽医站	130321001
130321000026	青龙满族自治县畜牧局凤凰山兽医站	130321001
130321000027	青龙满族自治县畜牧局隔河头兽医站	130321001
130321000028	青龙满族自治县畜牧局官场兽医站	130321001
130321000029	青龙满族自治县畜牧局董杖子兽医站	130321001
130321000030	青龙满族自治县畜牧局双山子兽医站	130321001
130321000031	青龙满族自治县畜牧局茨榆山兽医站	130321001
130321000032	青龙满族自治县畜牧局平方子兽医站	130321001
130321000033	青龙满族自治县畜牧局青龙镇兽医站	130321001

下属单位账号	下属单位名称	上级单位账号
130321000034	青龙满族自治县畜牧局马圈子兽医站	130321001
130321000035	青龙满族自治县畜牧局张杖子兽医站	130321001
130321000036	青龙满族自治县畜牧局朱杖子兽医站	130321001
130321000037	青龙满族自治县畜牧局西双山兽医站	130321001
130321000038	青龙满族自治县畜牧局逃军山兽医站	130321001
130321000039	青龙满族自治县畜牧局大营子兽医站	130321001
130321000040	青龙满族自治县畜牧局肖营子兽医站	130321001
130321000041	青龙满族自治县畜牧局七道河兽医站	130321001
130321000042	青龙满族自治县畜牧局白家店兽医站	130321001
130321000043	青龙满族自治县畜牧局草碾兽医站	130321001
130321000044	青龙满族自治县畜牧局八道河兽医站	130321001
130321000045	青龙满族自治县畜牧局王厂兽医站	130321001
130321000046	青龙满族自治县畜牧局娄杖子兽医站	130321001
130321000047	青龙满族自治县畜牧局安子岭兽医站	130321001
130321000048	青龙满族自治县畜牧局干树沟兽医站	130321001
130321000049	青龙满族自治县畜牧局曾杖子兽医站	130321001
130321000050	青龙满族自治县畜牧局土门子兽医站	130321001
130321000051	青龙满族自治县畜牧局蒿村兽医站	130321001
130321000052	青龙满族自治县畜牧局大石岭兽医站	130321001
130321000053	青龙满族自治县畜牧局大巫岚兽医站	130321001
130321000054	青龙满族自治县畜牧局核桃沟兽医站	130321001
130321000055	青龙满族自治县畜牧局大于杖子兽医站	130321001
130321000056	青龙满族自治县畜牧局木头凳兽医站	130321001
130321000057	青龙满族自治县畜牧局山东兽医站	130321001
130321000058	青龙满族自治县畜牧局三星口兽医站	130321001
130321000059	青龙满族自治县畜牧局干沟兽医站	130321001
130321000060	青龙满族自治县畜牧局周杖子兽医站	130321001
130321000061	青龙满族自治县畜牧局凉水河兽医站	130321001
130321000062	青龙满族自治县畜牧局小马坪兽医站	130321001
130321000063	青龙满族自治县畜牧局三拨子兽医站	130321001
130321000064	青龙满族自治县农牧局	130321001
130321000065	青龙满族自治县农业技术推广站	130321001
130321000066	青龙满族自治县植保植捡站	130321001
130321000067	青龙满族自治县土肥环保站	130321001

下属单位账号	下属单位名称	上级单位账号
130321000068	青龙满族自治县蔬菜技术站	130321001
130321000069	青龙满族自治县农作物种子管理站	130321001
130321000070	青龙满族自治县农业行政综合执法大队	130321001
130321000071	青龙满族自治县新能源办公室	130321001
130321000072	青龙满族自治县农机管理站	130321001
130321000073	青龙满族自治县农业广播学校	130321001
130321000074	青龙满族自治县渔政港监站	130321001
130321000075	青龙满族自治县国营原种场	130321001
	单位个数	74

秦皇岛市昌黎县农业

下属单位账号	下属单位名称	上级单位账号
130322000001	昌黎县农林畜牧水产局	130322001
130322000002	新能源办公室	130322001
130322000003	农机管理中心	130322001
130322000004	中央农业广播电视学校昌黎县分校（农村人才培训中心）	130322001
130322000005	昌黎县农业局综合执法大队	130322001
130322000006	昌黎县农业局土壤肥料工作站	130322001
130322000007	昌黎县农机化技术推广服务站	130322001
130322000008	昌黎县农业局农业技术站（农技推广中心）	130322001
130322000009	昌黎县农业局信息中心	130322001
130322000010	昌黎县农业局植保植检站	130322001
130322000011	昌黎县农业局蔬菜管理中心	130322001
130322000012	昌黎县农业局科教站	130322001
130322000013	昌黎县农机安全监理站	130322001
130322000014	昌黎县原种场	130322001
130322000015	昌黎县种子管理站	130322001
130322000016	昌黎县农林技术综合服务部	130322001
130322000017	昌黎县动物防疫监督站城关分站	130322001
130322000018	昌黎县动物卫生监督所	130322001
130322000019	昌黎县动物疾病预防控制中心	130322001
130322000020	昌黎县饲料工业办公室	130322001

下属单位账号	下属单位名称	上级单位账号
130322000021	昌黎县家畜繁育改良站	130322001
130322000022	昌黎县基层畜牧兽医管委会	130322001
130322000023	大蒲河畜牧兽医工作站	130322001
130322000024	刘台庄畜牧兽医工作站	130322001
130322000025	果乡畜牧兽医工作站	130322001
130322000026	新集畜牧兽医工作站	130322001
130322000027	靖安畜牧兽医工作站	130322001
130322000028	泥井畜牧兽医工作站	130322001
130322000029	安山畜牧兽医工作站	130322001
130322000030	昌黎县新开口经济开发区市政管理处	130322001
130322000031	昌黎县大滩渔政船检港监管理站	130322001
130322000032	昌黎县大蒲河渔政船检港监管理站	130322001
130322000033	昌黎县水产技术推广站	130322001
130322000034	昌黎县新开口渔政船检港监管理站	130322001
	单位个数	34

秦皇岛市抚宁县农业

下属单位账号	下属单位名称	上级单位账号
130323000001	抚宁区农牧水产局	130323001
130323000002	秦皇岛市抚宁区新能源办公室	130323001
130323000003	秦皇岛市抚宁区绿源科技示范园	130323001
130323000004	秦皇岛市抚宁区农牧水产局农业综合服务中心	130323001
130323000005	中央农业广播电视学校抚宁分校	130323001
130323000006	秦皇岛市抚宁区农牧水产局城关动物防疫监督站	130323001
130323000007	秦皇岛市抚宁区农牧水产局船检港监站	130323001
130323000008	秦皇岛市抚宁区农牧水产局石门寨动物防疫监督站	130323001
130323000009	秦皇岛市抚宁区农牧水产局榆关动物防疫监督	130323001
130323000010	秦皇岛抚宁区农牧水产局留守营动物防疫监督站	130323001
130323000011	秦皇岛市抚宁区农牧水产局大新寨动物防疫监督站	130323001
130323000012	秦皇岛市抚宁区动物卫生监督所	130323001
130323000013	秦皇岛市抚宁区动物疫病预防控制中心	130323001
130323000014	秦皇岛市抚宁区农牧水产局牛头崖动物防疫监督站	130323001

下属单位账号	下属单位名称	上级单位账号
130323000015	秦皇岛市抚宁区农牧水产局台营动物防疫监督站	130323001
130323000016	秦皇岛市抚宁区农牧水产局植保植检站	130323001
130323000017	秦皇岛市抚宁区农牧水产局农业技术推广站	130323001
130323000018	秦皇岛市抚宁区农业区划办公室	130323001
130323000019	秦皇岛市抚宁区饲料工业办公室	130323001
130323000020	秦皇岛市抚宁区畜牧技术推广站	130323001
130323000021	秦皇岛市抚宁区家畜改良站	130323001
130323000022	秦皇岛市抚宁区农牧水产局水产技术推广站	130323001
130323000023	秦皇岛市抚宁区农牧水产局淡水渔政监察大队	130323001
130323000024	秦皇岛市抚宁区农业机械化技术学院	130323001
130323000025	秦皇岛市抚宁区农牧水产局土肥站	130323001
130323000026	秦皇岛市抚宁区农牧水产局农机技术推广站	130323001
130323000027	秦皇岛市抚宁区农牧水产局科教站	130323001
130323000028	秦皇岛市抚宁区蔬菜管理中心	130323001
130323000029	秦皇岛市抚宁区农业行政综合执法大队	130323001
130323000030	秦皇岛市抚宁区种子管理站	130323001
130323000031	秦皇岛市抚宁区农牧水产局兽医药械供应站	130323001
130323000032	秦皇岛市抚宁区农牧水产局淡水渔政站	130323001
130323000033	秦皇岛市抚宁区气象灾害防御中心	130323001
130323000034	秦皇岛市抚宁区农牧水产局城关兽医站	130323001
130323000035	秦皇岛市抚宁区农牧水产局大新寨兽医站	130323001
130323000036	秦皇岛市抚宁区农牧水产局台营兽医站	130323001
130323000037	秦皇岛市抚宁区农牧水产局石门寨兽医站	130323001
130323000038	秦皇岛市抚宁区农牧水产局榆关兽医站	130323001
130323000039	秦皇岛市抚宁区农牧水产局牛头崖兽医站	130323001
130323000040	秦皇岛市抚宁区农牧水产局茶棚兽医站	130323001
130323000041	秦皇岛市抚宁区农牧水产局留守营兽医站	130323001
	单位个数	41

秦皇岛市卢龙县农牧局

下属单位账号	下属单位名称	上级单位账号
130324000001	卢龙县农牧局	130324001
130324000003	卢龙县新能源办公室	130324001
130324000004	卢龙县农业技术推广站	130324001
130324000005	卢龙县土肥站	130324001

下属单位账号	下属单位名称	上级单位账号
130324000006	卢龙县农机管理站	130324001
130324000007	卢龙县农机安全监理站	130324001
130324000008	中央农业广播电视学校卢龙分校	130324001
130324000009	卢龙县种子监督检验站	130324001
130324000010	卢龙县蔬菜管理中心	130324001
130324000011	卢龙县植保植检站	130324001
130324000012	卢龙县农产品质量安全检验监测站	130324001
130324000013	卢龙县原种场	130324001
130324000014	卢龙县种子站	130324001
130324000015	卢龙县家畜改良站	130324001
130324000016	卢龙县动物疫病预防控制中心	130324001
130324000017	卢龙县动物卫生监督所	130324001
130324000018	卢龙县基层畜牧兽医管理委员会	130324001
130324000019	卢龙县农业行政综合执法大队	130324001
	单位个数	18

秦皇岛市农委

下属单位账号	下属单位名称	上级单位账号
130300000001	中共秦皇岛市委农工委	130300006
130300000002	秦皇岛市北戴河区农委	130300006
130300000003	昌黎县农工委	130300006
130300000004	抚宁区委农工委	130300006
130300000005	海港区农委	130300006
130300000006	卢龙县委农村工作委员会	130300006
130300000007	中共青龙满族自治县委农村工作委员会	130300006
130300000008	秦皇岛市山海关区农委	130300006
	单位个数	8

邯郸市

下属单位账号	下属单位名称	上级单位账号
130400001	邯郸市农牧局	130400
130401002	邯郸市市本级农机	130400
130400006	邯郸市农业综合服务	130400
	单位个数	3

邯郸市农牧局

下属单位账号	下属单位名称	上级单位账号
130401001	邯郸市市本级农业	130400001
130402001	邯郸市邯山区农业	130400001
130403001	邯郸市丛台区农业	130400001
130404001	邯郸市复兴区农业	130400001
130406001	邯郸市峰峰矿区农业局	130400001
130423001	邯郸市临漳县农业	130400001
130424001	邯郸市成安县农业	130400001
130425001	邯郸市大名县农业	130400001
130426001	邯郸市涉县农牧局	130400001
130427001	邯郸市磁县农业	130400001
130428001	邯郸市肥乡区农牧局	130400001
130429001	邯郸市永年县农业	130400001
130430001	邯郸市邱县农业	130400001
130431001	邯郸市鸡泽县农业	130400001
130432001	邯郸市广平县农业	130400001
130433001	邯郸市馆陶县农业	130400001
130434001	邯郸市魏县农业	130400001
130435001	邯郸市曲周县农业	130400001
130481001	邯郸市武安市农业	130400001
	单位个数	19

邯郸市市本级农业

下属单位账号	下属单位名称	上级单位账号
130401000001	邯郸市农牧局	130401001
130401000002	邯郸市畜禽屠宰管理办公室	130401001
130401000003	邯郸市农牧局土壤肥料站	130401001
130401000004	邯郸市种子监督检验站	130401001
130401000005	邯郸市蔬菜研究所	130401001
130401000006	邯郸市农业环境与农产品质量监督管理站	130401001
130401000007	邯郸市农牧局信息中心	130401001
130401000008	邯郸市蔬菜技术推广站	130401001
130401000009	邯郸市农牧局植物保护站	130401001
130401000010	邯郸市水产技术推广站	130401001

下属单位账号	下属单位名称	上级单位账号
130401000011	邯郸市饲料工业办公室	130401001
130401000012	邯郸市种子管理站	130401001
130401000013	邯郸市农牧局机关后勤服务中心	130401001
130401000014	邯郸市农牧局卫生所	130401001
130401000015	邯郸市动物疫病预防控制中心	130401001
130401000016	邯郸市农牧局农业技术推广站	130401001
130401000017	邯郸市水产良种繁育场	130401001
130401000018	邯郸市动物卫生监督所	130401001
130401000019	邯郸市畜牧技术推广站	130401001
130401000020	邯郸市畜产品质量检验监测站	130401001
130401000021	邯郸市第二原种场	130401001
130401000022	邯郸市农业广播电视学校	130401001
130401000023	邯郸市第一原种场	130401001
130401000024	邯郸市优质农产品开发服务中心	130401001
130401000025	邯郸市人民政府蔬菜办公室	130401001
130401000026	邯郸市人民政府新能源办公室	130401001
130401000027	邯郸市植物检疫站	130401001
130401000028	邯郸市农业行政综合执法支队	130401001
130401000029	邯郸市新能源技术推广站	130401001
130401000030	邯郸市渔种场	130401001
130401000031	邯郸市新能源技术服务处	130401001
130401000032	邯郸市肉鸡场	130401001
130401000033	邯郸市水产公司	130401001
130401000034	邯郸市水产食品冷冻厂	130401001
	单位个数	34

邯郸市邯山区农业

下属单位账号	下属单位名称	上级单位账号
130402000001	邯山区农牧局	130402001
130402000003	邯山区农业园区办公室	130402001
130402000004	邯山区农业产业办公室	130402001
130402000005	邯山区食品安全办公室	130402001
130402000006	邯山区农业行政综合执法支队	130402001
130402000007	邯山区农业技术推广站	130402001

下属单位账号	下属单位名称	上级单位账号
130402000008	邯山区蔬菜技术推广站	130402001
130402000009	邯山区种子管理站	130402001
130402000010	邯山区农情信息站	130402001
130402000011	邯山区农业广播学校	130402001
130402000012	邯山区植物保护站	130402001
130402000013	邯山区土壤肥料站	130402001
130402000014	邯山区新能源办公室	130402001
130402000015	邯山区农业技术推广中心	130402001
130402000016	邯山区畜牧技术推广站	130402001
130402000017	邯山区畜禽防疫站	130402001
130402000018	邯山区动物检疫站	130402001
130402000019	邯山区饲料工业办公室	130402001
130402000020	邯山区动物防疫监督站	130402001
130402000021	邯山区兽医站	130402001
130402000022	邯山区农机监理站	130402001
130402000023	邯山区农机技术推广站	130402001
130402000024	邯山区农业机械化技术学校	130402001
130402000025	邯山区农机管理科	130402001
130402000026	邯山区生产管理科	130402001
	单位个数	25

邯郸市丛台区农业

下属单位账号	下属单位名称	上级单位账号
130403000001	丛台区农牧局	130403001
130403000003	丛台区农业技术推广站	130403001
130403000004	丛台区动物卫生监督所	130403001
130403000005	丛台区农业协会	130403001
130403000006	丛台区黄粱梦动物卫生监督分所	130403001
130403000007	丛台区黄粱梦供水站	130403001
130403000008	丛台区袁庄供水站	130403001
	单位个数	7

邯郸市复兴区农业

下属单位账号	下属单位名称	上级单位账号
130404000001	复兴区农牧局	130404001
130404000003	复兴区农技推广中心	130404001
130404000004	复兴区小康建设办公室	130404001
130404000005	复兴区动物卫生监督所	130404001
130404000006	复兴区动物卫生监督所康庄分所	130404001
130404000007	复兴区康庄兽医站	130404001
	单位个数	6

邯郸市峰峰矿区农业局

下属单位账号	下属单位名称	上级单位账号
130406000001	邯郸市峰峰矿区农牧局	130406001
130406000003	峰峰矿区动物卫生监督所	130406001
130406000004	峰峰矿区动物疫病预防控制中心	130406001
130406000005	峰峰矿区动物防疫监督站义井分站	130406001
130406000006	峰峰矿区动物防疫监督站界城分站	130406001
130406000007	峰峰矿区动物防疫监督站临水分站	130406001
130406000008	峰峰矿区动物防疫监督站大社分站	130406001
130406000009	峰峰矿区兽医院	130406001
130406000010	峰峰矿区养殖业技术服务中心	130406001
130406000011	峰峰矿区临水兽医站	130406001
130406000012	峰峰矿区峰峰兽医站	130406001
130406000013	峰峰矿区大社兽医站	130406001
130406000014	峰峰矿区和村兽医站	130406001
130406000015	峰峰矿区新坡兽医站	130406001
130406000016	峰峰矿区彭城兽医站	130406001
130406000017	峰峰矿区义井兽医站	130406001
130406000018	峰峰矿区大峪兽医站	130406001
130406000019	峰峰矿区界城兽医站	130406001
130406000020	峰峰矿区家畜改良站	130406001
130406000021	峰峰矿区畜牧良种繁殖场	130406001
130406000022	峰峰矿区人民政府蔬菜办公室	130406001
130406000023	峰峰矿区土肥站	130406001

下属单位账号	下属单位名称	上级单位账号
130406000024	峰峰矿区植物保护站	130406001
130406000025	峰峰矿区农业区划委员会办公室	130406001
130406000026	中央农业广播电视大学峰峰矿区分校	130406001
130406000027	峰峰矿区农业综合执法大队	130406001
130406000028	峰峰矿区种子监督检验站	130406001
130406000029	峰峰矿区原种场	130406001
130406000030	峰峰矿区农机技术推广站	130406001
130406000031	峰峰矿区农业机械化学校	130406001
	单位个数	30

邯郸市临漳县农业

下属单位账号	下属单位名称	上级单位账号
130423000001	临漳县农牧局	130423001
130423000002	临漳县畜牧水产局	130423001
130423000003	临漳县农业广播电视学校	130423001
130423000004	临漳县生态能源局	130423001
130423000006	临漳县农技推广中心	130423001
130423000007	临漳县种子管理站	130423001
130423000008	临漳县农业行政综合执法大队	130423001
130423000009	临漳县良棉加工厂	130423001
130423000010	临漳县原种场	130423001
130423000011	临漳县农牧局城关区域站	130423001
130423000012	临漳县农牧局张村区域站	130423001
130423000013	临漳县农牧局章里集区域站	130423001
130423000014	临漳县农牧局香菜营区域站	130423001
130423000015	临漳县农牧局柳园区域站	130423001
130423000016	临漳县农牧局称勾区域站	130423001
130423000017	临漳县动物卫生监督站	130423001
130423000018	临漳县动物疫病预防控制中心	130423001
130423000019	临漳县城关动物防疫监督站	130423001
130423000020	临漳县张村动物防疫监督站	130423001
130423000021	临漳县南东坊动物防疫监督站	130423001
130423000022	临漳县称勾动物防疫监督站	130423001
130423000023	临漳县孙陶动物防疫监督站	130423001

下属单位账号	下属单位名称	上级单位账号
130423000024	临漳县柳园动物防疫监督站	130423001
130423000025	临漳县城关畜牧技术推广站	130423001
130423000026	临漳县张村畜牧技术推广站	130423001
130423000027	临漳县南东坊畜牧技术推广站	130423001
130423000028	临漳县称勾畜牧技术推广站	130423001
130423000029	临漳县孙陶畜牧技术推广站	130423001
130423000030	临漳县柳园畜牧技术推广站	130423001
	单位个数	29

邯郸市成安县农业

下属单位账号	下属单位名称	上级单位账号
130424000001	成安县农牧局	130424001
130424000002	成安县畜牧水产局	130424001
130424000004	成安县农业技术推广中心	130424001
130424000005	成安县农业技术推广中心招待所	130424001
130424000006	国营成安县农业局粮棉原种场	130424001
130424000007	成安县种子管理站	130424001
130424000008	成安县植物检疫站	130424001
130424000009	成安县农业综合行政执法大队	130424001
130424000010	成安县新能源办公室	130424001
130424000011	成安县动物卫生监督所	130424001
130424000012	成安县动物疫病控制中心	130424001
130424000013	成安县畜禽定点屠宰办公室	130424001
130424000014	成安县兽医院	130424001
130424000015	成安县饲料工业办公室	130424001
	单位个数	14

邯郸市大名县农业

下属单位账号	下属单位名称	上级单位账号
130425000001	大名县农牧局	130425001
130425000002	大名县畜牧水产局	130425001
130425000004	大名县农牧局植保站	130425001
130425000005	大名县农牧局土壤肥料站	130425001
130425000006	大名县农牧局技术推广站	130425001
130425000007	大名县农牧局农业技术推广中心	130425001

下属单位账号	下属单位名称	上级单位账号
130425000008	大名县农牧局金滩镇农业技术中心站	130425001
130425000009	大名县农牧局杨桥农业技术中心站	130425001
130425000010	大名县农牧局万堤农业技术中心站	130425001
130425000011	大名县农牧局束馆农业技术中心站	130425001
130425000012	大名县农牧局龙王庙农业技术中心站	130425001
130425000013	大名县农牧局大名镇农业技术中心站	130425001
130425000014	大名县农牧局农广校	130425001
130425000015	大名县人民政府新能源建设办公室	130425001
130425000016	大名县农牧局种子管理站	130425001
130425000017	大名县农业行政综合执法大队	130425001
130425000018	大名县卫生监督所	130425001
130425000019	大名县动物疫病预防控制中心	130425001
130425000020	大名镇动物防疫监督站	130425001
130425000021	大名县旧治动物防疫监督站	130425001
130425000022	大名县红庙动物防疫监督站	130425001
130425000023	大名县西付集动物防疫监督站	130425001
130425000024	大名县束馆动物防疫监督站	130425001
130425000025	大名县龙王庙动物防疫监督站	130425001
130425000026	大名县营镇动物防疫监督站	130425001
130425000027	大名县王村动物防疫监督站	130425001
130425000028	大名县万堤动物防疫监督站	130425001
130425000029	大名县黄金堤动物防疫监督站	130425001
	单位个数	28

邯郸市涉县农牧局

下属单位账号	下属单位名称	上级单位账号
130426000001	涉县农牧局	130426001
130426000003	涉县农业技术推广中心	130426001
130426000004	涉县植物检疫站	130426001
130426000005	涉县畜牧水产技术服务中心	130426001
130426000006	涉县动物卫生监督所	130426001
130426000007	涉县动物疫病预防控制中心	130426001
130426000008	涉县新能源办	130426001
130426000009	涉县农广校	130426001

下属单位账号	下属单位名称	上级单位账号
130426000010	涉县动物卫生监督所（城关分所）	130426001
130426000011	涉县动物卫生监督所（河南店分所）	130426001
130426000012	涉县动物卫生监督所（固新分所）	130426001
130426000013	涉县动物卫生监督所（西达分所）	130426001
130426000014	涉县动物卫生监督所（合漳分所）	130426001
130426000015	涉县动物卫生监督所（索堡分所）	130426001
130426000016	涉县动物卫生监督所（偏城分所）	130426001
130426000017	涉县动物卫生监督所（更乐分所）	130426001
130426000018	涉县动物卫生监督所（井店分所）	130426001
130426000019	涉县动物卫生监督所（西戌分所）	130426001
130426000020	涉县畜牧兽医站	130426001
130426000021	涉县神头畜牧兽医站	130426001
130426000022	涉县关防畜牧兽医站	130426001
130426000023	涉县辽城畜牧兽医站	130426001
130426000024	涉县鹿头畜牧兽医站	130426001
130426000025	涉县龙虎畜牧兽医站	130426001
130426000026	涉县木井畜牧兽医站	130426001
130426000027	涉县偏店畜牧兽医站	130426001
130426000028	涉县畜牧定点屠宰监督管理办公室	130426001
130426000029	涉县原种场	130426001
	单位个数	28

邯郸市磁县农业

下属单位账号	下属单位名称	上级单位账号
130427000001	磁县农牧局	130427001
130427000003	磁县农牧局信息中心	130427001
130427000004	磁县农牧局后勤服务中心	130427001
130427000005	磁县农牧综合执法大队	130427001
130427000006	磁县磁州动物防疫监督站	130427001
130427000007	磁县讲武城动物防疫监督站	130427001
130427000008	磁县黄沙动物防疫监督站	130427001
130427000009	磁县路村营动物防疫监督站	130427001
130427000010	磁县花官营动物防疫监督站	130427001
130427000011	磁县观台动物防疫监督站	130427001

下属单位账号	下属单位名称	上级单位账号
130427000012	磁县高臾动物防疫监督站	130427001
130427000013	磁县林坦动物防疫监督站	130427001
130427000014	磁县岳城动物防疫监督站	130427001
130427000015	磁县白土动物防疫监督站	130427001
130427000016	磁县动物卫生监督所	130427001
130427000017	磁县动物疫情测报站	130427001
130427000018	磁县兽医院	130427001
130427000019	磁县渔业水质环境监察管理站	130427001
130427000020	磁县畜牧水产技术推广站	130427001
130427000021	磁县渔业劳动服务公司	130427001
130427000022	磁县东武仕水库渔政管理站	130427001
130427000023	磁县岳城水库渔政管理站	130427001
130427000024	磁县原种场	130427001
130427000025	磁县农业技术推广中心	130427001
130427000026	磁县种子公司	130427001
130427000027	磁县农技中心招待所	130427001
130427000028	磁县植物保护站	130427001
130427000029	磁县农业技术站	130427001
130427000030	磁县植物检疫站	130427001
130427000031	磁县蔬菜办公室	130427001
130427000032	磁县种子监督检验站	130427001
130427000033	磁县农业广播电视学校	130427001
130427000034	磁县土肥站	130427001
130427000035	磁县农业环境保护监测站	130427001
130427000036	磁县农业机械化学校	130427001
130427000037	磁县农业机械推广站	130427001
	单位个数	36

邯郸市肥乡区农牧局

下属单位账号	下属单位名称	上级单位账号
130428000001	肥乡区农牧局	130428001
130428000002	河北省邯郸市肥乡区畜牧强区指挥部办公室	130428001
130428000004	肥乡区农广校	130428001
130428000005	肥乡区原种场	130428001

下属单位账号	下属单位名称	上级单位账号
130428000006	肥乡区农业行政综合执法大队	130428001
130428000007	肥乡区农业技术推广中心	130428001
130428000008	肥乡区新能源办公室	130428001
130428000009	肥乡区旧店基层农技推广区域站	130428001
130428000010	肥乡区肥乡镇基层农技推广区域站	130428001
130428000011	肥乡区天台山基层农技推广区域站	130428001
130428000012	肥乡区辛安镇基层农技推广区域站	130428001
130428000013	肥乡区元固基层农技推广区域站	130428001
130428000014	肥乡区动物卫生监督所	130428001
130428000015	肥乡区生猪定点屠宰办公室	130428001
130428000016	肥乡区动物疫病预防控制中心	130428001
130428000017	肥乡区畜牧技术推广站	130428001
130428000018	肥乡区动物检疫站	130428001
130428000019	肥乡区冷冻屠宰厂	130428001
130428000020	肥乡区肥乡镇动物防疫监督站	130428001
130428000021	肥乡区屯庄营动物防疫监督站	130428001
130428000022	肥乡区辛安镇动物防疫监督站	130428001
130428000023	肥乡区毛演堡动物防疫监督站	130428001
130428000024	肥乡区肥乡镇畜牧兽医站	130428001
130428000025	肥乡区元固乡畜牧兽医站	130428001
130428000026	肥乡区毛演堡乡畜牧兽医站	130428001
130428000027	肥乡区屯庄营乡畜牧兽医站	130428001
130428000028	肥乡区旧店乡畜牧兽医站	130428001
130428000029	肥乡区东漳堡乡畜牧兽医站	130428001
130428000030	肥乡区天台山镇畜牧兽医站	130428001
130428000031	肥乡区辛安镇乡畜牧兽医站	130428001
130428000032	肥乡区大寺上镇畜牧兽医站	130428001
	单位个数	31

邯郸市永年县农业

下属单位账号	下属单位名称	上级单位账号
130429000001	永年区农牧局	130429001
130429000003	永年区农业技术推广中心	130429001
130429000004	永年区植保植检站	130429001
130429000005	永年区土肥站	130429001

下属单位账号	下属单位名称	上级单位账号
130429000006	永年区技术站	130429001
130429000007	永年区科教站	130429001
130429000008	中央农业广播电视学校永年区分校	130429001
130429000009	永年区人民政府新能源办公室	130429001
130429000010	永年区农经总站	130429001
130429000011	永年区种子管理站	130429001
130429000012	永年区农药监督管理站	130429001
130429000013	永年区良棉厂	130429001
130429000014	国营永年区棉花原种场	130429001
130429000015	永年区农业行政综合执法大队	130429001
130429000016	永年区植物检疫站	130429001
130429000017	永年区农业科学研究所	130429001
130429000018	永年区动物疫病预防控制中心	130429001
130429000019	永年区动物卫生监督所	130429001
130429000020	永年区兽医院	130429001
130429000021	永年区家禽改良站	130429001
130429000022	永年区水产技术服务站	130429001
130429000023	永年区动物防疫监督站临名关分站	130429001
130429000024	永年区动物防疫监督站永合会分站	130429001
130429000025	永年区动物防疫监督站刘营分站	130429001
130429000026	永年区动物防疫监督站东杨庄分站	130429001
130429000027	永年区动物防疫监督站南沿村分站	130429001
130429000028	永年区动物防疫监督站张西堡分站	130429001
130429000029	永年区动物防疫监督站广府分站	130429001
130429000030	永年区动物防疫监督站西阳城分站	130429001
130429000031	永年区动物防疫监督站大北汪分站	130429001
130429000032	永年区动物防疫监督站正西分站	130429001
130429000033	永年区小龙马综合区域站	130429001
130429000034	永年区名关综合区域站	130429001
130429000035	永年区大北汪综合区域站	130429001
130429000036	永年区刘营综合区域站	130429001
130429000037	永年区永合会综合区域站	130429001
130429000038	永年区南大堡综合区域站	130429001
130429000039	永年区张西堡综合区域站	130429001

下属单位账号	下属单位名称	上级单位账号
130429000040	永年区西苏乡兽医站	130429001
130429000041	永年区农业机械公司	130429001
130429000042	永年区农机监理站	130429001
130429000043	永年区农业机械化学校	130429001
130429000044	永年区农机技术推广站	130429001
	单位个数	43

邯郸市邱县农业

下属单位账号	下属单位名称	上级单位账号
130430000001	邱县农牧局	130430001
130430000003	邱县农牧局技术站	130430001
130430000004	邱县农牧局植保站	130430001
130430000005	邱县农牧局土肥站	130430001
130430000006	邱县农牧局蔬菜站	130430001
130430000007	邱县农牧局农广校	130430001
130430000008	邱县农牧局区划办	130430001
130430000009	邱县农牧局执法队	130430001
130430000010	邱县农牧局新马头镇动物防疫监督站	130430001
130430000011	邱县农牧局邱城镇动物防疫监督站	130430001
130430000012	邱县农牧局梁二庄镇动物防疫监督站	130430001
130430000013	邱县农牧局香城固镇动物防疫监督站	130430001
130430000014	邱县农牧局古城营乡动物防疫监督站	130430001
130430000015	邱县农牧局脱毒中心	130430001
130430000016	邱县农牧局畜牧兽医站	130430001
130430000017	邱县农牧局种子公司	130430001
130430000018	邱县农牧局植保公司	130430001
130430000019	邱县农牧局原种场	130430001
	单位个数	18

邯郸市鸡泽县农业

下属单位账号	下属单位名称	上级单位账号
130431000001	鸡泽县农牧局	130431001
130431000003	鸡泽县农技推广中心	130431001
130431000004	鸡泽县畜牧技术推广及动物疾病预防控制中心	130431001
130431000005	鸡泽县曹庄农技推广区域站	130431001

下属单位账号	下属单位名称	上级单位账号
130431000006	鸡泽县城关农技推广区域站	130431001
130431000007	鸡泽县店上农技推广区域站	130431001
130431000008	鸡泽县曹庄动物检疫站	130431001
130431000009	鸡泽县城关动物检疫站	130431001
130431000010	鸡泽县店上动物检疫站	130431001
130431000011	鸡泽县双塔动物检疫站	130431001
	单位个数	10

邯郸市广平县农业

下属单位账号	下属单位名称	上级单位账号
130432000001	广平县农牧局	130432001
130432000003	广平县农广校	130432001
130432000004	广平县农业技术推广站	130432001
130432000005	广平县综合农业执法队	130432001
130432000006	广平县东张孟乡动物防疫监督站	130432001
130432000007	广平县十里铺乡动物防疫监督站	130432001
130432000008	广平县广平镇动物防疫监督站	130432001
130432000009	广平县胜营镇动物防疫监督站	130432001
130432000010	广平县东张孟乡农业技术推广站	130432001
130432000011	广平县十里铺乡农业技术推广站	130432001
130432000012	广平县广平镇农业技术推广站	130432001
130432000013	广平县胜营镇农业技术推广站	130432001
130432000014	广平县农牧局原种场	130432001
	单位个数	13

邯郸市馆陶县农业

下属单位账号	下属单位名称	上级单位账号
130433000001	馆陶县农牧局	130433001
130433000002	馆陶县畜牧水产办公室	130433001
130433000004	馆陶县农牧局技术推广站	130433001
130433000005	馆陶县农牧局经作站	130433001
130433000006	馆陶县农牧局新能源办公室	130433001
130433000007	农业广播电视学校	130433001
130433000008	馆陶县农牧局农情办	130433001
130433000009	馆陶县农牧局科教科	130433001

下属单位账号	下属单位名称	上级单位账号
130433000010	馆陶县农牧局种子管理站	130433001
130433000011	馆陶县农业行政综合执法大队	130433001
130433000012	馆陶县农牧局土肥站	130433001
130433000013	馆陶县农牧局环保站	130433001
130433000014	馆陶县农牧局植保植检站	130433001
130433000015	馆陶县农牧局植保服务站	130433001
130433000016	馆陶县农牧局农技推广中心	130433001
130433000017	馆陶县禽蛋产销办公室	130433001
130433000018	馆陶县饲料工业办公室	130433001
130433000019	馆陶县动物检疫站	130433001
130433000020	馆陶县畜牧兽医技术中心	130433001
130433000021	馆陶县兽医院	130433001
130433000022	馆陶县兽医卫生监督所	130433001
130433000023	馆陶县畜牧兽医技术服务中心	130433001
130433000024	馆陶县动物防疫监督站馆陶分站	130433001
130433000025	馆陶县动物防疫监督站柴堡分站	130433001
130433000026	馆陶县动物防疫监督站房寨分站、	130433001
130433000027	馆陶县动物防疫监督站魏僧寨分站	130433001
130433000028	馆陶县动物疫病预防控制中心	130433001
130433000029	馆陶县蔬菜办公室	130433001
130433000030	馆陶县蔬菜办技术站	130433001
	单位个数	29

邯郸市魏县农业

下属单位账号	下属单位名称	上级单位账号
130434000001	魏县农牧局	130434001
130434000003	魏县农牧局植保植检站	130434001
130434000004	魏县农牧局农业技术推广站	130434001
130434000005	魏县农牧局土壤肥料站	130434001
130434000006	魏县农牧局农情信息站	130434001
130434000007	河北农业广播电视学校魏县分校	130434001
130434000008	魏县新能源建设办公室	130434001
130434000009	魏县动物防疫站	130434001
130434000010	魏县动物卫生监督所	130434001
130434000011	魏县饲料工业办公室	130434001

下属单位账号	下属单位名称	上级单位账号
130434000012	魏县畜禽定点屠宰管理执法队	130434001
130434000013	魏县动物防疫监督站魏城镇分站	130434001
130434000014	魏县动物防疫监督站德政分站	130434001
130434000015	魏县动物防疫监督站双井分站	130434001
130434000016	魏县动物防疫监督站北皋分站	130434001
130434000017	魏县动物防疫监督车往分站	130434001
130434000018	魏县动物防疫监督站大辛庄分站	130434001
130434000019	魏县动物防疫监督站张二庄分站	130434001
	单位个数	18

邯郸市曲周县农业

下属单位账号	下属单位名称	上级单位账号
130435000001	曲周县农牧局	130435001
130435000002	曲周县畜牧办公室	130435001
130435000004	曲周县农牧局技术站	130435001
130435000005	曲周县农牧局土肥站	130435001
130435000006	曲周县农牧局植保站	130435001
130435000007	曲周县农牧局农经站	130435001
130435000008	曲周县农牧局新能源办公室	130435001
130435000009	曲周县农业行政综合执法大队	130435001
130435000010	曲周县农牧局农业广播电视学校	130435001
130435000011	曲周县种子公司	130435001
130435000012	曲周县原种场	130435001
130435000013	曲周县农牧局优质棉原种加工厂	130435001
130435000014	曲周县蔬菜协会	130435001
130435000015	曲周县动物卫生监督所	130435001
130435000016	曲周县动物疫病预防控制中心	130435001
130435000017	曲周县水产技术推广站	130435001
130435000018	曲周县畜牧技术推广站	130435001
130435000019	曲周县水产试验站	130435001
130435000020	曲周县渔政管理站	130435001
130435000021	曲周县农产品检测站	130435001
130435000022	曲周县侯村动物防疫监督站	130435001
130435000023	曲周县里岳动物防疫监督站	130435001

下属单位账号	下属单位名称	上级单位账号
130435000024	曲周县安寨动物防疫监督站	130435001
130435000025	曲周县白寨动物防疫监督站	130435001
130435000026	曲周县四疃动物防疫监督站	130435001
130435000027	曲周县侯村镇兽医站	130435001
130435000028	曲周县安寨镇兽医站	130435001
130435000029	曲周县白寨乡兽医站	130435001
130435000030	曲周县依庄乡兽医站	130435001
130435000031	曲周县大河道乡兽医站	130435001
130435000032	曲周镇兽医站	130435001
130435000033	曲周县槐桥乡兽医站	130435001
130435000034	曲周县四疃乡兽医站	130435001
130435000035	曲周县河南疃镇兽医站	130435001
130435000036	曲周县里岳乡兽医站	130435001
	单位个数	35

邯郸市武安市农业

下属单位账号	下属单位名称	上级单位账号
130481000001	武安市农牧局	130481001
130481000003	武安市农牧局机关服务中心	130481001
130481000004	武安市农牧局农业环境保护监测站	130481001
130481000005	河北省农业广播电视学校武安分校	130481001
130481000006	武安市农牧局农业技术推广中心	130481001
130481000007	武安市农牧局经济作物办公室	130481001
130481000008	武安市农牧局土壤肥料工作站	130481001
130481000009	武安市农牧局蔬菜技术推广站	130481001
130481000010	武安市农牧局植保植检站	130481001
130481000011	武安市农村合作经济经营管理总站	130481001
130481000012	武安市种子管理站	130481001
130481000013	武安市农业行政综合执法大队	130481001
130481000014	武安市农牧局种子公司	130481001
130481000015	武安市原种场	130481001
130481000016	武安市农牧局多种经营服务中心	130481001
130481000017	武安市动物卫生监督所	130481001
130481000018	武安市动物疫病预防控制中心（武安市畜牧兽医站）	130481001
130481000019	武安市农牧局水产技术推广站	130481001

下属单位账号	下属单位名称	上级单位账号
130481000020	武安市牧工商公司	130481001
130481000021	武安市城区动物防疫监督站	130481001
130481000022	武安市康二城动物防疫监督站	130481001
130481000023	武安市伯延动物防疫监督站	130481001
130481000024	武安市磁山动物防疫监督站	130481001
130481000025	武安市冶陶动物防疫监督站	130481001
130481000026	武安市阳邑动物防疫监督站	130481001
130481000027	武安市贺进动物防疫监督站	130481001
130481000028	武安市西土山动物防疫监督站	130481001
130481000029	武安市上团城动物防疫监督站	130481001
130481000030	武安市邑城动物防疫监督站	130481001
130481000031	武安市午汲动物防疫监督站	130481001
130481000032	武安市武安畜牧兽医站	130481001
130481000033	武安市康二城畜牧兽医站	130481001
130481000034	武安市伯延畜牧兽医站	130481001
130481000035	武安市磁山畜牧兽医站	130481001
130481000036	武安市冶陶畜牧兽医站	130481001
130481000037	武安市阳邑畜牧兽医站	130481001
130481000038	武安市贺进畜牧兽医站	130481001
130481000039	武安市西土山畜牧兽医站	130481001
130481000040	武安市上团城畜牧兽医站	130481001
130481000041	武安市邑城畜牧兽医站	130481001
130481000042	武安市午汲畜牧兽医站	130481001
130481000043	武安市武安农业技术推广站	130481001
130481000044	武安市康二城农业技术推广站	130481001
130481000045	武安市伯延农业技术推广站	130481001
130481000046	武安市磁山农业技术推广站	130481001
130481000047	武安市冶陶农业技术推广站	130481001
130481000048	武安市阳邑农业技术推广站	130481001
130481000049	武安市贺进农业技术推广站	130481001
130481000050	武安市西土山农业技术推广站	130481001
130481000051	武安市上团城农业技术推广站	130481001
130481000052	武安市邑城农业技术推广站	130481001
130481000053	武安市午汲农业技术推广站	130481001
130481000054	武安市农牧局畜禽定点办公室	130481001
	单位个数	53

邯郸市市本级农机

下属单位账号	下属单位名称	上级单位账号
130401000036	邯郸市农业机械化办公室	130401002
130401000037	邯郸市农机技术推广站	130401002
130401000038	邯郸市农机安全监理所	130401002
130401000039	邯郸市农业机械公司	130401002
130401000040	邯郸市农业机械化学校	130401002
130401000041	成安县农业机械管理局	130401002
130401000042	涉县农业机械管理办公室	130401002
130401000043	涉县农机安全监理站	130401002
130401000044	涉县农业机械化技术推广站	130401002
130401000045	曲周县农业机械化管理局	130401002
130401000046	曲周县农业机械化技术学校	130401002
130401000047	曲周县农机安全监理站	130401002
130401000048	曲周县农业技术推广站	130401002
130401000049	临漳县农业机械管理局	130401002
130401000050	魏县农业机械管理局	130401002
130401000051	大名县农业机械管理局	130401002
130401000052	鸡泽县农业机械化办公室	130401002
130401000053	馆陶县农业机械管理办公室	130401002
130401000054	肥乡区农业机械管理局	130401002
130401000055	广平县农业机械管理办公室	130401002
	单位个数	20

邯郸市农业综合服务

下属单位账号	下属单位名称	上级单位账号
130401000035	中共邯郸市农村工作委员会（邯郸市人民政府农业办公室）	130400006
130424000003	中共成安县委农村工作委员会	130400006
130427000002	中共磁县县委农村工作委员会	130400006
130403000002	中共邯郸市丛台区委农村工作委员会	130400006
130425000003	中共大名县委农村工作委员会	130400006
130428000003	中国共产党邯郸市肥乡区委员会农村工作委员会	130400006
130406000002	中共邯郸市峰峰矿区农村工作委员会	130400006
130404000002	复兴区农林局（中共邯郸市复兴区农村工作委员会）	130400006

下属单位账号	下属单位名称	上级单位账号
130433000003	中共馆陶县委农村工作委员会	130400006
130432000002	中共广平县委农村工作委员会（广平县新农村建设办公室〈由中共广平县小康建设办公室更名〉）、（广平县农村经营管理总站）	130400006
130402000002	中共邯山区委农村工作委员会（邯山区农业办公室）	130400006
130431000002	中共鸡泽县委农村工作委员会	130400006
130423000005	中共临漳县委农村工作委员会（临漳县人民政府农业办公室）	130400006
130430000002	中共邱县农村工作委员会	130400006
130435000003	中国共产党曲周县委员会农村工作委员会	130400006
130426000002	中共涉县县委农村工作委员会（涉县农业办公室）	130400006
130434000002	中国共产党魏县委员会农村工作委员会	130400006
130481000002	中共武安市委农村工作委员会	130400006
130429000002	中共邯郸市永年区委农村工作委员会	130400006
	单位个数	19

邢台市

下属单位账号	下属单位名称	上级单位账号
130500001	邢台市种植业	130500
130500006	邢台市农委	130500
	单位个数	2

邢台市种植业

下属单位账号	下属单位名称	上级单位账号
130501001	邢台市市本级农业	130500001
130502001	邢台市桥东区农业	130500001
130503001	邢台市桥西区农业	130500001
130521001	邢台市邢台县农业	130500001
130522001	邢台市临城县农业	130500001
130523001	邢台市内丘县农业局	130500001
130524001	邢台市柏乡县农业	130500001
130525001	邢台市隆尧县农业局	130500001
130526001	邢台市任县农业	130500001
130527001	邢台市南和县农业	130500001

下属单位账号	下属单位名称	上级单位账号
130528001	邢台市宁晋县农业	130500001
130529001	邢台市巨鹿县农业	130500001
130530001	邢台市新河县农业	130500001
130531001	邢台市广宗县农业	130500001
130532001	邢台市平乡县农业	130500001
130533001	邢台市威县农业局	130500001
130534001	邢台市清河县农业局	130500001
130535001	邢台市临西县农业	130500001
130581001	邢台市南宫市农业	130500001
130582001	邢台市沙河市农业	130500001
130598001	邢台市大曹庄农业	130500001
130599001	邢台市高开区农办	130500001
	单位个数	22

邢台市市本级农业

下属单位账号	下属单位名称	上级单位账号
130500000001	邢台市农业局	130501001
130501000017	邢台市环境保护监测站	130501001
130501000018	邢台市土壤肥料站	130501001
130501000019	邢台市植物保护检疫站	130501001
130501000020	邢台市农业局蔬菜站	130501001
130501000021	邢台市农业经济管理站	130501001
130501000022	邢台市种子管理站	130501001
130501000023	邢台市新能源办公室	130501001
130501000024	邢台市农业综合执法支队	130501001
130501000025	邢台市农业技术推广站	130501001
130501000026	邢台市农业信息中心	130501001
130501000027	邢台市农机监理所	130501001
130501000028	邢台市农机推广站	130501001
130501000029	邢台市农业广播电视学校	130501001
130501000030	邢台市农产品综合质检中心	130501001
130501000031	邢台市动物疫病预防控制中心	130501001
130501000032	邢台市动物卫生监督所	130501001
130501000033	邢台市畜牧站	130501001

下属单位账号	下属单位名称	上级单位账号
130501000034	邢台市水产技术推广站	130501001
130501000035	邢台市良繁总场	130501001
130501000036	邢台市畜禽改良站	130501001
130501000037	邢台市畜禽定点屠宰监督检查大队	130501001
	单位个数	22

邢台市桥东区农业

下属单位账号	下属单位名称	上级单位账号
130502000001	邢台市桥东区农业局	130502001
130502000002	桥东区农业技术推广站	130502001
130502000003	桥东区农机技术推广站	130502001
130502000004	桥东区农村合作经济经营管理站	130502001
130502000005	桥东区动物疫病预防控制中心	130502001
130502000006	桥东区动物卫生监督所	130502001
130502000007	桥东区动物卫生监督所大梁庄分所	130502001
130502000008	桥东区动物卫生监督所东郭村分所	130502001
130502000009	桥东区豫让桥兽医站	130502001
	单位个数	9

邢台市桥西区农业

下属单位账号	下属单位名称	上级单位账号
130503000001	邢台市桥西区农业局	130503001
130503000002	邢台市桥西区动物卫生监督所	130503001
	单位个数	2

邢台市邢台县农业

下属单位账号	下属单位名称	上级单位账号
130521000001	邢台县农业局	130521001
130521000002	邢台县农业机械化技术学校	130521001
130521000003	邢台县畜牧水产技术推广站	130521001
130521000004	邢台县兽医站	130521001
130521000005	邢台县农业机械化技术推广站	130521001
130521000006	邢台县畜禽定点屠宰监督检查大队	130521001
130521000007	邢台县农村财务管理处	130521001
130521000008	邢台县农业技术推广站	130521001

下属单位账号	下属单位名称	上级单位账号
130521000009	邢台县动物卫生监督检验所	130521001
130521000010	邢台县新能源办公室	130521001
130521000011	邢台县种子监督检验站	130521001
130521000012	邢台县蔬菜办公室	130521001
130521000013	邢台县农机作业服务站	130521001
130521000014	邢台县会计辅导站	130521001
130521000015	邢台县原种场	130521001
130521000016	邢台县种子公司	130521001
130521000017	邢台县植保公司	130521001
130521000018	邢台县牧工商服务公司	130521001
	单位个数	18

邢台市临城县农业

下属单位账号	下属单位名称	上级单位账号
130522000001	临城县农业局	130522001
130522000003	临城县农业技术推广中心	130522001
130522000004	临城县农业广播电视学校	130522001
130522000005	临城县原种场	130522001
130522000006	临城县种子公司	130522001
130522000007	临城县旱作农业服务中心	130522001
130522000008	临城县农机监理站	130522001
130522000009	临城县种子监督检验站	130522001
130522000010	临城县植保站	130522001
130522000011	临城县农业局技术站	130522001
130522000012	临城县蔬菜站	130522001
130522000013	临城县土肥站	130522001
130522000014	临城县临城镇农业技术推广站	130522001
130522000015	临城县东镇农业技术推广站	130522001
130522000016	临城县西竖农业技术推广站	130522001
130522000017	临城县郝庄镇农业技术推广站	130522001
130522000018	临城县畜牧站	130522001
130522000019	临城县畜牧水产局	130522001
130522000020	临城县动物卫生监督所	130522001
130522000021	临城县畜禽定点屠宰监督检查大队	130522001

下属单位账号	下属单位名称	上级单位账号
130522000022	临城县动物卫生监督所临城镇分所	130522001
130522000023	临城县动物卫生监督所东镇分所	130522001
130522000024	临城县动物卫生监督所西竖分所	130522001
130522000025	临城县动物卫生监督所郝庄分所	130522001
	单位个数	24

邢台市内丘县农业局

下属单位账号	下属单位名称	上级单位账号
130523000031	内丘县农业局	130523001
130523000001	内丘县农业综合执法大队	130523001
130523000002	内丘县农机安全监理站	130523001
130523000003	内丘县动物疫病预防控制中心	130523001
130523000004	内丘县农业环境保护监测站	130523001
130523000005	内丘县能源办公室	130523001
130523000006	内丘县原种场	130523001
130523000008	内丘县动物卫生监督所	130523001
130523204005	内丘县动物卫生监督所内丘镇分所	130523001
130523204006	内丘县动物卫生监督所金店分所	130523001
130523204007	内丘县动物卫生监督所大孟分所	130523001
130523204008	内丘县动物卫生监督所柳林分所	130523001
130523204009	内丘县动物卫生监督所獐么分所	130523001
130523000014	内丘县农业技术推广中心	130523001
130523204010	内丘县内丘镇农业技术推广区域站	130523001
130523204011	内丘县金店农业技术推广区域站	130523001
130523204012	内丘县柳林农业技术推广区域站	130523001
130523204013	内丘县獐么农业技术推广区域站	130523001
130523204014	内丘县大孟农业技术推广区域站	130523001
130523000020	内丘县畜牧水产站	130523001
130523100003	内丘县内丘镇畜牧水产技术推广区域站	130523001
130523204015	内丘县金店畜牧水产技术推广区域站	130523001
130523204016	内丘县大孟畜牧水产技术推广区域站	130523001
130523104003	内丘县柳林畜牧水产技术推广区域站	130523001
130523204003	内丘县獐么畜牧水产技术推广区域站	130523001
130523100004	内丘县内丘镇农业机械技术推广区域站	130523001

下属单位账号	下属单位名称	上级单位账号
130523102004	内丘县金店农业机械技术推广区域站	130523001
130523101004	内丘县大孟农业机械技术推广区域站	130523001
130523104004	内丘县柳林农业机械技术推广区域站	130523001
130523204004	内丘县獐么农业机械技术推广区域站	130523001
	单位个数	30

邢台市柏乡县农业

下属单位账号	下属单位名称	上级单位账号
130524000011	柏乡县农机局	130524001
130524000004	柏乡县农机监理站	130524001
130524000012	柏乡县农机综合服务中心	130524001
130524000001	柏乡县农业局	130524001
130524000013	柏乡县农业技术推广中心	130524001
130524000014	柏乡县西汪区域站	130524001
130524000015	柏乡县城关区域站	130524001
130524000016	柏乡县固城店区域站	130524001
130524000017	柏乡县农业执法大队	130524001
130524000018	柏乡县农业广播电视学校	130524001
130524000019	柏乡县土肥站	130524001
130524000020	柏乡县人民政府新能源办公室	130524001
130524000021	国营柏乡县原种场	130524001
130524000022	柏乡县农业局（畜牧）机关	130524001
130524000023	柏乡县动物卫生监督所	130524001
130524000024	柏乡县动物卫生监督所柏乡镇分所	130524001
130524000025	柏乡县动物卫生监督所龙华分所	130524001
130524000026	柏乡县畜产品质量安全监管办公室	130524001
130524000027	柏乡县畜禽定点屠宰监督检查大队	130524001
130524000028	柏乡县畜牧技术推广中心及动物疾病预控预防中心	130524001
	单位个数	20

邢台市隆尧县农业局

下属单位账号	下属单位名称	上级单位账号
130525000001	河北省隆尧县农业局	130525001
130525000004	河北省农业广播电视学校隆尧县分校	130525001

下属单位账号	下属单位名称	上级单位账号
130525000005	隆尧县农业行政综合执法大队	130525001
130525000006	隆尧县农业局蔬菜站	130525001
130525000007	隆尧县农业局土肥站	130525001
130525000008	河北省隆尧县植物保护检疫站	130525001
130525000009	隆尧县农业技术推广中心	130525001
130525000010	隆尧县农业技术推广中心隆尧区域站	130525001
130525000011	隆尧县农业技术推广中心固城区域站	130525001
130525000012	隆尧县农业技术推广中心东良区域站	130525001
130525000013	隆尧县农业技术推广中心魏庄区域站	130525001
130525000014	隆尧县农业技术推广中心牛桥区域站	130525001
130525000015	隆尧县农业技术推广中心张庄区域站	130525001
130525000016	河北省隆尧县种子公司	130525001
130525000017	国营隆尧县原种场	130525001
130525000018	隆尧县良种繁育场	130525001
130525000019	隆尧县农业机械化技术学校	130525001
130525000020	隆尧县农机安全监理站	130525001
130525000021	隆尧县农机技术推广站	130525001
130525000022	隆尧县农机技术推广站隆尧分站	130525001
130525000023	隆尧县农机技术推广站东良分站	130525001
130525000024	隆尧县农机技术推广站牛桥分站	130525001
130525000025	隆尧县畜禽定点屠宰监督检查大队	130525001
130525000026	隆尧县动物疫病预防控制中心	130525001
130525000027	隆尧县畜牧技术推广站	130525001
130525000028	隆尧县动物卫生监督所	130525001
130525000029	隆尧县动物卫生监督所隆尧镇分所	130525001
130525000030	隆尧县动物卫生监督所固城镇分所	130525001
130525000031	隆尧县动物卫生监督所尹村镇分所	130525001
130525000032	隆尧县动物卫生监督所魏庄镇分所	130525001
130525000033	隆尧县动物卫生监督所千户分所	130525001
130525000034	隆尧县动物卫生监督所东良分所	130525001
130525000035	隆尧县动物卫生监督所牛桥分所	130525001
	单位个数	33

邢台市任县农业

下属单位账号	下属单位名称	上级单位账号
130526000006	任县农业局	130526001
130526200002	任县植物保护检疫站	130526001
130526200003	任县土壤服料监测站	130526001
130526200004	任县农业技术推广站	130526001
130526200005	任县农业生态环境保护监测站	130526001
130526200006	中央农业广播学校任县分校	130526001
130526200007	任县蔬菜技术推广中心	130526001
130526200008	任县农村新能源服务中心	130526001
130526200009	任县农业综合执法大队	130526001
130526200010	任县种子监督管理站	130526001
130526200011	任县原种场	130526001
130526200012	任县农机化技术推广服务站	130526001
130526200013	任县农业技术推广中心	130526001
130526200014	邢家湾农业技术推广站区域站	130526001
130526200015	辛店农业技术推广站区域站	130526001
130526200016	任城镇农业技术推广站区域站	130526001
130526200017	永福庄农业技术推广区域站	130526001
130526200018	任县动物防疫监督中心	130526001
130526200019	任县动物防疫监督站辛店分站	130526001
130526200020	任县动物防疫监督站任城镇分站	130526001
130526200021	任县动物防疫监督站西固城分站	130526001
130526200022	任县动物防疫监督站邢家湾分站	130526001
	单位个数	22

邢台市南和县农业

下属单位账号	下属单位名称	上级单位账号
130527000001	南和县农业局	130527001
130527000014	南和县农业技术推广中心	130527001
130527000015	南和县原种场	130527001
130527000016	南和县种畜场	130527001
130527000017	中央农业广播电视学校南和县分校	130527001
130527000018	南和县配种站	130527001

下属单位账号	下属单位名称	上级单位账号
130527000019	南和县兽医院	130527001
130527000020	南和县定点屠宰执法队	130527001
130527000003	南和县农业机械管理局	130527001
	单位个数	9

邢台市宁晋县农业

下属单位账号	下属单位名称	上级单位账号
130528000016	宁晋县农业局	130528001
130528000025	宁晋县农机监理站	130528001
130528000019	宁晋县植保植检站	130528001
130528000026	宁晋县人民政府新能源办公室	130528001
130528000018	宁晋县土壤肥料工作站	130528001
130528000028	宁晋县农业综合执法大队	130528001
130528000020	宁晋县蔬菜站	130528001
130528000024	宁晋县农机技术推广站	130528001
130528000029	宁晋县农产品质量安全检验检测站	130528001
130528000017	宁晋县农业技术推广中心	130528001
130528000030	宁晋县西城区农业技术推广区域站	130528001
130528102001	宁晋县北河庄农业技术推广区域站	130528001
130528104003	宁晋县东汪农业技术推广区域站	130528001
130528202001	宁晋县纪昌庄农业技术推广区域站	130528001
130528203002	宁晋县唐邱农业技术推广区域站	130528001
130528000021	宁晋县种子总站	130528001
130528000022	宁晋县良棉厂	130528001
130528000023	宁晋县原种场	130528001
130528104002	宁晋县农机服务中心东汪服务站	130528001
130528000001	宁晋县畜牧兽医管理办公室	130528001
130528000010	宁晋县畜牧站	130528001
130528000002	宁晋县动物卫生监督所	130528001
130528203003	宁晋县动物疫病预防控制中心	130528001
130528203004	宁晋县动物卫生监督所东汪分所	130528001
130528203005	宁晋县动物卫生监督所苏家庄分所	130528001
130528203006	宁晋县动物卫生监督所四芝兰分所	130528001
130528203007	宁晋县动物卫生监督所大陆村分所	130528001
130528203008	宁晋县动物卫生监督所凤凰分所	130528001

下属单位账号	下属单位名称	上级单位账号
130528203009	宁晋县动物卫生监督所耿庄桥分所	130528001
130528203010	宁晋县动物卫生监督所河渠分所	130528001
130528203011	宁晋县种畜厂	130528001
130528203012	宁晋县兽医院	130528001
	单位个数	32

邢台市巨鹿县农业

下属单位账号	下属单位名称	上级单位账号
130529105002	巨鹿县农业局（林业局）	130529001
130529000004	巨鹿县经营管理、会计辅导站	130529001
130529000002	河北省农业广播电视学校巨鹿县分校	130529001
130529000005	巨鹿县农业技术推广中心	130529001
130529000003	巨鹿县新能源办公室	130529001
130529000001	巨鹿县种子监督检验站	130529001
130529000008	巨鹿县畜牧技术推广中心	130529001
130529000011	巨鹿县动物卫生监督所	130529001
130529000009	巨鹿县动物疫病预防控制中心	130529001
130529000010	巨鹿县饲料工业办公室	130529001
130529105003	巨鹿县农机安全监督管理站	130529001
130529105004	巨鹿县农机技术推广中心	130529001
130529105005	巨鹿县农机培训学校	130529001
130529105006	巨鹿县林业技术推广中心	130529001
	单位个数	14

邢台市新河县农业

下属单位账号	下属单位名称	上级单位账号
130530000002	新河县农机局	130530001
130530000003	新河县农机监理站	130530001
130530000004	新河县城关农机技术推广站	130530001
130530000005	荆庄农机技术推广站	130530001
130530000006	西流农机技术推广站	130530001
130530000001	新河县农业局	130530001
130530000007	新河县畜牧水产局	130530001
	单位个数	7

邢台市广宗县农业

下属单位账号	下属单位名称	上级单位账号
130531000002	广宗县农业局（挂广宗县水务局、广宗县林业局牌子）	130531001
130531000003	广宗县农业技术推广中心	130531001
130531000004	广宗县广宗农业技术推广区域站	130531001
130531000005	广宗县件只农业技术推广区域站	130531001
130531000006	广宗县冯家寨农业技术推广区域站	130531001
130531000007	广宗县动物卫生监督所	130531001
130531000008	广宗县动物卫生监督所广宗镇	130531001
130531000009	广宗县动物卫生监督所冯家寨分所	130531001
130531000010	广宗县动物卫生监督所件只分所	130531001
130531000011	广宗县农机监理站	130531001
130531000012	广宗县新能源办公室	130531001
130531000013	广宗县农业综合执法大队	130531001
	单位个数	12

邢台市平乡县农业

下属单位账号	下属单位名称	上级单位账号
130532000002	平乡县动物卫生监督所	130532001
130532000003	平乡县畜牧站	130532001
130532000004	平乡县动物疫病预防控制中心	130532001
130532000005	平乡县农机监理站	130532001
130532000006	平乡县农业机械化技术推广站	130532001
130532000007	平乡县农机学校	130532001
130501000007	平乡县农业局	130532001
130532000008	平乡县农业技术推广中心	130532001
130532000009	平乡县冯马农业技术推广区域站	130532001
130532000010	平乡县节固农业技术推广区域站	130532001
130532000011	平乡县停西口农业技术推广区域站	130532001
130532000012	平乡县农村会计辅导站	130532001
130532000013	平乡县农业综合执法大队	130532001
130532000014	平乡县农业广播电视学校	130532001
	单位个数	14

邢台市威县农业局

下属单位账号	下属单位名称	上级单位账号
130501000009	威县农业局	130533001
130533000001	威县农业技术推广中心	130533001
130533207002	威县农广校	130533001
130533207003	威县农业行政综合执法大队	130533001
130533207004	威县植保站	130533001
130533207005	威县植物检疫农药监督管理站	130533001
130533207006	威县农机监理站	130533001
130533207007	威县农作物种子管理站	130533001
130533207008	威县动物疫病防控中心	130533001
130533207009	威县水产技术推广站	130533001
130533207010	威县饲料工业办公室	130533001
130533207011	威县畜牧站	130533001
130533207012	威县动物卫生监督所	130533001
130533207013	威县动物卫生监督所章台分所	130533001
130533207014	威县动物卫生监督所七级分所	130533001
130533207015	威县动物卫生监督所候贯分所	130533001
130533207016	威县动物卫生监督所贺钊分所	130533001
130533207017	威县动物卫生监督所常屯分所	130533001
130533207018	威县动物卫生监督所梨园屯分所	130533001
130533207019	威县动物卫生监督所固献分所	130533001
130533207020	威县动物卫生监督所洺州分所	130533001
130533207021	威县畜禽定点屠宰监督检查大队	130533001
	单位个数	22

邢台市清河县农业局

下属单位账号	下属单位名称	上级单位账号
130534000001	清河县农业局畜牧办公室	130534001
130534000002	清河县畜牧兽医站	130534001
130534000003	清河县动物卫生监督所	130534001
130534101001	清河县动物卫生监督所连庄分所	130534001
130534104001	清河县动物卫生监督所王官庄分所	130534001
130534100001	清河县动物卫生监督所葛仙庄分所	130534001

下属单位账号	下属单位名称	上级单位账号
130501000011	清河县农业局	130534001
130534104002	清河县农业行政综合执法大队	130534001
130534104003	清河县农业机械化干部培训学校	130534001
130534104004	清河县农机监理站	130534001
130534104005	中央农业广播电视学校清河分校	130534001
130534104006	清河县农业技术推广中心	130534001
130534104007	清河县农业机械化技术推广站	130534001
130534104008	清河县黄金庄农业技术推广综合站	130534001
130534104009	清河县城关农业技术推广综合站	130534001
130534104010	清河县陈庄农业技术推广综合站	130534001
130534104011	清河县坝营农业技术推广综合站	130534001
	单位个数	17

邢台市临西县农业

下属单位账号	下属单位名称	上级单位账号
130535000001	临西县农业局	130535001
130535000004	临西县农业技术推广中心	130535001
130535000005	临西县综合执法大队	130535001
130535000006	临西县农业广播电视学校	130535001
130535000007	临西县农业区划办公室	130535001
130535000008	临西县大刘庄农业技术推广区域站	130535001
130535000009	临西县老官寨农业技术推广区域站	130535001
130535000010	临西县尖塚农业技术推广区域站	130535001
130535000011	临西县原种场农业技术推广区域站	130535001
130535000012	临西县动物卫生监督所	130535001
130535000013	临西县动物卫生监督所大刘庄分所	130535001
130535000014	临西县动物卫生监督所老官寨分所	130535001
130535000015	临西县动物卫生监督所下堡寺分所	130535001
130535000016	临西县动物卫生监督所河西分所	130535001
130535000017	临西动物卫生监督所尖塚分所	130535001
130535000018	临西县动物疫病预防控制中心	130535001
130535000019	临西县农业机械化技术推广站	130535001
130535000020	临西县农机安全监督管理站	130535001
	单位个数	18

邢台市南宫市农业

下属单位账号	下属单位名称	上级单位账号
130581000001	南宫市农业局	130581001
130581000002	南宫市农业技术推广中心	130581001
130581001001	凤岗农业技术推广区域站	130581001
130581100001	苏村农业技术推广区域站	130581001
130581101001	高村农业技术推广区域站	130581001
130581102001	垂杨农业技术推广区域站	130581001
130581104001	段头农业技术推广区域站	130581001
130581104002	南宫市新能源办公室	130581001
130581000008	南宫市农机监理站	130581001
130581000009	南宫市国营棉花原种场	130581001
130581000010	国营南宫市原种场	130581001
130581104003	南宫市兽医院	130581001
130581104004	南宫市动物疫病预防控制中心	130581001
130581104005	南宫市畜禽定点屠宰执法队	130581001
130581104006	南宫市动物卫生监督所凤岗分所	130581001
130581104007	南宫市动物卫生监督所苏村分所	130581001
130581104008	南宫市动物卫生监督所大高村分所	130581001
130581104009	南宫市动物卫生监督所垂杨分所	130581001
130581104010	南宫市动物卫生监督所段芦头分所	130581001
	单位个数	19

邢台市沙河市农业

下属单位账号	下属单位名称	上级单位账号
130582000001	沙河市农业局	130582001
130582000003	中央农业广播电视学校沙河市分校	130582001
130582000004	沙河市农业行政综合执法大队	130582001
130582000005	沙河市农业技术推广中心	130582001
130582000006	沙河市市区农业技术推广区域站	130582001
130582000007	沙河市白塔农业技术推广区域站	130582001
130582000008	沙河市刘石岗农业技术推广区域站	130582001
130582000009	沙河市册井农业技术推广区域站	130582001
130582000010	沙河市农业环境保护监测站	130582001
130582000011	沙河市国营原种场	130582001

下属单位账号	下属单位名称	上级单位账号
130582000012	沙河市农机技术服务中心	130582001
130582000013	沙河市农业机械化技术推广站	130582001
130582000014	沙河市农机安全监理站	130582001
130582000015	沙河市农业机械化技术学校	130582001
130582000016	沙河市动物卫生监督所	130582001
130582000017	沙河市动物医院	130582001
130582000018	沙河市种畜场	130582001
130582000019	沙河市示范饲料厂	130582001
130582000020	沙河市畜牧站	130582001
130582000021	沙河市家畜改良站	130582001
130582000022	沙河市畜禽定点屠宰监督检查大队	130582001
130582000023	沙河市水产技术推广站	130582001
130582000024	沙河市动物卫生监督所柴关分所	130582001
130582000025	沙河市动物卫生监督所册井分所	130582001
130582000026	沙河市动物卫生监督所十里亭分所	130582001
130582000027	沙河市动物卫生监督所刘石岗分所	130582001
130582000028	沙河市动物卫生监督所褡裢分所	130582001
130582000029	沙河市动物卫生监督所白塔分所	130582001
130582000030	沙河市动物卫生监督所赞善分所	130582001
	单位个数	29

邢台市大曹庄农业

下属单位账号	下属单位名称	上级单位账号
130501000015	大曹庄农业局	130598001
	单位个数	1

邢台市高开区农办

下属单位账号	下属单位名称	上级单位账号
130599000001	邢台市高开区农办	130599001
	单位个数	1

邢台市农委

下属单位账号	下属单位名称	上级单位账号
130500000002	邢台市农工委	130500006
130500000003	邢台市桥东区农委	130500006

下属单位账号	下属单位名称	上级单位账号
130500000004	邢台市桥西区农委	130500006
130500000005	邢台县农委	130500006
130500000006	临城县农委	130500006
130500000007	内丘县农委	130500006
130500000008	柏乡县农委	130500006
130500000009	河北省隆尧县农委	130500006
130500000010	任县农委	130500006
130500000011	南和县农委	130500006
130500000012	宁晋县农委	130500006
130500000013	巨鹿县农工委	130500006
130500000014	新河县农委	130500006
130500000015	广宗县农委	130500006
130500000016	平乡县农委	130500006
130500000017	威县农委	130500006
130500000018	清河县农办	130500006
130500000019	临西县农委	130500006
130500000020	南宫市农委	130500006
130500000021	沙河市农委	130500006
130501000016	高开区农办	130500006
	单位个数	21

保定市

下属单位账号	下属单位名称	上级单位账号
130600006	保定市农业综合服务	130600
130600001	保定市种植业	130600
	单位个数	2

保定市农业综合服务

下属单位账号	下属单位名称	上级单位账号
130600000025	中国共产党保定市委员会农村工作委员会	130600006
130683000016	中国共产党安国市委员会农村工作委员会	130600006
130632000022	中国共产党安新县委员会农村工作委员会	130600006
130604000006	中国共产党保定市莲池区委员会农村工作委员会	130600006
130637000019	中国共产党博野县委员会农村工作委员会	130600006
130626000034	中国共产党定兴县委员会农村工作委员会	130600006

下属单位账号	下属单位名称	上级单位账号
130624000032	中国共产党阜平县委员会农村工作委员会	130600006
130684000018	中国共产党高碑店市委员会农村工作委员会	130600006
130628000015	中国共产党高阳县委员会农村工作委员会	130600006
130602000004	中国共产党保定市竞秀区委员会农村工作委员会	130600006
130623000029	中国共产党涞水县委员会农村工作委员会	130600006
130630000018	中国共产党涞源县委员会农村工作委员会	130600006
130635000026	中国共产党蠡县委员会农村工作委员会	130600006
130621000015	中国共产党保定市满城区委员会农村工作委员会	130600006
130622000011	中国共产党保定市清苑区委员会农村工作委员会	130600006
130634000020	中国共产党曲阳县委员会农村工作委员会	130600006
130629000021	中国共产党容城县委员会农村工作委员会	130600006
130636000015	中国共产党顺平县委员会农村工作委员会	130600006
130627000023	中国共产党唐县委员会农村工作委员会	130600006
130631000020	中国共产党望都县委员会农村工作委员会	130600006
130638000018	中国共产党雄县委员会农村工作委员会	130600006
130625000023	中国共产党保定市徐水区委员会农村工作委员会	130600006
130633000048	中国共产党易县委员会农村工作委员会	130600006
130681000009	中国共产党涿州市委员会农村工作委员会	130600006
	单位个数	24

保定市种植业

下属单位账号	下属单位名称	上级单位账号
130634001	曲阳县种植业	130600001
130635001	蠡县种植业	130600001
130604001	南市区种植业	130600001
130638001	雄县种植业	130600001
130633001	易县种植业	130600001
130632001	安新县种植业	130600001
130631001	望都县种植业	130600001
130630001	涞源县种植业	130600001
130628001	高阳县种植业	130600001
130624001	阜平县种植业	130600001
130623001	涞水县种植业	130600001
130629001	容城县种植业	130600001

下属单位账号	下属单位名称	上级单位账号
130637001	博野县种植业	130600001
130627001	唐县种植业	130600001
130626001	定兴县种植业	130600001
130636001	顺平县种植业	130600001
130684001	高碑店市种植业	130600001
130683001	安国市种植业	130600001
130681001	涿州市种植业	130600001
130625001	徐水县种植业	130600001
130622001	清苑县种植业	130600001
130621001	保定市满城县农业	130600001
130602001	新市区种植业	130600001
130601001	市辖区种植业	130600001
	单位个数	24

曲阳县种植业

下属单位账号	下属单位名称	上级单位账号
130634000001	曲阳县畜牧水产局	130634001
130634000002	曲阳县动物卫生监督所	130634001
130634000003	曲阳县兽医站	130634001
130634000004	曲阳县家畜改良站	130634001
130634000005	曲阳县畜牧水产站	130634001
130634000006	曲阳县农业技术推广中心	130634001
130634000007	曲阳县农机监理站	130634001
130634000008	曲阳县农业综合执法大队	130634001
130634000009	曲阳县农机推广站	130634001
130634000010	曲阳县农广校	130634001
130634000011	曲阳县原种场	130634001
130634000012	曲阳县恒州农技推广站	130634001
130634000013	曲阳县燕赵农技推广站	130634001
130634000014	曲阳县羊平农技推广站	130634001
130634000015	曲阳县下河农技推广站	130634001
130634000016	曲阳县产德农技推广站	130634001
130634000017	曲阳县灵山农技推广站	130634001
130634000018	曲阳县郎家庄农技推广站	130634001
130634000019	曲阳农业局机关	130634001
	单位个数	19

蠡县种植业

下属单位账号	下属单位名称	上级单位账号
130635000001	百尺镇农业技术推广区域站	130635001
130635000002	林堡乡农业技术推广区域站	130635001
130635000003	留史镇农业技术推广区域站	130635001
130635000004	南庄镇农业技术推广区域站	130635001
130635000005	万安镇农业技术推广区域站	130635001
130635000006	蠡吾镇农业技术推广区域站	130635001
130635000007	辛兴镇动物防疫监督分站	130635001
130635000008	林堡乡动物防疫监督分站	130635001
130635000009	留史镇动物防疫监督分站	130635001
130635000010	南庄镇动物防疫监督分站	130635001
130635000011	万安镇动物防疫监督分站	130635001
130635000012	蠡吾镇动物防疫监督分站	130635001
130635000013	蠡县畜禽定点屠宰执法队	130635001
130635000014	蠡县动物卫生监督所	130635001
130635000015	蠡县动物疫病预防控制中心	130635001
130635000016	蠡县农畜产品质检站	130635001
130635000017	蠡县农畜产品质量安全监督管理所	130635001
130635000018	蠡县农广校	130635001
130635000019	蠡县农机监理站	130635001
130635000020	蠡县农机维修管理服务站	130635001
130635000021	蠡县农业机械化技术推广站	130635001
130635000022	蠡县农业技术推广中心	130635001
130635000023	蠡县农业行政综合执法大队	130635001
130635000024	蠡县新能源推广中心	130635001
130635000025	蠡县农业局	130635001
	单位个数	25

南市区种植业

下属单位账号	下属单位名称	上级单位账号
130604000001	保定市莲池区农业局	130604001
130604000002	保定市莲池区动物卫生监督所	130604001
130604000003	保定市莲池区动物疫病预防控制中心	130604001
130604000004	保定市莲池区动物产品检验检测中心	130604001

下属单位账号	下属单位名称	上级单位账号
130604000005	保定市莲池区农业综合执法队	130604001
130604000006	中国共产党保定市莲池区委员会农村工作委员会	130604001
	单位个数	6

雄县种植业

下属单位账号	下属单位名称	上级单位账号
130638000001	雄县农业局	130638001
130638000002	雄县农场	130638001
130638000003	雄县植保站	130638001
130638000004	雄县技术站	130638001
130638000005	雄县农机监理站	130638001
130638000006	雄县畜牧水产中心	130638001
130638000007	雄县土壤肥料工作站	130638001
130638000008	城关农业技术推广综合区域站	130638001
130638000009	昝岗农业技术推广综合区域站	130638001
130638000010	板东农业技术推广综合区域站	130638001
130638000011	雄县昝岗动物防疫监督站	130638001
130638000012	雄县板东动物防疫监督站	130638001
130638000013	雄县城关动物防疫监督站	130638001
130638000014	雄县动物卫生监督所	130638001
130638000015	雄县农林产品开发服务部	130638001
130638000016	雄县农业机械化办公室	130638001
130638000017	中央农业广播电视学校雄县分校	130638001
	单位个数	17

易县种植业

下属单位账号	下属单位名称	上级单位账号
130633000001	易县农机局	130633001
130633000002	易县农业机械化技术学校	130633001
130633000003	易县农机监理站	130633001
130633000004	易县农机化技术推广服务站	130633001
130633000005	易县农业局	130633001
130633000006	农牧综合执法大队	130633001
130633000007	易县动物卫生监督所	130633001
130633000008	易县动物疫病预防控制中心	130633001

下属单位账号	下属单位名称	上级单位账号
130633000009	易县农产品综合质检站	130633001
130633000010	易县农村财务指导站	130633001
130633000011	易县畜牧站	130633001
130633000012	易县土壤肥料工作站	130633001
130633000013	国营易县原种场	130633001
130633000014	易县新能源办公室	130633001
130633000015	易县种子监督检验站	130633001
130633000016	易县农业植保植检站	130633001
130633000017	易县农业技术推广中心物资服务总站	130633001
130633000018	中央农业广播电视学校易县分校	130633001
130633000019	易县农业技术工作站	130633001
130633000020	易县易州动物防疫监督分站	130633001
130633000021	易县塘湖动物防疫监督分站	130633001
130633000022	易县高陌动物防疫监督分站	130633001
130633000023	易县裴山动物防疫监督分站	130633001
130633000024	易县凌云册动物防疫监督分站	130633001
130633000025	易县大龙华动物防疫监督分站	130633001
130633000026	易县西山北动物防疫监督分站	130633001
130633000027	易县紫荆关动物防疫监督分站	130633001
130633000028	易县狼牙山动物防疫监督分站	130633001
130633000029	易县桥头动物防疫监督分站	130633001
130633000030	易县白马动物防疫监督分站	130633001
130633000031	易县良岗动物防疫监督分站	130633001
130633000032	易县坡仓动物防疫监督分站	130633001
130633000033	易县农业技术推广中心	130633001
130633000034	易县易州农业技术推广区域站	130633001
130633000035	易县高陌农业技术推广区域站	130633001
130633000036	易县裴山农业技术推广区域站	130633001
130633000037	易县塘湖农业技术推广区域站	130633001
130633000038	易县龙华农业技术推广区域站	130633001
130633000039	易县凌云册农业技术推广区域站	130633001
130633000040	易县桥头农业技术推广区域站	130633001
130633000041	易县白马农业技术推广区域站	130633001
130633000042	易县紫荆关农业技术推广区域站	130633001

下属单位账号	下属单位名称	上级单位账号
130633000043	易县狼牙山农业技术推广区域站	130633001
130633000044	易县西山北农业技术推广区域站	130633001
130633000045	易县良岗农业技术推广区域站	130633001
130633000046	易县坡仓农业技术推广区域站	130633001
130633000047	易县兽医院	130633001
	单位个数	47

安新县种植业

下属单位账号	下属单位名称	上级单位账号
130632000001	安新县农业局	130632001
130632000002	安新县农业局农业技术工作站	130632001
130632000003	安新县农业局土壤肥料工作站	130632001
130632000004	安新县农业局植保站	130632001
130632000005	安新县农业局农机监理站	130632001
130632000006	安新县农业局农业综合执法队	130632001
130632000007	中央农业广播学校安新分校	130632001
130632000008	安新县农业局农机技术推广站	130632001
130632000009	安新县农业局新能源办公室	130632001
130632000010	安新县农业局国营原种场	130632001
130632000011	安新县水产畜牧局机关	130632001
130632000012	安新县水产技术推广站	130632001
130632000013	安新县渔政管理站	130632001
130632000014	安新县水产公司	130632001
130632000015	安新县动物检疫监督站刘李庄分站	130632001
130632000016	安新县动物检疫监督站城关分站	130632001
130632000017	安新县动物检疫监督站安州分站	130632001
130632000018	安新县动物检疫监督站同口分站	130632001
130632000019	安新县畜牧兽医站	130632001
130632000020	安新县动物卫生监督所	130632001
130632000021	安新县动物质量监督管理站	130632001
	单位个数	21

望都县种植业

下属单位账号	下属单位名称	上级单位账号
130631000001	望都县农业局	130631001
130631000002	望都县农业技术推广中心	130631001
130631000003	望都县农业机械化技术推广站	130631001
130631000004	望都县农业行政综合执法大队	130631001
130631000005	寺庄农业技术推广区域站	130631001
130631000006	高岭农业技术推广区域站	130631001
130631000007	固店农业技术推广区域站	130631001
130631000008	中韩庄农业技术推广区域站	130631001
130631000009	望都县动物卫生监督所	130631001
130631000010	望都县动物疫病预防控制中心	130631001
130631000011	望都县动物卫生监督所高岭分站	130631001
130631000012	望都县动物卫生监督所固店分站	130631001
130631000013	望都县动物卫生监督所寺庄分站	130631001
130631000014	望都县动物卫生监督所贾村分站	130631001
130631000015	望都县兽医管理委员会	130631001
130631000016	望都县牧工商公司	130631001
130631000017	望都县兽医技术服务中心	130631001
130631000018	望都县畜牧水产局	130631001
130631000019	望都县畜禽定点屠宰执法大队	130631001
	单位个数	19

涞源县种植业

下属单位账号	下属单位名称	上级单位账号
130630000001	涞源县农业局	130630001
130630000002	涞源县农业技术推广中心（中央农业广播学校涞源县分校）	130630001
130630000003	涞源县农机安全监理站	130630001
130630000004	涞源县畜牧水产局	130630001
130630000005	涞源县畜牧业发展服务中心	130630001
130630000006	涞源县兽医院	130630001
130630000007	涞源县渔业监督管理站	130630001
130630000008	涞源县畜牧水产技术推广站	130630001
130630000009	涞源县动物卫生监督所	130630001
130630000010	涞源县动物防疫监督站涞源镇分站	130630001

下属单位账号	下属单位名称	上级单位账号
130630000011	涞源县动物防疫监督站白石山分站	130630001
130630000012	涞源县动物防疫监督站北石佛分站	130630001
130630000013	涞源县动物防疫监督站杨家庄分站	130630001
130630000014	涞源县动物防疫监督站王安镇分站	130630001
130630000015	涞源县动物防疫监督站走马驿分站	130630001
130630000016	涞源县动物防疫监督站金家井分站	130630001
130630000017	涞源县动物防疫监督站上庄分站	130630001
	单位个数	17

阜平县种植业

下属单位账号	下属单位名称	上级单位账号
130624000001	阜平县农业局	130624001
130624000002	阜平县农业技术推广站	130624001
130624000003	阜平县植保站	130624001
130624000004	阜平县土壤肥料工作站	130624001
130624000005	阜平县农机管理站	130624001
130624000006	阜平县农广校	130624001
130624000007	阜平县农机校	130624001
130624000008	阜平县新能源办公室	130624001
130624000009	阜平县农业综合执法大队	130624001
130624000010	阜平县种子监督检验站	130624001
130624000011	阜平县农机监理站	130624001
130624000012	阜平县种子工作站	130624001
130624000013	阜平县原种培育中心	130624001
130624000014	阜平县城关农业技术推广区域站	130624001
130624000015	阜平县城南庄农业技术推广区域站	130624001
130624000016	阜平县平阳农业技术推广区域站	130624001
130624000017	阜平县北果元农业技术推广区域站	130624001
130624000018	阜平县天生桥农业技术推广区域站	130624001
130624000019	阜平县砂窝农业技术推广区域站	130624001
130624000020	阜平县大台农业技术推广区域站	130624001
130624000021	阜平县畜牧水产局	130624001
130624000022	阜平县畜牧站	130624001
130624000023	阜平县水产技术推广站	130624001
130624000024	阜平县渔政管理站	130624001

下属单位账号	下属单位名称	上级单位账号
130624000025	阜平县动物卫生监督所	130624001
130624000026	阜平县阜平镇畜牧兽医站	130624001
130624000027	阜平县天生桥镇畜牧兽医站	130624001
130624000028	阜平县砂窝乡畜牧兽医站	130624001
130624000029	阜平县大台乡畜牧兽医站	130624001
130624000030	阜平县城南庄镇畜牧兽医站	130624001
130624000031	阜平县平阳镇畜牧兽医站	130624001
	单位个数	31

涞水县种植业

下属单位账号	下属单位名称	上级单位账号
130623000001	涞水县农业局	130623001
130623000002	涞水县新能源办公室	130623001
130623000003	涞水县农业机械化技术学校	130623001
130623000004	涞水县农机监理站	130623001
130623000005	涞水县农机技术推广中心站	130623001
130623000006	涞水县农业技术推广中心站	130623001
130623000007	中央农业广播学校（涞水分校）	130623001
130623000008	涞水县农业综合行政执法大队	130623001
130623000009	涞水县原种场	130623001
130623000010	涞水县永阳镇农技推广区域站	130623001
130623000011	涞水县义安镇农技推广区域站	130623001
130623000012	涞水县涞水镇农技推广区域站	130623001
130623000013	涞水县石亭镇农技推广区域站	130623001
130623000014	涞水县九龙镇农技推广区域站	130623001
130623000015	涞水县赵各庄镇农技推广区域站	130623001
130623000016	涞水县畜牧水产局	130623001
130623000017	涞水县动物卫生监督所	130623001
130623000018	涞水县动物疫病预防控制中心	130623001
130623000019	涞水县畜牧站监督分站	130623001
130623000020	涞水县畜牧站畜产品质量安全监控中心	130623001
130623000021	涞水县畜牧兽医管理委员会	130623001
130623000022	涞水县涞水镇动物防疫	130623001
130623000023	涞水县石亭动物监督分站	130623001
130623000024	涞水县明义动物监督分站	130623001

下属单位账号	下属单位名称	上级单位账号
130623000025	涞水县九龙动物监督分站	130623001
130623000026	涞水县义安动物监督分站	130623001
130623000027	涞水县胡家庄动物监督分站	130623001
130623000028	涞水县渔业站	130623001
	单位个数	28

博野县种植业

下属单位账号	下属单位名称	上级单位账号
130637000001	博野县农业局	130637001
130637000002	博野县动物卫生监督所	130637001
130637000003	博野县动物疫病预防控制中心	130637001
130637000004	博野县农业综合执法大队	130637001
130637000005	博野县植保植检站	130637001
130637000006	博野县农业技术站	130637001
130637000007	博野县农经站	130637001
130637000008	博野县农广校	130637001
130637000009	博野县动物防疫监督站博野镇分站	130637001
130637000010	博野县动物防疫监督站程委镇分站	130637001
130637000011	博野县动物防疫监督站小店镇分站	130637001
130637000012	博野县博野镇农业技术推广区域站	130637001
130637000013	博野县程委镇农业技术推广区域站	130637001
130637000014	博野县小店镇农业技术推广区域站	130637001
130637000015	博野县农林服务队	130637001
130637000016	博野县原种场	130637001
130637000017	博野县农业机械管理局	130637001
130637000018	博野县农机化推广站	130637001
	单位个数	18

唐县种植业

下属单位账号	下属单位名称	上级单位账号
130627000001	唐县农业局	130627001
130627000002	动物卫生监督站北店头分站	130627001
130627000003	动物卫生监督站仁厚镇分站	130627001
130627000004	动物卫生监督站白合分站	130627001

下属单位账号	下属单位名称	上级单位账号
130627000005	动物卫生监督站川里分站	130627001
130627000006	动物卫生监督站军城分站	130627001
130627000007	动物卫生监督站王京分站	130627001
130627000008	动物卫生监督站南店头分站	130627001
130627000009	唐县农动物卫生监督所	130627001
130627000010	动物卫生监督站高昌分站	130627001
130627000011	动物卫生监督站北罗分站	130627001
130627000015	唐县农动物产品安全质量监督站	130627001
130627000016	唐县农畜牧水产技术推广站	130627001
130627000017	唐县区划办	130627001
130627000018	唐县新能源	130627001
130627000019	唐县农中央农业广播学校	130627001
130627000020	唐县农农技推广中心	130627001
130627000021	唐县原种场	130627001
130627000022	唐县外繁站	130627001
	单位个数	19

定兴县种植业

下属单位账号	下属单位名称	上级单位账号
130626000001	定兴县农业局机关	130626001
130626000002	定兴县动物卫生监督所	130626001
130626000003	定兴县农畜产品质量安全监管中心	130626001
130626000004	定兴县动物疫病预防控制中心	130626001
130626000005	定兴县新能源办公室	130626001
130626000006	定兴县种子管理站	130626001
130626000007	定兴县农机化技术推广服务站	130626001
130626000008	定兴县原种场	130626001
130626000009	定兴县植保植检站	130626001
130626000010	定兴县国营平罡林场	130626001
130626000011	定兴县农村集体经济审计工作站	130626001
130626000012	定兴县农业技术综合推广中心	130626001
130626000013	定兴县动物防疫监督站张家庄乡分站	130626001
130626000014	定兴县动物防疫监督站北河镇分站	130626001
130626000015	定兴县动物防疫监督站定兴镇分站	130626001
130626000016	定兴县动物防疫监督站固城镇分站	130626001

下属单位账号	下属单位名称	上级单位账号
130626000017	定兴县动物防疫监督站北田乡分站	130626001
130626000018	定兴县动物防疫监督站贤寓镇分站	130626001
130626000019	定兴县动物防疫监督站天宫寺镇分站	130626001
130626000020	定兴县动物防疫监督站高里乡分站	130626001
130626000021	定兴县农业综合执法大队	130626001
130626000022	定兴县退耕还林办公室	130626001
130626000023	定兴县农机监理站（农机化技术学校）	130626001
130626000024	定兴县绿化委员会办公室	130626001
130626000025	北河农业技术推广区域站	130626001
130626000026	定兴县畜牧水产站	130626001
130626000027	定兴县城关农业技术推广区域站	130626001
130626000028	固城农业技术推广区域站	130626001
130626000029	贤寓农业技术推广区域站	130626001
130626000030	天宫寺农业技术推广区域站	130626001
130626000031	北田农业技术推广区域站	130626001
130626000032	高里农业技术推广区域站	130626001
130626000033	张家庄农业技术推广区域站	130626001
	单位个数	33

顺平县种植业

下属单位账号	下属单位名称	上级单位账号
130636000001	顺平县农业局	130636001
130636000002	顺平县农业技术推广中心	130636001
130636000003	顺平县农业技术服务站	130636001
130636000004	顺平县农机服务站	130636001
130636000005	顺平县农业综合执法大队	130636001
130636000006	顺平县新能源办公室	130636001
130636000007	顺平县农机化技术推广服务站	130636001
130636000008	顺平县畜牧兽医站	130636001
130636000009	顺平县动物防疫监督站蒲阳分站	130636001
130636000010	顺平县动物防疫监督站安阳分站	130636001
130636000011	顺平县动物防疫监督站白云分站	130636001
130636000012	顺平县动物防疫监督站大悲分站	130636001
130636000013	顺平县动物防疫监督站腰山分站	130636001
130636000014	顺平县动物卫生监督所	130636001
	单位个数	14

高碑店市种植业

下属单位账号	下属单位名称	上级单位账号
130684000001	高碑店市农业局	130684001
130684000002	高碑店市农业技术推广中心	130684001
130684000003	高碑店市方官农业技术推广综合区域站	130684001
130684000004	高碑店市新城农业技术推广综合区域站	130684001
130684000005	高碑店市辛立庄农业技术推广综合区域站	130684001
130684000006	高碑店市东马营农业技术推广综合区域站	130684001
130684000007	高碑店市张六庄农业技术推广综合区域站	130684001
130684000008	高碑店市城区农业技术推广综合区域站	130684001
130684000009	高碑店市兽医院	130684001
130684000010	高碑店动物疫病预防控制中心	130684001
130684000011	高碑店市农畜产品质量安全监督管理站	130684001
130684000012	高碑店市新能源办公室	130684001
130684000013	中央农业广播电视学校高碑店分校	130684001
130684000014	高碑店市畜牧水产站	130684001
130684000015	高碑店市农林畜牧综合执法大队	130684001
130684000016	高碑店市原种场	130684001
130684000017	高碑店市动物卫生监督管理所	130684001
	单位个数	17

安国市种植业

下属单位账号	下属单位名称	上级单位账号
130683000001	安国市农业局	130683001
130683000002	安国市农业技术推广中心	130683001
130683000017	安国市城关农业技术推广区域站	130683001
130683000003	伍仁桥农业技术推广站	130683001
130683000004	石佛农业技术推广站	130683001
130683000005	郑章农业技术推广站	130683001
130683000006	北段村农业技术推广站	130683001
130683000007	农业机械化技术推广站	130683001
130683000008	安国市动物疫病预防控制中心	130683001
130683000009	安国市动物卫生监督所	130683001
130683000010	安国市动物卫生监督所郑章分站	130683001
130683000011	安国市动物卫生监督所城关分站	130683001

下属单位账号	下属单位名称	上级单位账号
130683000012	安国市动物卫生监督所伍仁桥分站	130683001
130683000013	安国市动物卫生监督所石佛分站	130683001
130683000014	安国市动物卫生监督所北段村分站	130683001
130683000015	安国市农业行政执法大队	130683001
	单位个数	16

涿州市种植业

下属单位账号	下属单位名称	上级单位账号
130681000001	涿州市农业局	130681001
130681000002	涿州市农林技术推广中心	130681001
130681000003	涿州市农机监理站	130681001
130681000004	涿州市农业执法队	130681001
130681000005	涿州市渔政管理站	130681001
130681000006	涿州市动物卫生监督所	130681001
130681000007	涿州市动物疫病预防控制中心	130681001
130681000008	涿州市植保植检站	130681001
	单位个数	8

徐水县种植业

下属单位账号	下属单位名称	上级单位账号
130625000001	保定市徐水区农业局	130625001
130625000002	保定市徐水农业技术综合推广中心	130625001
130625000003	保定市徐水区农产品质量监督检测中心	130625001
130625000004	保定市徐水区动物疫病预防控制中心	130625001
130625000005	保定市徐水区农业综合执法大队	130625001
130625000006	保定市徐水区新能源办公室	130625001
130625000007	保定市徐水区动物卫生监督所	130625001
130625000008	保定市徐水区农机监理站	130625001
130625000009	保定市徐水区安肃动物防疫监督站	130625001
130625000010	保定市徐水区崔庄动物防疫监督站	130625001
130625000011	保定市徐水区漕河动物防疫监督站	130625001
130625000012	保定徐水区大王店动物防疫监督站	130625001
130625000013	保定徐水区遂城动物防疫监督站	130625001
130625000014	保定徐水区高林村动物防疫监督站	130625001

下属单位账号	下属单位名称	上级单位账号
130625000015	保定市徐水区户木动物防疫监督站	130625001
130625000016	保定市徐水区大王店农业技术推广站	130625001
130625000017	保定市徐水区户木农业技术推广站	130625001
130625000018	保定市徐水区安肃农业技术推广站	130625001
130625000019	保定市徐水区崔庄农业技术推广站	130625001
130625000020	保定市徐水区漕河农业技术推广站	130625001
130625000021	保定市徐水区高林村农业技术推广站	130625001
130625000022	保定市徐水区遂城农业技术推广站	130625001
	单位个数	22

清苑县种植业

下属单位账号	下属单位名称	上级单位账号
130622000001	保定市清苑区农业机械管理局	130622001
130622000002	清苑区农业局	130622001
130622000003	清苑区农业行政综合执法大队	130622001
130622000004	清苑区农业技术推广中心	130622001
130622000005	清苑区新能源办公室	130622001
130622000006	清苑区种子管理和技术服务站	130622001
130622000007	清苑区动物疫病预防控制中心	130622001
130622000008	清苑区动物卫生监督所	130622001
130622000009	清苑区兽医院	130622001
130622000010	清苑区动物产品检验检测中心	130622001
	单位个数	10

保定市满城县农业

下属单位账号	下属单位名称	上级单位账号
130621000016	满城农业局	130621001
130621000001	满城农业局技术服务中心	130621001
130621000002	坨南农业技术推广站	130621001
130621000003	满城农业技术推广站	130621001
130621000004	神星农业技术推广站	130621001
130621000005	要庄农业技术推广站	130621001
130621000006	南韩村农业技术推广站	130621001
130621000008	保定市满城区农业局	130621001

下属单位账号	下属单位名称	上级单位账号
130621000009	满城镇动物监督防疫分站	130621001
130621000010	坨南乡动物监督防疫分站	130621001
130621000011	神星镇动物监督防疫分站	130621001
130621000012	南韩村镇动物监督防疫分站	130621001
130621000013	要庄乡动物监督防疫分站	130621001
130621000014	畜禽定点屠宰管理办公室	130621001
	单位个数	14

新市区种植业

下属单位账号	下属单位名称	上级单位账号
130602000001	保定市竞秀区农业局	130602001
130602000002	保定市竞秀区农业技术综合推广站	130602001
130602000003	保定市竞秀区动物卫生监督所	130602001
	单位个数	3

市辖区种植业

下属单位账号	下属单位名称	上级单位账号
130600000001	保定市农业局机关	130601001
130600000002	保定市新能源办公室	130601001
130600000003	保定市农资市场监督管理中心	130601001
130600000004	保定市农业技术推广工作站	130601001
130600000005	保定市土壤肥料工作站	130601001
130600000006	保定市植保植检站	130601001
130600000007	保定市农村财务指导站	130601001
130600000008	保定市蔬菜技术推广站	130601001
130600000009	保定市种子工作站	130601001
130600000010	中央农业广播学校保定分校	130601001
130600000011	保定市农业科学院	130601001
130600000012	保定市农机安全监理所	130601001
130600000013	保定市农机工作站	130601001
130600000014	保定市农产品质量监督管理站	130601001
130600000015	保定市原种场	130601001
130600000016	保定市畜牧工作站	130601001
130600000017	保定市动物疫病预防控制中心	130601001
130600000018	保定市动物卫生监督所	130601001

下属单位账号	下属单位名称	上级单位账号
130600000019	保定市渔政管理站	130601001
130600000020	保定市水产技术推广站	130601001
130600000021	保定市动物产品检验监测中心	130601001
130600000022	保定市动物检疫队	130601001
130600000023	保定市农业科学研究所试验场	130601001
130600000024	保定市畜禽定点屠宰稽查大队	130601001
	单位个数	24

保定市定州市

下属单位账号	下属单位名称	上级单位账号
130682001	定州市农业局	130682
130682006	定州市农工委	130682
	单位个数	2

定州市农业局

下属单位账号	下属单位名称	上级单位账号
130682000001	定州市农业局	130682001
130682000002	定州市畜牧兽医技术推广中心	130682001
130682000003	定州市动物疾病预防控制中心	130682001
130682000004	定州市动物卫生监督所	130682001
130682000005	定州市动物产品检验检测中心	130682001
130682000006	中央农业广播电视学校定州分校	130682001
130682000007	定州市农业技术推广中心	130682001
130682000008	定州市农产品质量监督检测中心	130682001
130682000009	定州市新能源办公室	130682001
130682000010	定州市植保植检站	130682001
130682000011	定州市农业行政综合执法大队	130682001
130682000012	定州市兽医院	130682001
130682000013	定州市农业机械化技术学校	130682001
130682000014	定州市农机化技术推广服务站	130682001
130682000015	定州市动物防疫监督站城区分站	130682001
130682000016	定州市动物防疫监督站小油村分站	130682001
130682000017	定州市动物防疫监督站明月店分站	130682001
130682000018	定州市动物防疫监督站邢邑分站	130682001

下属单位账号	下属单位名称	上级单位账号
130682000019	定州市动物防疫监督站高蓬分站	130682001
130682000020	定州市动物防疫监督站李亲顾分站	130682001
130682000021	定州市动物防疫监督站号头庄分站	130682001
130682000022	定州市动物防疫监督站东亭分站	130682001
130682000023	定州市动物防疫监督站杨家庄分站	130682001
130682000024	定州市动物防疫监督站杨砖路分站	130682001
130682000025	定州市动物防疫监督站留早分站	130682001
	单位个数	25

定州市农工委

下属单位账号	下属单位名称	上级单位账号
130682000026	定州市农工委	130682006
	单位个数	1

张家口市

下属单位账号	下属单位名称	上级单位账号
130700001	张家口市农业	130700
130700006	张家口市农业综合服务	130700
	单位个数	2

张家口市农业

下属单位账号	下属单位名称	上级单位账号
130701001	张家口市市本级农业	130700001
130705001	张家口市宣化区农业	130700001
130722001	张家口市张北县农业	130700001
130723001	张家口市康保县农牧局	130700001
130724001	张家口市沽源县农业	130700001
130725001	张家口市尚义县农业	130700001
130726001	张家口市蔚县农业	130700001
130727001	河北省张家口市阳原县农牧局	130700001
130728001	张家口市怀安县农业	130700001
130729001	张家口市万全县农业	130700001
130730001	张家口市怀来县农业	130700001
130731001	张家口市涿鹿县农业	130700001

下属单位账号	下属单位名称	上级单位账号
130732001	张家口市赤城县农业	130700001
130733001	张家口市崇礼县农业	130700001
130799001	张家口市管理区农业	130700001
	单位个数	15

张家口市市本级农业

下属单位账号	下属单位名称	上级单位账号
130702000002	张家口市农牧局	130701001
130702000005	张家口市农业技术推广站	130701001
130701000001	张家口市土壤肥料工作站	130701001
130702000004	张家口市农业信息中心	130701001
130701000002	张家口市植物保护植物检疫站	130701001
130703000007	张家口市农业广播电视学校	130701001
130703000008	张家口市种子管理站	130701001
130701000003	张家口市农业环境与农产品质量管理站	130701001
130702000006	张家口市农业行政综合执法支队	130701001
130701000004	张家口市农村合作经济经营管理站	130701001
130703000002	张家口市草原监理站	130701001
130703000011	张家口市畜牧技术推广站	130701001
130701000005	张家口市动物卫生监督所	130701001
130701000006	张家口市动物疫病预防控制中心	130701001
130703000004	张家口市水产技术推广站	130701001
130703000003	张家口市蔬菜技术推广站	130701001
130701000007	张家口市家畜综合改良站	130701001
130703000006	张家口市畜产品质量监测检验中心	130701001
130702000001	张家口市新能源办公室	130701001
130703000005	张家口市农机安全监理所	130701001
130702000007	张家口市农机技术推广站	130701001
130701000008	张家口市农业科学研究院	130701001
	单位个数	22

张家口市宣化区农业

下属单位账号	下属单位名称	上级单位账号
130705000005	宣化区农牧局	130705001
130705000007	宣化区畜牧兽医技术服务中心	130705001

下属单位账号	下属单位名称	上级单位账号
130705000008	宣化区农牧产品质量安全检测站	130705001
130705000009	宣化区动物卫生监督所	130705001
130705000010	宣化区动物疫病预防控制中心	130705001
130705000011	宣化区基层动物防疫监督总站	130705001
130705000012	宣化区草原监理监测站站	130705001
130705000013	宣化区畜牧工作站	130705001
130705000014	宣化区水产技术推广站	130705001
130705000015	宣化区种子技术推广服务站	130705001
130705000016	宣化区农村合作经济经营管理站	130705001
130705000017	宣化区植保植检站	130705001
130705000018	宣化区蔬菜技术服务站	130705001
130705000019	宣化区农业机械化技术推广服务站	130705001
130705000020	宣化区种子管理站	130705001
130705000021	宣化区土壤肥料工作站	130705001
130705000022	宣化区农业技术推广站	130705001
130705000023	宣化区农牧业行政综合行政执法大队	130705001
130705000024	宣化区农产品质量安全监管站	130705001
130705000025	宣化区畜禽定点屠宰监督管理办公室	130705001
单位个数		20

张家口市张北县农业

下属单位账号	下属单位名称	上级单位账号
130722500003	张北县农牧局	130722001
130722500005	张北县综合办公室	130722001
130722500006	张北县计财股	130722001
130722500007	张北县政工股	130722001
130722500008	张北县农情办公室	130722001
130722500009	张北县农机管理股	130722001
130722500010	张北县农牧执法大队	130722001
130722500011	张北县畜禽定点屠宰办公室	130722001
130722500012	张北县综合审批股	130722001
130722500013	张北县动物卫生监督所	130722001
130722500014	张北县饲草饲料技术服务站	130722001
130722500015	张北县畜牧水产技术服务站	130722001

下属单位账号	下属单位名称	上级单位账号
130722500016	张北县农业技术推广站（农村新型能源服务中心）	130722001
130722500017	张北县农产品质量检测中心	130722001
130722500018	张北县农业环境监测保护站	130722001
130722500019	张北县土壤肥料工作站	130722001
130722500020	张北县植物保护检疫站	130722001
130722500021	张北县种子监督管理站	130722001
130722500022	张北县农机技术推广站	130722001
130722500023	张北县原种场	130722001
	单位个数	20

张家口市康保县农牧局

下属单位账号	下属单位名称	上级单位账号
130723000003	康保县农牧局	130723001
130723000005	康保县农业技术推广中心	130723001
130723000006	康保县土肥站	130723001
130723000007	康保县畜牧技术推广中心	130723001
130723000008	康保县基层动物防疫监督分站	130723001
130723000009	康保县草原监理站	130723001
130723000010	康保县动物疫病预防控制中心	130723001
130723000011	康保县动物卫生监督所	130723001
130723000012	康保县畜牧改良中心	130723001
130723000013	康保县植保植检站	130723001
130723000014	康保县农产品质量安全检测站	130723001
130723000015	康保县种子监督管理站	130723001
130723000016	康保县农广校	130723001
130723000017	康保县行政执法大队	130723001
130723000018	康保县新能源办公室	130723001
130723000019	康保县畜牧水产工作站	130723001
	单位个数	16

张家口市沽源县农业

下属单位账号	下属单位名称	上级单位账号
130724000001	沽源县农牧局机关	130724001
130724000004	沽源县农牧局（农业生产办公室）	130724001

下属单位账号	下属单位名称	上级单位账号
130724000005	沽源县农牧局（农机管理办公室）	130724001
130724000007	沽源县农业技术推广站	130724001
130724000008	中央农业广播学校沽源分校	130724001
130724000009	沽源县土壤肥料工作站	130724001
130724000010	沽源县植保植检站	130724001
130724000011	国营沽源县原种场	130724001
130724000012	沽源县农作物种子监督检验站	130724001
130724000013	沽源县渔政检查站	130724001
130724000014	沽源县动物卫生监督所	130724001
130724000015	沽源县畜牧技术推广站	130724001
	单位个数	12

张家口市尚义县农业

下属单位账号	下属单位名称	上级单位账号
130725000002	尚义县农牧局	130725001
130725000004	尚义县农机推广站	130725001
130725000005	尚义县农技推广站	130725001
130725000006	尚义县畜牧水产站	130725001
130725000007	尚义县动物卫生监督所	130725001
130725000008	尚义县动物疫病防控中心	130725001
130725000009	尚义县农广校	130725001
	单位个数	7

张家口市蔚县农业

下属单位账号	下属单位名称	上级单位账号
130726000004	蔚县农牧局	130726001
130726000006	蔚县农机服务中心	130726001
130726000007	蔚县农业机械化技术学校	130726001
130726000008	河北省蔚县农机化技术推广服务站	130726001
130726000009	河北省蔚县农机监理站	130726001
130726000010	蔚县畜牧水产中心	130726001
130726000011	河北省蔚县动物防检监督分站	130726001
130726000012	河北省蔚县兽药监察所	130726001
130726000013	蔚县国营配种站	130726001
130726000014	蔚县兽医院	130726001

下属单位账号	下属单位名称	上级单位账号
130726000015	蔚县西合营兽医院	130726001
130726000016	蔚县中药材产业发展服务中心	130726001
130726000017	河北省蔚县蔬菜生产办公室	130726001
130726000018	河北省蔚县土壤肥料工作站	130726001
130726000019	河北省蔚县植保质检站	130726001
130726000020	河北省蔚县农业技术推广站	130726001
130726000021	河北省蔚县农药监督管理站	130726001
130726000022	河北省蔚县种子质量监督管理站	130726001
130726000023	蔚县农业技术推广服务中心	130726001
130726000024	国营蔚县原种场	130726001
130726000025	河北省蔚县农业广播电视学校	130726001
130726000026	蔚县农业中心	130726001
	单位个数	22

河北省张家口市阳原县农牧局

下属单位账号	下属单位名称	上级单位账号
130727000003	阳原县农牧局	130727001
130727000004	阳原县农业局	130727001
130727000006	阳原县植物保护植物检疫站	130727001
130727000007	阳原县农业技术推广站	130727001
130727000008	阳原县土壤肥料工作站	130727001
130727000009	阳原县农机技术推广站	130727001
130727000010	阳原县兽医院	130727001
130727000011	阳原县动物卫生监督所	130727001
130727000012	阳原县水产技术推广站	130727001
130727000013	阳原县动物疫病预防控制中心	130727001
	单位个数	10

张家口市怀安县农业

下属单位账号	下属单位名称	上级单位账号
130728000003	怀安县畜牧水产局	130728001
130728000004	怀安县农业局	130728001
130728000006	怀安县农业行政综合执法大队	130728001
130728000007	怀安县农业广播电视学校	130728001

下属单位账号	下属单位名称	上级单位账号
130728000008	怀安县农业区划委员会办公室	130728001
130728000009	怀安县农业局植物保护站	130728001
130728000010	怀安县农业局种子监督检验站	130728001
130728000011	怀安县原种场	130728001
130728000012	怀安县种子公司	130728001
130728000013	怀安县农业机械公司	130728001
130728000014	怀安县农业技术推广中心	130728001
130728000015	怀安县农机推广站	130728001
130728000016	怀安县农业局食用菌工作站	130728001
130728000017	怀安县农业局土壤肥料站	130728001
130728000018	怀安县农业局蔬菜工作站	130728001
130728000019	怀安县农业技术推广站	130728001
130728000020	怀安县农业技术推广中心服务部	130728001
130728000021	怀安县水产技术推广站	130728001
130728000022	怀安县畜牧技术推广站	130728001
130728000023	怀安县动物卫生监督所	130728001
单位个数		20

张家口市万全县农业

下属单位账号	下属单位名称	上级单位账号
130729000002	万全县农牧局	130729001
130729000004	万全县农业管理站	130729001
130729000005	万全县农业技术推广服务中心	130729001
130729000006	万全县动物卫生监督所	130729001
130729000007	万全县疫病预防控制中心	130729001
130729000008	万全县水产技术推广站	130729001
130729000009	万全县原种场	130729001
130729000010	万全县畜牧站	130729001
130729000011	万全县郭磊庄镇综合农业技术推广站（万全县动物防疫监督站）	130729001
130729000012	万全县孔家庄镇综合农业技术推广站（万全县动物防疫监督站）	130729001
130729000013	万全县万全镇综合农业技术推广站（万全县动物防疫监督站）	130729001
130729000014	万全县洗马林镇综合农业技术推广站（万全县动物防疫监督站）	130729001

下属单位账号	下属单位名称	上级单位账号
130729000015	万全县北沙城乡综合农业技术推广站（万全县动物防疫监督站）	130729001
130729000016	万全县安家堡乡综合农业技术推广站（万全县动物防疫监督站）	130729001
130729000017	万全县宣平堡乡综合农业技术推广站（万全县动物防疫监督站）	130729001
130729000018	万全县膳房堡乡综合农业技术推广站	130729001
130729000019	万全县旧堡乡综合农业技术推广站	130729001
130729000020	万全县北辛屯乡综合农业技术推广站	130729001
130729000021	万全县高庙堡乡综合农业技术推广站	130729001
130729000022	万全县农业行政综合执法大队	130729001
130729000023	万全县农畜产品质量安全检验检测中心	130729001
130729000024	万全县农业广播电视学校	130729001
130729000025	万全县植物保护植物检疫站	130729001
	单位个数	23

张家口市怀来县农业

下属单位账号	下属单位名称	上级单位账号
130730000003	怀来县农牧局畜牧水产办公室	130730001
130730000004	怀来县农牧局	130730001
130730000006	怀来县畜牧兽医站	130730001
130730000007	怀来县动物卫生监督所	130730001
130730000008	怀来县渔政水产站	130730001
130730000009	怀来县植保植检站	130730001
130730000010	怀来县农作物种子监督检验站	130730001
130730000011	中央农业广播电视学校怀来县分校	130730001
130730000012	怀来县农机安全监理站	130730001
130730000013	怀来县农机培训学校	130730001
130730000014	怀来县农业机械管理推广中心	130730001
130730000015	怀来县农业行政综合执法大队	130730001
130730000016	怀来县种子服务中心	130730001
130730000017	怀来县原种场	130730001
130730000018	怀来县农牧技术推广总站	130730001
	单位个数	15

张家口市涿鹿县农业

下属单位账号	下属单位名称	上级单位账号
130731000003	涿鹿县农牧局	130731001
130731000004	涿鹿县畜牧办	130731001
130731000006	中央农业广播学校涿鹿分校	130731001
130731000007	涿鹿县新能源办公室	130731001
130731000008	涿鹿县墙体材料革新管理中心	130731001
130731000009	涿鹿县植保植检站	130731001
130731000010	涿鹿县农业机械技术推广中心	130731001
130731000011	涿鹿县涿鹿农业（农业机械化）技术推广总站	130731001
130731000012	国营涿鹿县原种场	130731001
130731000013	涿鹿县种子技术推广服务站	130731001
130731000014	涿鹿县农业行政综合执法大队	130731001
130731000015	涿鹿县动物卫生监督所	130731001
130731000016	涿鹿县草原监理站	130731001
130731000017	涿鹿县畜牧技术推广站	130731001
130731000018	涿鹿县执法队	130731001
	单位个数	15

张家口市赤城县农业

下属单位账号	下属单位名称	上级单位账号
130732000003	赤城县农牧局	130732001
130732000005	赤城县农业执法大队	130732001
130732000006	赤城县农业技术推广站	130732001
130732000007	赤城县农业广播电视学校	130732001
130732000008	赤城县畜牧技术推广站	130732001
130732000009	赤城县水产技术推广站	130732001
130732000010	赤城县动物卫生监督所	130732001
	单位个数	7

张家口市崇礼县农业

下属单位账号	下属单位名称	上级单位账号
130733000003	崇礼区农牧局	130733001
130733000005	崇礼区综合办公室	130733001

下属单位账号	下属单位名称	上级单位账号
130733000006	崇礼区综合执法大队	130733001
130733000007	崇礼区财务股	130733001
130733000008	崇礼区农畜产品质量安全监管股	130733001
	单位个数	5

张家口市管理区农业

下属单位账号	下属单位名称	上级单位账号
130799000001	察北管理区畜牧局	130799001
130799000002	塞北管理区农业局	130799001
130799000003	察北管理区农水局	130799001
130799000004	塞北管理区畜牧局	130799001
130799000008	察北管理区动物疫病控制中心	130799001
130799000009	察北管理区饲料办、畜牧站	130799001
130799000010	察北管理区动物卫生监督所	130799001
130799000011	察北管理区草原站	130799001
	单位个数	8

张家口市农业综合服务

下属单位账号	下属单位名称	上级单位账号
130732000004	中共赤城县委员会农村工作部	130700006
130799000006	张家口市察北管理区农业产业化协调领导小组	130700006
130733000004	中国共产党张家口市崇礼区农村工作部	130700006
130724000006	中共沽源县委农村工作委员会 （沽源县人民政府农业委员会）	130700006
130728000005	中共怀安县委农村工作部	130700006
130730000005	中共怀来县委农村工作部	130700006
130799000007	中共张家口经济开发区工作委员会农村工作 委员会（张家口经济开发区农业委员会）	130700006
130723000004	中共康保县委农村工作委员会 （康保县人民政府农业委员会）	130700006
130702000010	张家口市桥东区农业委员会	130700006
130703000012	桥西区发改局 （桥西区人民政府农业委员会）	130700006
130799000005	中共张家口市塞北管理区工委农村工作委员会	130700006
130725000003	中共尚义县委农村工作委员会 （尚义县人民政府农业委员会）	130700006

下属单位账号	下属单位名称	上级单位账号
130729000003	中共张家口市万全区委农村工作委员会	130700006
130726000005	中共蔚县委员会农村工作部	130700006
130706000002	下花园区农业委员会 （中共下花园区委农村工作部）	130700006
130705000006	中共张家口市宣化区委农村工作部	130700006
130727000005	中共阳原县委员会农村工作部	130700006
130722500004	中共张北县委农村工作部	130700006
130731000005	中共涿鹿县委农村工作委员会 （涿鹿县人民政府农业委员会）	130700006
130701000009	中共张家口市委农村工作委员会 （张家口市人民政府农业办公室）	130700006
	单位个数	20

承德市

下属单位账号	下属单位名称	上级单位账号
130800001	承德市农业	130800
130800006	承德市农委	130800
	单位个数	2

承德市农业

下属单位账号	下属单位名称	上级单位账号
130801001	承德市市本级农业	130800001
130802001	承德市双桥区农业	130800001
130803000001	承德市双滦区农牧林业和水务局	130800001
130804001	承德市鹰手营子矿区农业	130800001
130821001	承德市承德县农牧局	130800001
130822001	承德市兴隆县农业	130800001
130823001	承德市平泉县农业	130800001
130824001	承德市滦平县农业	130800001
130825001	承德市隆化县农业	130800001
130826001	承德市丰宁满族自治县农业局	130800001
130827001	承德市宽城满族自治县农业	130800001
130828001	承德市围场满族蒙古族自治县农业	130800001
130828000001	围场满族蒙古族自治县农牧局	130800001
	单位个数	13

承德市市本级农业

下属单位账号	下属单位名称	上级单位账号
130801000001	承德市农牧局	130801001
130801000004	承德市农业综合执法支队	130801001
130801000005	承德市农业信息中心	130801001
130801000006	承德市农业经济作物管理站	130801001
130801000007	承德市农业环境保护监测站	130801001
130801000008	承德市农产品质量检测中心	130801001
130801000009	承德市植保植检站	130801001
130801000010	承德市土壤肥料工作站	130801001
130801000011	承德市农药管理站	130801001
130801000012	承德市土地流转中心	130801001
130801000013	承德市蔬菜技术推广站	130801001
130801000014	承德市蔬菜科学研究所	130801001
130801000015	承德市农业技术推广站	130801001
130801000016	承德市新能源办公室	130801001
130801000017	承德市科技教育工作站	130801001
130801000018	承德市种子管理站	130801001
130801000019	承德市农机监理所	130801001
130801000020	承德市农机管理站	130801001
130801000021	承德市农机技术推广站	130801001
130801000022	承德市畜牧工作站	130801001
130801000023	承德市动物疫病预防控制中心	130801001
130801000024	承德市草原监理监测站	130801001
130801000025	承德市动物卫生监督所	130801001
130801000026	承德市水产工作站	130801001
130801000027	承德市水产技术推广站	130801001
130801000028	承德市渔政管理站	130801001
130801000029	承德市畜禽水产品检测中心	130801001
130801000030	承德市农产品加工中心	130801001
130801000031	承德市畜牧研究所	130801001
130801000032	承德市出口肉牛改良站	130801001
130801000033	承德市畜牧场	130801001
130801000002	河北省承德市农业科学研究所	130801001
130801000003	河北省农业广播电视学校承德市分校	130801001
	单位个数	33

承德市双桥区农业

下属单位账号	下属单位名称	上级单位账号
130802000001	承德市双桥区农业局	130802001
130802000002	双桥区农业综合执法大队	130802001
130802000003	双桥区动物卫生监督所	130802001
130802000004	双桥区水泉沟分站	130802001
130802000005	双桥区畜牧水产站	130802001
130802000006	双桥区大石庙分站	130802001
130802000007	双桥区新能源办公室（农业站）	130802001
	单位个数	7

承德市鹰手营子矿区农业

下属单位账号	下属单位名称	上级单位账号
130804000001	承德市鹰手营子矿区农牧林业和水务局	130804001
130804000002	承德市鹰手营子矿区农机牧服务管理中心	130804001
	单位个数	2

承德市承德县农牧局

下属单位账号	下属单位名称	上级单位账号
130821000001	承德县农牧局	130821001
130821000002	承德县农业机械化技术推广站 （农机监理站、农机培训学校）	130821001
130821000003	承德县畜牧站	130821001
130821000004	承德县兽医站（兽医医政、药政监督站）	130821001
130821000005	承德县动物防疫监督总站 （兽医卫生监督检验所、动物卫生监督所）	130821001
130821000006	承德县牧兴养殖服务中心	130821001
130821000007	承德县种鸡场	130821001
130821000008	承德县饲料工业办公室	130821001
130821000009	承德县畜禽定点屠宰管理办公室	130821001
130821000010	承德县石灰窑乡动物防疫监督分站	130821001
130821000011	承德县头沟镇动物防疫监督分站	130821001
130821000012	承德县两家乡动物防疫监督分站	130821001
130821000013	承德县岗子乡动物防疫监督分站	130821001
130821000014	承德县三家乡动物防疫监督分站	130821001

下属单位账号	下属单位名称	上级单位账号
130821000015	承德县邓上乡动物防疫监督分站	130821001
130821000016	承德县安匠乡动物防疫监督分站	130821001
130821000017	承德县刘杖子乡动物防疫监督分站	130821001
130821000018	承德县东小白旗乡动物防疫监督分站	130821001
130821000019	承德县新杖子乡动物防疫监督分站	130821001
130821000020	承德县下板城镇动物防疫监督分站	130821001
130821000021	承德县甲山镇动物防疫监督分站	130821001
130821000022	承德县孟家院乡动物防疫监督分站	130821001
130821000023	承德县高寺台镇动物防疫监督分站	130821001
130821000024	承德县仓子乡动物防疫监督分站	130821001
130821000025	承德县三沟镇动物防疫监督分站	130821001
130821000026	承德县岔沟乡动物防疫监督分站	130821001
130821000027	承德县五道河乡动物防疫监督分站	130821001
130821000028	承德县六沟镇动物防疫监督分站	130821001
130821000029	承德县上谷乡动物防疫监督分站	130821001
130821000030	承德县八家乡动物防疫监督分站	130821001
130821000031	承德县满杖子乡动物防疫监督分站	130821001
130821000032	承德县大营子乡动物防疫监督分站	130821001
130821000033	承德县下板城镇兽医站	130821001
130821000034	承德县甲山镇兽医站	130821001
130821000035	承德县孟家院乡兽医站	130821001
130821000036	承德县高寺台镇兽医站	130821001
130821000037	承德县仓子乡兽医站	130821001
130821000038	承德县三沟镇兽医站	130821001
130821000039	承德县岔沟乡兽医站	130821001
130821000040	承德县五道河乡兽医站	130821001
130821000041	承德县六沟镇兽医站	130821001
130821000042	承德县石灰窑乡兽医站	130821001
130821000043	承德县头沟镇兽医站	130821001
130821000044	承德县两家乡兽医站	130821001
130821000045	承德县岗子乡兽医站	130821001
130821000046	承德县三家乡兽医站	130821001
130821000047	承德县邓上乡兽医站	130821001
130821000048	承德县安匠乡兽医站	130821001

下属单位账号	下属单位名称	上级单位账号
130821000049	承德县刘杖子乡兽医站	130821001
130821000050	承德县东小白旗乡兽医站	130821001
130821000051	承德县新杖子乡兽医站	130821001
130821000052	承德县上谷乡兽医站	130821001
130821000053	承德县八家乡兽医站	130821001
130821000054	承德县满杖子乡兽医站	130821001
130821000055	承德县大营子乡兽医站	130821001
130821000056	承德县水产技术推广站（渔政站）	130821001
130821000057	承德县农业技术推广站	130821001
130821000058	承德县植保植检站	130821001
130821000059	承德县土肥环保监测站	130821001
130821000060	承德县农产品质量检验检测中心	130821001
130821000061	承德县经济作物站（食用菌技术推广站）	130821001
130821000062	承德县蔬菜站	130821001
130821000063	承德县农业科教站（农业信息网络中心）	130821001
130821000064	承德县新能源办公室	130821001
130821000065	承德县蔬菜产业服务中心	130821001
130821000066	承德县原种场	130821001
130821000067	承德县六沟农业技术推广综合区域站	130821001
130821000068	承德县三沟农业技术推广综合区域站	130821001
130821000069	承德县头沟农业技术推广综合区域站	130821001
130821000070	承德县三家农业技术推广综合区域站	130821001
130821000071	承德县安匠农业技术推广综合区域站	130821001
130821000072	承德县上谷农业技术推广综合区域站	130821001
130821000073	承德县下板城农业技术推广综合区域站	130821001
130821000074	农业广播电视学校(承德县农民科技教育培训中心)	130821001
130821000075	承德县农牧渔业执法大队（种子监督管理站）	130821001
130821000076	承德县项目办公室	130821001
130821000077	承德县光伏发电扶贫办公室	130821001
	单位个数	77

承德市兴隆县农业

下属单位账号	下属单位名称	上级单位账号
130822000001	兴隆县农牧局	130822001
130822000002	兴隆县农业广播电视学校	130822001

下属单位账号	下属单位名称	上级单位账号
130822000003	兴隆县农业技术推广站（土壤肥料工作站、种子管理站）	130822001
130822000004	兴隆县植保植检站（农药监督管理站）	130822001
130822000005	兴隆县农业环境保护监测站（蔬菜技术推广站）	130822001
130822000006	兴隆县农机技术推广和监理站（农机培训学校）	130822001
130822000007	兴隆县新能源办公室	130822001
130822000008	兴隆县乡镇兽医管理总站	130822001
130822000009	兴隆县动物卫生监督所（兴隆县动物疫病预防控制中心）	130822001
	单位个数	9

承德市平泉县农业

下属单位账号	下属单位名称	上级单位账号
130823000001	平泉县农牧局	130823001
130823000002	平泉县农业科技教育服务站	130823001
130823000003	平泉县农业技术推广中心	130823001
130823000004	平泉县蔬菜技术推广中心	130823001
130823000005	平泉县畜牧水产技术推广中心	130823001
130823000006	平泉县农机技术推广中心	130823001
130823000007	平泉县农机监理站	130823001
130823000008	平泉县植保植检站	130823001
130823000009	平泉县动物卫生监督所	130823001
130823000010	平泉县动物疫病预防控制中心	130823001
130823000011	平泉县种子管理站	130823001
130823000012	平泉县土壤肥料工作站	130823001
130823000013	平泉县草原监理监测站	130823001
130823000014	平泉县兽医局	130823001
130823000015	平泉县新能源办公室	130823001
130823000016	平泉县农产品质量检测检验中心	130823001
130823000017	平泉县农业行政综合执法大队	130823001
130823000018	中央农业广播电视学校平泉分校	130823001
130823000019	平泉县农村经济管理局	130823001
130823000020	平泉畜牧兽医技术推广区域站	130823001
130823000021	平泉县七沟畜牧兽医技术推广中心站	130823001
130823000022	平泉县小寺沟畜牧兽医技术推广区域站	130823001

下属单位账号	下属单位名称	上级单位账号
130823000023	平泉县党坝畜牧兽医技术推广区域站	130823001
130823000024	平泉县杨树岭畜牧兽医技术推广区域站	130823001
130823000025	平泉县台头山畜牧兽医技术推广中心站	130823001
130823000026	平泉县榆树林子畜牧兽医技术推广中心站	130823001
130823000027	平泉县黄土梁子畜牧兽医技术推广区域站	130823001
	单位个数	27

承德市滦平县农业

下属单位账号	下属单位名称	上级单位账号
130824000001	滦平县农委	130824001
130824000002	滦平县动物卫生监督所 （滦平县动物疫病预防控制中心）	130824001
130824000003	滦平县乡镇畜牧总站	130824001
130824000004	滦平县农机监理站	130824001
130824000005	国营滦平县原种场	130824001
130824000006	滦平县植保植检站	130824001
130824000007	滦平县农牧技术推广站	130824001
130824000008	滦平县新能源办公室	130824001
130824000009	滦平县农机技术推广站	130824001
130824000010	滦平县草原工作站	130824001
	单位个数	10

承德市隆化县农业

下属单位账号	下属单位名称	上级单位账号
130825000001	隆化县农牧局	130825001
130825000002	中央农业广播电视学校隆化县分校	130825001
130825000003	隆化县土壤肥料工作站	130825001
130825000004	河北省隆化县农机监理站（农机培训学校）	130825001
130825000005	隆化县农业技术推广站	130825001
130825000006	隆化县农机技术推广站（农机管理站）	130825001
130825000007	隆化县动物卫生监督所	130825001
130825000008	隆化县动物疫病预防控制中心	130825001
130825000009	隆化县新能源办公室	130825001
130825000010	隆化县畜牧科技推广站	130825001

下属单位账号	下属单位名称	上级单位账号
130825000011	隆化县蔬菜站	130825001
130825000012	隆化县草原监理监测站	130825001
130825000013	隆化县畜牧工作站	130825001
130825000014	隆化县兽药饲料监察所	130825001
130825000015	隆化县农产品质量检测检验中心	130825001
130825000016	隆化县农村土地承包经营纠纷调解仲裁委员会办公室	130825001
130825000017	隆化县种子管理站	130825001
130825000018	隆化县兽医工作站	130825001
130825000019	隆化县植保植检站	130825001
130825000020	张三营农业技术推广综合区域站	130825001
130825000021	汤头沟农业技术推广综合区域站	130825001
	单位个数	21

承德市丰宁满族自治县农业局

下属单位账号	下属单位名称	上级单位账号
130826000001	丰宁满族自治县农牧局	130826001
130826000002	丰宁农牧局能源办公室	130826001
130826000003	丰宁农牧局执法大队	130826001
130826000004	丰宁农牧局支农基金管理中心	130826001
130826000005	丰宁农牧局奶业发展办公室	130826001
130826000006	丰宁农牧局动物卫生监督总所	130826001
130826000007	丰宁农牧局基层兽医	130826001
130826000008	丰宁农牧局畜牧工作站	130826001
130826000009	丰宁农牧局孤石牧场	130826001
130826000010	丰宁农牧局农机推广管理站	130826001
130826000011	丰宁农牧局农业广播电视学校	130826001
130826000012	丰宁农牧局坝上农业科学研究所	130826001
130826000013	丰宁农牧局植保植检站	130826001
130826000014	丰宁农牧局农业技术推广站	130826001
130826000015	丰宁农牧局科教工作站	130826001
130826000016	丰宁农牧局农产品检测中心	130826001
130826000017	丰宁农牧局种子公司	130826001
130826000018	丰宁农牧局原种场	130826001
	单位个数	18

承德市宽城满族自治县农业

下属单位账号	下属单位名称	上级单位账号
130827000001	宽城满族自治县农牧局机关	130827001
130827000002	宽城满族自治县原种场	130827001
130827000003	河北省农业广播电视学校宽城满族自治县分校	130827001
130827000004	宽城满族自治县植保植检站	130827001
130827000005	宽城满族自治县农业技术推广站	130827001
130827000006	宽城镇畜牧兽医站	130827001
130827000007	龙须们镇畜牧兽医站	130827001
130827000008	板城镇畜牧兽医站	130827001
130827000009	汤道河镇畜牧兽医站	130827001
130827000010	碾子峪镇畜牧兽医站	130827001
130827000011	桲罗台镇畜牧兽医站	130827001
130827000012	大地乡畜牧兽医站	130827001
130827000013	苇子沟乡畜牧兽医站	130827001
130827000014	亮甲台镇畜牧兽医站	130827001
	单位个数	14

承德市围场满族蒙古族自治县农业

下属单位账号	下属单位名称	上级单位账号
130828000001	围场满族蒙古族自治县农牧局	130828001
130828000002	围场满族蒙古族自治县畜牧工作站	130828001
130828000003	围场满族蒙古族自治县水产技术推广站	130828001
130828000004	围场满族蒙古族自治县基层畜牧兽医管理服务站	130828001
130828000005	围场满族蒙古族自治县咨询站	130828001
130828000006	围场满族蒙古族自治县农业环保站	130828001
130828000007	围场满族蒙古族自治县农业行政综合执法大队	130828001
130828000008	围场满族蒙古族自治县种子管理站	130828001
130828000009	围场满族蒙古族自治县动物疫病预防控制中心	130828001
130828000010	围场满族蒙古族自治县动物卫生监督所	130828001
130828000011	围场满族蒙古族自治县草原监理监测站	130828001
130828000012	围场满族蒙古族自治县农业技术推广中心	130828001
130828000013	河北省农业广播电视学校围场分校	130828001
130828000014	围场满族蒙古族自治县新能源办公室	130828001
130828000015	围场满族蒙古族自治县农机监理站	130828001
130828000016	围场满族蒙古族自治县农机化技术推广服务站	130828001
130828000017	围场满族蒙古族自治县农产品质量监督检测中心	130828001
130828000018	围场满族蒙古族自治县兽医院	130828001

下属单位账号	下属单位名称	上级单位账号
130828000019	围场满族蒙古族自治县红松洼牧场	130828001
130828000020	围场满族蒙古族自治县卡伦后沟牧场	130828001
130828000021	围场满族蒙古族自治县家畜改良站	130828001
130828000022	河北承德农业机械化试验场	130828001
130828000023	围场满族蒙古族自治县马铃薯研究所	130828001
130828000024	围场满族蒙古族自治县动物防疫监督站朝阳湾分站	130828001
130828000025	围场满族蒙古族自治县动物防疫监督站城子分站	130828001
130828000026	围场满族蒙古族自治县动物防疫监督站大头山分站	130828001
130828000027	围场满族蒙古族自治县动物防疫监督站克勒沟分站	130828001
130828000028	围场满族蒙古族自治县动物防疫监督站棋盘山分站	130828001
130828000029	围场满族蒙古族自治县动物防疫监督站山湾子分站	130828001
130828000030	围场满族蒙古族自治县动物防疫监督站四合永分站	130828001
130828000031	围场满族蒙古族自治县动物防疫监督站银窝沟分站	130828001
130828000032	围场满族蒙古族自治县动物防疫监督站新拨分站	130828001
130828000033	围场满族蒙古族自治县动物防疫监督站半截塔分站	130828001
130828000034	围场满族蒙古族自治县动物防疫监督站围场镇分站	130828001
130828000035	围场满族蒙古族自治县银镇畜牧兽医技术服务中心站	130828001
130828000036	围场满族蒙古族自治县新拨畜牧兽医技术服务中心站	130828001
130828000037	围场满族蒙古族自治县围场镇畜牧兽医技术服务中心站	130828001
130828000038	围场满族蒙古族自治县四合永畜牧兽医技术服务中心站	130828001
130828000039	围场满族蒙古族自治县山湾子畜牧兽医技术服务中心站	130828001
130828000040	围场满族蒙古族自治县棋盘山畜牧兽医技术服务中心站	130828001
130828000041	围场满族蒙古族自治县半截塔畜牧兽医技术服务中心站	130828001
130828000042	围场满族蒙古族自治县克勒沟畜牧兽医技术服务中心站	130828001
130828000043	围场满族蒙古族自治县大头山畜牧兽医技术服务中心站	130828001
130828000044	围场满族蒙古族自治县城子畜牧兽医技术服务中心站	130828001
130828000045	围场满族蒙古族自治县朝阳湾畜牧兽医技术服务中心站	130828001
	单位个数	

承德市农委

下属单位账号	下属单位名称	上级单位账号
130800000001	承德市农委	130800006
130800000002	承德高新技术产业开发区农林水务局	130800006
130800000003	承德县农委	130800006
130800000004	丰宁县农委	130800006
130800000005	宽城满族自治县农委	130800006
130800000006	隆化县农委	130800006
130824000001	滦平县农委	130800006
130800000007	平泉县农委	130800006
130800000008	承德市双滦区农委	130800006
130800000009	双桥区农农委	130800006
130800000010	围场满族蒙古族自治县农委	130800006
130800000011	兴隆县农委	130800006
	单位个数	12

沧州市

下属单位账号	下属单位名称	上级单位账号
130900001	沧州市种植业	130900
130900006	沧州市农工委	130900
	单位个数	2

沧州市种植业

下属单位账号	下属单位名称	上级单位账号
130901001	市辖区种植业	130900001
130902001	新华区种植业	130900001
130903001	运河区种植业	130900001
130921001	沧县种植业	130900001
130922001	青县种植业	130900001
130923001	东光县种植业	130900001
130924001	海兴县种植业	130900001
130925001	盐山县种植业	130900001
130926001	肃宁县种植业	130900001
130927001	南皮县种植业	130900001
130928001	吴桥县种植业	130900001
130929001	献县种植业	130900001

下属单位账号	下属单位名称	上级单位账号
130930001	孟村回族自治县种植业	130900001
130981001	泊头市种植业	130900001
130982001	任丘市种植业	130900001
130983001	黄骅市种植业	130900001
130984001	河间市种植业	130900001
	单位个数	17

市辖区种植业

下属单位账号	下属单位名称	上级单位账号
130900000001	沧州市农牧局	130901001
130900000002	沧州市农村合作经济经营管理站	130901001
130900000003	沧州市动物卫生监督所	130901001
130900000004	沧州市农业环境保护和土壤肥料站	130901001
130900000005	沧州市农业技术推广站	130901001
130900000006	沧州市农业科技教育管理站	130901001
130900000007	沧州市棉花技术推广站	130901001
130900000008	河北省农业广播电视学校沧州分校 （沧州市农民科技教育培训中心）	130901001
130900000009	沧州市蔬菜技术推广站	130901001
130900000010	沧州市新能源办公室	130901001
130900000011	沧州市渔政渔港监督管理站	130901001
130900000012	沧州市农业综合执法支队	130901001
130900000013	沧州市植物保护检疫站	130901001
130901000001	沧州市农产品质量检验监测中心	130901001
130900000015	沧州市农机安全监理所	130901001
130900000016	沧州市水产技术推广站	130901001
130900000017	沧州市畜牧技术推广站 （沧州市饲草工作站）	130901001
130900000018	沧州市农牧局后勤服务中心	130901001
130900000019	沧州市农业信息中心	130901001
130900000020	沧州市农机推广站	130901001
130900000021	沧州市动物疫病预防控制中心 （沧州市兽医研究所）	130901001
130900000022	沧州市种子监督检验站	130901001
130900000023	沧州市种子技术推广站	130901001
130900000024	沧州市农场管理站	130901001
	单位个数	24

新华区种植业

下属单位账号	下属单位名称	上级单位账号
130902000002	沧州市新华区农业技术站	130902001
130902000005	沧州市新华区农机监理站	130902001
130902000003	沧州市新华区农机管理站	130902001
130902200002	沧州市新华区动物防疫站	130902001
130902000006	沧州市新华区动物卫生监督所	130902001
130902200003	沧州市新华区定点屠宰执法大队	130902001
130902000001	沧州市新华农业局	130902001
	单位个数	7

运河区种植业

下属单位账号	下属单位名称	上级单位账号
130903000001	沧州市运河区农业局	130903001
130903000002	沧州市运河区农林技术推广总站	130903001
130903000003	沧州市运河区农机推广总站	130903001
130903000004	沧州市运河区畜牧水产推广总站	130903001
130903000007	沧州市运河区动物疫病防控中心	130903001
130903000008	沧州市运河区城乡经济管理总站	130903001
130903000009	沧州市运河区动物卫生监督所	130903001
130903100001	沧州市运河区小王庄农业技术推广分站	130903001
130903200001	沧州市运河区南陈屯乡农业技术推广分站	130903001
130903200002	沧州市运河区疫病预防控制中心	130903001
130903200003	沧州市运河区城乡经济管理站	130903001
130903200004	沧州市运河区小王庄镇农业技术推广分站	130903001
	单位个数	12

沧县种植业

下属单位账号	下属单位名称	上级单位账号
130921000001	沧县农业局	130921001
130921000002	沧县良繁场	130921001
130921000003	沧县农村经济管理服务中心	130921001
130921000004	沧县农机安全监理站	130921001
130921000005	沧县农业综合技术服务中心	130921001
130921000006	沧县土壤肥料工作站	130921001

下属单位账号	下属单位名称	上级单位账号
130921000007	沧县新能源办公室	130921001
130921000008	沧县农业综合执法大队	130921001
130921000009	沧县植物保护检疫站	130921001
130921000010	沧县动物卫生监督所	130921001
130921000013	沧县动物疫病预防控制中心	130921001
130921000014	沧县动物防疫监督分站	130921001
	单位个数	12

青县种植业

下属单位账号	下属单位名称	上级单位账号
130922000015	青县农林局	130922001
130922000002	青县土壤肥料工作站	130922001
130922000003	青县农业技术推广站	130922001
130922000004	青县植保站	130922001
130922000005	青县蔬菜技术服务中心	130922001
130922000006	青县新能源办公室	130922001
130922000007	青县农民科技教育培训中心	130922001
130922000008	青县农机技术推广中心	130922001
130922000009	青县农机监理站	130922001
130922000010	青县畜牧技术推广中心	130922001
130922000011	青县动物卫生监督所	130922001
130922000012	青县动物疫病预防控制中心	130922001
130922000013	青县乡镇动物防疫站	130922001
130922000014	青县兽医院	130922001
130922000016	青县林业技术推广中心	130922001
	单位个数	15

东光县种植业

下属单位账号	下属单位名称	上级单位账号
130923000001	东光县农业局机关	130923001
130923000002	东光县农业技术推广中心	130923001
130923000003	东光县农技服务站	130923001
130923000004	东光县种子监督检验站	130923001

130923000005	东光县农业科技教育站	130923001
130923000006	东光县农业机械化技术推广站	130923001
130923000007	东光县农业综合执法大队	130923001
130923000008	东光县新能源管理中心	130923001
130923000009	东光县农机监理站	130923001
130923000010	东光县动物卫生监督所	130923001
130923000011	东光县城关动物防疫站	130923001
130923102001	东光县找王动物防疫站	130923001
130923200001	东光县龙王李动物防疫站	130923001
130923201001	东光县于桥动物防疫站	130923001
130923106001	东光县大单动物防疫站	130923001
130923000016	东光县畜牧（水产）站	130923001
	单位个数	16

海兴县种植业

下属单位账号	下属单位名称	上级单位账号
130924000016	海兴县农业局	130924001
130924000017	海兴县农业综合执法大队（海兴县农业局农机监理站）	130924001
130924000018	海兴县农村合作经济经营管理站	130924001
130924000019	海兴县农林技术推广站（农产品质量安全检验检测站）	130924001
130924000010	海兴县新能源办公室	130924001
130924000011	海兴县植物保护检疫站	130924001
130924000020	海兴县土壤肥料工作站	130924001
130924000021	河北省农业广播电视学校海兴分校	130924001
130924000022	海兴县良种繁育场	130924001
130924000023	海兴县农机技术服务站	130924001
130924000001	海兴县畜牧水产局	130924001
130924000002	河北省海兴县渔政渔港监督管理站	130924001
130924000003	海兴县畜牧水产技术推广站	130924001
130924000004	海兴县饲料草业办公室	130924001
130924000005	海兴县动物卫生监督所（动物疫病预防控制中心）	130924001
130924000024	海兴县畜禽定点屠宰执法大队	130924001
	单位个数	16

盐山县种植业

下属单位账号	下属单位名称	上级单位账号
130925000001	盐山县新能源办公室	130925001
130925000002	盐山县农业技术推广站	130925001
130925000003	盐山县经济作物管理站	130925001
130925000004	盐山县林业管理站	130925001
130925000005	盐山县森林病虫防治检疫站	130925001
130925000006	盐山县林业技术推广站	130925001
130925000007	盐山县植物保护站	130925001
130925000008	盐山县农机管理总站	130925001
130925000009	盐山县农村经济监督管理站	130925001
130925000010	农业广播电视学校盐山分校（挂农民科技教育培训中心牌子）	130925001
130925000011	盐山县农业行政综合执法大队	130925001
130925000012	盐山县农业局	130925001
130925000016	盐山县动物卫生监督所	130925001
130925000017	盐山县动物疫病防控中心	130925001
130925000018	盐山县畜牧水产管理站	130925001
130925000019	盐山县兽医站	130925001
130925000020	盐山县饲料工业管理办公室	130925001
130925000021	盐山防检分站	130925001
130925000022	盐山县孟店防检分站	130925001
130925000023	盐山县千童防检分站	130925001
130925000024	盐山县庆云防检分站	130925001
130925000025	盐山县圣佛防检分站	130925001
130925000026	盐山县望树防检分站	130925001
130925000027	盐山县畜牧兽医股	130925001
	单位个数	24

肃宁县种植业

下属单位账号	下属单位名称	上级单位账号
130926000001	肃宁县农业局	130926001
130926000002	肃宁县农业技术服务中心	130926001
130926000013	肃宁县畜牧服务中心	130926001
130926000007	肃宁县农机推广站	130926001

下属单位账号	下属单位名称	上级单位账号
130926000004	肃宁县植保植检站	130926001
130926000006	肃宁县农机安全监理站	130926001
130926000012	肃宁县动物疫病预防控制中心	130926001
130926000011	肃宁县动物卫生监督所	130926001
130926000003	肃宁县农村合作经营管理站	130926001
130926000009	肃宁县新能源办公室	130926001
130926000008	肃宁县农科所	130926001
130926000005	肃宁县农村资产审计所	130926001
130926000010	肃宁县原种场	130926001
	单位个数	13

南皮县种植业

下属单位账号	下属单位名称	上级单位账号
130927000010	南皮县农业局	130927001
130927000003	南皮县畜牧站	130927001
130927000004	南皮县动物疫病预防控制中心	130927001
130927000005	南皮县畜禽繁育指导站	130927001
130927000026	南皮县动物检疫站	130927001
130927100001	南皮县动物防疫监督站南皮分站	130927001
130927101001	南皮县动物防疫监督站冯家口站	130927001
130927102001	南皮县动物防疫监督站寨子分站	130927001
130927104001	南皮县动物防疫监督站王寺分站	130927001
130927000011	南皮县棉花技术推广站	130927001
130927000012	南皮县土肥站	130927001
130927000013	南皮县植保站	130927001
130927000014	南皮县技术站	130927001
130927000015	南皮县信息站	130927001
130927000016	南皮县农业综合执法大队	130927001
130927000017	南皮县农广校	130927001
130927000018	南皮县农机管理站	130927001
130927000019	南皮县农机监理站	130927001
130927000020	南皮县新能源办公室	130927001
130927000021	南皮县外资办	130927001
130927000025	南皮县基层农业技术推广站	130927001
	单位个数	21

吴桥县种植业

下属单位账号	下属单位名称	上级单位账号
130928000010	吴桥县农业局	130928001
130928000011	吴桥县农业技术推广中心	130928001
130928203002	吴桥县信息中心	130928001
130928000013	吴桥县新能源办公室	130928001
130928000014	吴桥县农业综合执法大队	130928001
130928000015	吴桥县农机安全监理站	130928001
130928000016	吴桥县种子公司	130928001
130928203003	吴桥县粮食原种场	130928001
130928203004	吴桥县棉花原种场	130928001
130928000001	吴桥县畜牧局	130928001
130928000002	吴桥县畜牧局动物疫病预防控制中心	130928001
130928000003	吴桥县动物卫生监督所	130928001
130928203005	吴桥县畜禽定点屠宰执法大队	130928001
130928200001	吴桥县动物防疫曹洼分站	130928001
130928104001	吴桥县动物防疫安陵分站	130928001
130928203001	吴桥县动物防疫沟店铺分站	130928001
130928103001	吴桥县动物防疫梁集分站	130928001
130928201001	吴桥县动物防疫宋门分站	130928001
130928000009	吴桥县兽医站	130928001
	单位个数	19

献县种植业

下属单位账号	下属单位名称	上级单位账号
130929000018	献县农业局	130929001
130929000003	献县动物疫病预防控制中心	130929001
130929000004	献县动物卫生监督所	130929001
130929000005	献县动物防疫站	130929001
130929000019	献县农业广播电视学校献县分校	130929001
130929000008	献县农业执法大队	130929001
130929000009	献县农机监理站	130929001
130929000010	献县农场	130929001
130929000011	献县植保站	130929001
130929000012	献县土肥站	130929001

下属单位账号	下属单位名称	上级单位账号
130929000013	献县农机管理和技术推广站	130929001
130929000014	献县农业技术推广站	130929001
130929000015	献县种检站	130929001
130929000016	献县科教站	130929001
130929000017	献县水产站	130929001
	单位个数	15

孟村回族自治县种植业

下属单位账号	下属单位名称	上级单位账号
130930000002	孟村回族自治县农业综合办公室	130930001
130930103003	孟村回族自治县农业局	130930001
130930000003	孟村回族自治县农业机械管理站	130930001
130930000004	孟村回族自治县土壤肥料工作站（质检站）	130930001
130930103004	孟村回族自治县农业广播学校孟村分校	130930001
130930000006	孟村回族自治县农业技术推广站	130930001
130930000007	孟村回族自治县植物保护检疫站	130930001
130930000008	孟村回族自治县农业信息中心	130930001
130930000010	孟村回族自治县农村经济经营管理站	130930001
130930000011	孟村回族自治县新能源办公室	130930001
130930000012	孟村回族自治县农业综合执法大队	130930001
130930103005	孟村回族自治县新县农业技术推广综合区域站	130930001
130930103006	孟村回族自治县高寨农业技术推广综合区域站	130930001
130930000015	孟村回族自治县畜牧水产局	130930001
130930103007	孟村回族自治县畜牧水产局水产站	130930001
130930103008	孟村回族自治县辛店动物防疫检疫分站	130930001
130930103009	孟村回族自治县新县动物防疫检疫分站	130930001
130930103010	孟村回族自治县高寨动物防疫检疫分站	130930001
130930000017	孟村回族自治县动物疫病预防控制中心	130930001
130930000016	孟村回族自治县动物卫生监督所	130930001
	单位个数	20

泊头市种植业

下属单位账号	下属单位名称	上级单位账号
130981000001	泊头市农业局	130981001
130981000002	泊头市新能源办公室	130981001

下属单位账号	下属单位名称	上级单位账号
130981000003	泊头市农业技术推广站	130981001
130981000004	泊头市蔬菜技术推广站	130981001
130981000005	泊头市植保植检站	130981001
130981000006	泊头市土壤肥料工作站	130981001
130981000007	泊头市农机管理和技术推广站	130981001
130981000008	河北省农业广播电视学校泊头分校	130981001
130981000009	泊头市农机监理站	130981001
130981000010	泊头市农业综合执法大队	130981001
130981000011	泊头市动物卫生监督所	130981001
130981000012	泊头市动物疫病预防控制中心	130981001
130981000013	泊头市水产技术推广站	130981001
130981000014	泊头市农情信息站	130981001
130981000015	泊头市畜牧技术推广站	130981001
130981000016	泊头市农村合作经济经营管理总站	130981001
130981105001	泊头市动物防疫监督站富镇分站	130981001
130981103001	泊头市动物防疫监督站寺门村分站	130981001
130981101001	泊头市动物防疫监督站交河分站	130981001
130981107001	泊头市动物防疫监督站洼里王分站	130981001
130981102001	泊头市动物防疫监督站齐桥分站	130981001
130981100001	泊头市动物防疫监督站泊镇分站	130981001
130981105002	泊头市农业技术推广站富镇分站	130981001
130981103002	泊头市农业技术推广站寺门村分站	130981001
130981101002	泊头市农业技术推广站交河分站	130981001
130981107002	泊头市农业技术推广站洼里王分站	130981001
130981100002	泊头市农业技术推广站泊镇分站	130981001
130981102002	泊头市农业技术推广站齐桥分站	130981001
130981107003	泊头市畜禽定点屠宰执法大队	130981001
	单位个数	29

任丘市种植业

下属单位账号	下属单位名称	上级单位账号
130982000001	任丘市农业局	130982001
130982000002	任丘市原种场	130982001
130982000003	任丘市农机监理站	130982001
130982000004	任丘市棉花生产办公室	130982001

下属单位账号	下属单位名称	上级单位账号
130982000005	任丘市农村经营管理总站	130982001
130982000006	任丘市农业局土壤肥料工作站	130982001
130982000007	任丘市农机推广总站	130982001
130982000008	任丘市农业局出岸技术站	130982001
130982000009	任丘市农业局议论堡技术站	130982001
130982000010	河北省农业广播电视学校任丘分校	130982001
130982000011	任丘市新能源办公室	130982001
130982000012	任丘市农业局蔬菜技术站	130982001
130982102001	任丘市农业局吕公堡技术站	130982001
130982000014	任丘市植保植检站	130982001
130982000015	任丘市农业技术推广站	130982001
130982000016	任丘市农业局科学教育管理站	130982001
130982101001	任丘市农业局石门桥技术站	130982001
130982203002	任丘市农业局鄚州技术站	130982001
130982000019	任丘市种子监督检验站	130982001
130982000020	任丘市农业综合执法大队	130982001
130982203003	任丘市畜牧工作服务站	130982001
130982203004	任丘市畜牧水产局水产站	130982001
130982203005	任丘市渔政管理站	130982001
130982203006	任丘市动物防疫监督检验所	130982001
130982203007	任丘市家畜改良站	130982001
130982203008	任丘市渔牧工商服务站	130982001
130982203009	任丘市四大家鱼良种场	130982001
130982203010	任丘市畜禽综合服务中心	130982001
130982003001	任丘市动物防疫监督站永丰路分站	130982001
130982101002	任丘市动物防疫监督站石门桥分站	130982001
130982000029	任丘市动物防疫监督站白洋淀分站	130982001
130982203001	任丘市动物防疫监督站议论堡分站	130982001
130982102002	任丘市动物防疫监督站吕公堡分站	130982001
130982000032	任丘市动物防疫监督站城区分站	130982001
130982100001	任丘市动物防疫监督站出岸分站	130982001
130982104002	任丘市动物防疫监督站鄚州分站	130982001
130982103001	任丘市动物防疫监督站长丰分站	130982001
130982203011	任丘市畜牧水产局	130982001
	单位个数	38

黄骅市种植业

下属单位账号	下属单位名称	上级单位账号
130983000016	黄骅市农业局	130983001
130983000017	黄骅市农机推广站	130983001
130983000018	黄骅市农业信息服务中心	130983001
130983000019	黄骅市植物保护检疫站	130983001
130983000020	黄骅市农业技术推广站	130983001
130983000021	黄骅市农业科技教育站	130983001
130983000022	黄骅市土壤肥料工作站	130983001
130983000023	黄骅市农业环境保护监测站	130983001
130983000024	黄骅市农产品质量安全监测站	130983001
130983000025	黄骅市新能源办公室	130983001
130983000026	黄骅市农机安全监理站	130983001
130983000027	黄骅市农村合作经济经营管理站	130983001
130983000028	黄骅市农业综合执法大队	130983001
130983000029	黄骅农业技术推广区域站	130983001
130983204001	官庄农业技术推广区域站	130983001
130983202001	常郭农业技术推广区域站	130983001
130983103002	旧城农业技术推广区域站	130983001
130983200001	羊二庄农业技术推广区域站	130983001
130983102001	吕桥农业技术推广区域站	130983001
130983205001	齐家务农业技术推广区域站	130983001
130983203002	滕庄子农业技术推广区域站	130983001
130983000037	黄骅市良繁场	130983001
130983000038	黄骅市农用油管理中心	130983001
130983000039	黄骅市拖拉机驾驶培训学校	130983001
130983000040	黄骅市水产局	130983001
130983000041	黄骅市渔政管理站	130983001
130983101002	黄骅市南排河渔港监督站	130983001
130983000043	黄骅市渔业稽查大队	130983001
130983000044	黄骅市水产技术推广站	130983001
130983000045	黄骅市海洋工作站	130983001
130983000046	黄骅市船用无线电管理站	130983001
130983000047	黄骅市渔业经济体制改革试验区办公室	130983001
130983000048	黄骅市水产服务中心	130983001
130983000049	黄骅海水原良种繁育中心	130983001

下属单位账号	下属单位名称	上级单位账号
130983000050	黄骅渤海水产资源增殖站	130983001
130983000051	沧州神港水产有限公司	130983001
130983000052	黄骅市环海水产科技示范园	130983001
130983205002	黄骅市畜牧局局机关	130983001
130983000002	黄骅市饲料工业办公室	130983001
130983000003	黄骅市畜牧工作站	130983001
130983000004	黄骅市饲草工作站	130983001
130983000005	黄骅市动物疫病预防控制中心	130983001
130983000006	黄骅市兽药监察所	130983001
130983000007	黄骅市动物卫生监督所	130983001
130983100001	黄骅市动物防疫检疫监督站黄骅分站	130983001
130983103001	黄骅市动物防疫检疫监督站旧城分站	130983001
130983000010	黄骅市动物防疫检疫监督站李村分站	130983001
130983203001	黄骅市动物防疫检疫监督站滕庄子分站	130983001
130983101001	黄骅市动物防疫检疫监督站南排河分站	130983001
130983000013	黄骅市动物疫病研究所	130983001
130983000014	黄骅市饲料开发中心	130983001
130983000015	黄骅市畜禽良种繁育中心	130983001
	单位个数	52

河间市种植业

下属单位账号	下属单位名称	上级单位账号
130984000005	河间市农业局	130984001
130984000006	河间市农业信息服务中心	130984001
130984000007	河间市农业执法大队	130984001
130984000008	河间市农业技术推广站	130984001
130984000009	河间市农经总站	130984001
130984000010	河间市植物保护检疫站	130984001
130984000011	河间市农业局土肥站	130984001
130984000012	河间市农业广播电视学校	130984001
130984000013	河间市农机技术推广站	130984001
130984000014	河间市农业机械化学校	130984001
130984000015	河间市农机监理站	130984001
130984000016	河间市农业科学研究所	130984001

下属单位账号	下属单位名称	上级单位账号
130984000017	河间市新能源办公室	130984001
130984000018	河间市农业局蔬菜站	130984001
	单位个数	14

沧州市农工委

下属单位账号	下属单位名称	上级单位账号
130900000025	沧州市农工委	130900006
130900000026	泊头市农工委	130900006
130900000027	沧县农工委	130900006
130900000028	东光县农工委	130900006
130900000029	河间市农工委	130900006
130900000030	黄骅市农工委	130900006
130900000031	孟村回族自治县农工委	130900006
130900000032	中共南皮县委农村工作部	130900006
130900000033	青县农工委	130900006
130900000034	任丘市农工委	130900006
130900000035	肃宁县农工委	130900006
130900000036	吴桥县农工委	130900006
130900000037	献县农工委	130900006
130900000038	新华区农工委	130900006
130900000039	中共共产党盐山县委员会农村工作部	130900006
130900000040	沧州市运河区农工委	130900006
	单位个数	16

廊坊市

下属单位账号	下属单位名称	上级单位账号
131000001	廊坊市种植业	131000
131000006	廊坊市农业综合服务	131000
	单位个数	2

廊坊市种植业

下属单位账号	下属单位名称	上级单位账号
131001001	市辖区种植业	131000001
131002001	安次区种植业	131000001

下属单位账号	下属单位名称	上级单位账号
131003001	广阳区养殖业	131000001
131022001	固安县种植业	131000001
131023001	廊坊市永清县农业	131000001
131024001	香河县种植业	131000001
131025001	大城县种植业	131000001
131026001	文安县种植业	131000001
131028001	大厂回族自治县种植业	131000001
131081001	霸州市	131000001
131082001	三河市种植业	131000001
	单位个数	11

市辖区种植业

下属单位账号	下属单位名称	上级单位账号
131000000002	廊坊市农业局机关	131001001
131000000001	廊坊市农产品质量综合检测中心	131001001
131000000003	廊坊市牧工商总公司	131001001
131000000004	廊坊市畜牧站	131001001
131000000005	廊坊市农业生态环境保护监测站	131001001
131000000006	廊坊市农业技术推广站	131001001
131000000007	廊坊市农业局土壤肥料工作站	131001001
131000000008	廊坊市农机监理所	131001001
131000000009	廊坊市种子管理站	131001001
131000000010	廊坊市农村合作经济经营管理站	131001001
131000000011	廊坊市动物疫病预防控制中心	131001001
131000000012	廊坊市动物卫生监督所	131001001
131000000013	廊坊市农业科技站	131001001
131000000014	廊坊市休闲农业管理站	131001001
131000000015	廊坊市水产技术推广站	131001001
131000000016	廊坊市农业局农机培训中心	131001001
131000000017	河北省农业广播电视学校廊坊市分校	131001001
131000000018	廊坊市新能源办公室	131001001
131000000019	廊坊市畜牧水产行政综合执法支队	131001001
131000000020	廊坊市农业行政综合执示支队	131001001
131000000021	廊坊市农业局农场管理站	131001001
131000000022	廊坊市经济作物站	131001001

下属单位账号	下属单位名称	上级单位账号
131000000023	廊坊市农业局植保植检站	131001001
131000000024	廊坊市机关事务管理中心	131001001
131000000025	廊坊市农业信息中心	131001001
131000000026	廊坊市农机技术推广站	131001001
	单位个数	26

安次区种植业

下属单位账号	下属单位名称	上级单位账号
131002000005	廊坊市安次区畜牧水产局	131002001
131002203002	廊坊市安次区动物卫生监督所	131002001
131002203003	廊坊市安次区动物疫病预防控制中心	131002001
131002203004	廊坊市安次区畜禽定点屠宰管理执法队	131002001
131002203005	廊坊市安次区北史家务动物防疫站	131002001
131002203006	廊坊市安次区调河头动物防疫站	131002001
131002203007	廊坊市安次区仇庄动物防疫站	131002001
131002203008	廊坊市安次区杨税务动物防疫站	131002001
131002203009	廊坊市安次区码头动物防疫站	131002001
131002203010	廊坊市安次区葛渔城动物防疫站	131002001
131002203011	廊坊市安次区东沽港动物防疫站	131002001
131002203012	廊坊市安次区落垡动物防疫站	131002001
	单位个数	12

广阳区养殖业

下属单位账号	下属单位名称	上级单位账号
131003000001	廊坊市广阳区农业局	131003001
131003000003	廊坊市广阳区畜牧兽医局	131003001
131003100001	廊坊市广阳区动物防疫监督站尖塔分站	131003001
131003200001	廊坊市广阳区动物防疫监督站北旺分站	131003001
131003101001	廊坊市广阳区动物防疫监督站万庄分站	131003001
131003102001	廊坊市广阳区动物防疫监督站九州分站	131003001
131003000009	廊坊市广阳区动物防疫监督站白家务分站	131003001
131003200003	廊坊市广阳区尖塔畜牧兽医站	131003001
131003200002	廊坊市广阳区北旺畜牧兽医站	131003001
131003101002	廊坊市广阳区万庄畜牧兽医站	131003001

下属单位账号	下属单位名称	上级单位账号
131003102002	廊坊市广阳区九州畜牧兽医站	131003001
131003000014	廊坊市广阳区白家务畜牧兽医站	131003001
	单位个数	12

固安县种植业

下属单位账号	下属单位名称	上级单位账号
131022000005	固安县蔬菜服务中心	131022001
131022000011	固安县畜牧兽医局	131022001
131022000012	固安县动物疫病预防控制中心	131022001
131022000013	固安县动物卫生监督所	131022001
131022203002	固安县牧工商联合服务站	131022001
131022203003	固安县畜牧兽医局兽医院	131022001
131022203004	固安县农产品综合质检站	131022001
131022100001	固安县固安镇畜牧水产站	131022001
131022104001	固安县马庄镇畜牧水产站	131022001
131022103001	固安县牛驼镇畜牧水产站	131022001
131022102001	固安县柳泉乡畜牧水产站	131022001
131022202001	固安县渠沟乡畜牧水产站	131022001
131022203001	固安县礼让店乡畜牧水产站	131022001
131022200001	固安县东湾乡畜牧水产站	131022001
131022101001	固安县宫村乡畜牧水产站	131022001
131022201001	固安县彭村乡畜牧水产站	131022001
131022203005	固安县知子营畜牧水产站	131022001
131022203006	固安县农业机械管理局	131022001
131022203007	固安县农机推广站	131022001
131022203008	固安县农机监理站	131022001
131022203009	固安县农机化技术学校	131022001
	单位个数	21

廊坊市永清县农业

下属单位账号	下属单位名称	上级单位账号
131023000004	永清县蔬菜管理局	131023001
131023000005	永清县畜牧兽医局	131023001
131023000006	永清县动物卫生监督所	131023001
131023000009	永清县家畜家禽改良站	131023001

下属单位账号	下属单位名称	上级单位账号
131023000010	永清县水产技术推广站	131023001
131023000022	永清县农业机械管理局	131023001
131023204002	永清县办公室	131023001
131023204003	永清县科教股	131023001
131023204004	永清县管理股	131023001
131023204005	永清县农机监理站	131023001
131023204006	永清县农机推广站	131023001
131023204007	永清县成人农业机械化培训学校	131023001
131023000001	永清县农业局	131023001
131023204008	永清县农业技术推广站	131023001
131023204009	永清县农业广播学校	131023001
	单位个数	15

香河县种植业

下属单位账号	下属单位名称	上级单位账号
131024000001	香河县农业局	131024001
131024000002	香河县农业局（办公室）	131024001
131024201002	香河县农业局（科教股）	131024001
131024000004	香河县农业局（农广校）	131024001
131024000005	香河县农业局（农业技术站）	131024001
131024000006	香河县农业局（植保站）	131024001
131024000007	香河县农业局（土肥站）	131024001
131024000008	香河县农业局（农业综合执法大队）	131024001
131024000009	香河县农业局（农情股）	131024001
131024000010	香河县农业局（蔬菜站）	131024001
131024000011	香河县农业局（新能源办公室）	131024001
131024000012	香河县农业局（农经局）	131024001
131024000013	香河县农业局（农机监理站）	131024001
131024000014	香河县农业局（农机管理站）	131024001
131024000015	香河县畜牧兽医局	131024001
131024000026	香河县动物卫生监督所	131024001
131024000025	香河县畜禽疾病防治站	131024001
131024201003	香河县家禽改良站	131024001
131024000027	香河县兽医院	131024001
131024100001	香河县淑阳镇畜牧兽医站	131024001

下属单位账号	下属单位名称	上级单位账号
131024104001	香河县安平镇畜牧兽医站	131024001
131024201001	香河县钳屯镇畜牧兽医站	131024001
131024201004	香河县五百户畜牧兽医站	131024001
131024105001	香河县刘宋镇畜牧兽医站	131024001
131024103001	香河县安头屯镇畜牧兽医站	131024001
131024200001	香河县钱旺镇畜牧兽医站	131024001
131024102001	香河县渠口镇畜牧兽医站	131024001
131024101001	香河县蒋辛屯镇畜牧兽医站	131024001
	单位个数	28

大城县种植业

下属单位账号	下属单位名称	上级单位账号
131025000021	大城县农业局	131025001
131025202003	河北省农业广播电视大学大城分校	131025001
131025000024	大城县农机技术推广站	131025001
131025000025	大城县农机安全监理站	131025001
131025000026	大城县农业局土壤肥料工作站	131025001
131025000027	大城县新能源办公室	131025001
131025000028	大城县农业信息中心	131025001
131025000029	大城县植保植检站	131025001
131025000030	大城县种子管理站	131025001
131025000031	大城县农机培训学校	131025001
131025000032	大城县农业综合执法大队	131025001
131025000033	大城县农机维修管理站	131025001
131025000034	大城县农机产品质量监管站	131025001
131025000035	大城县植物医院	131025001
131025000036	大城县原种场	131025001
131025000037	大城县农科所	131025001
131025000001	大城县畜牧兽医局	131025001
131025000015	大城县动物卫生监督所	131025001
131025202004	家畜家禽改良站	131025001
131025202005	畜禽服务总站	131025001
	单位个数	20

文安县种植业

下属单位账号	下属单位名称	上级单位账号
131026200003	文安县农机培训学校	131026001
131026200004	中央农业广播电视学校文安分校	131026001
131026200005	文安县农经站	131026001
131026200006	文安县农业行政综合执法大队	131026001
131026200007	文安县农村新能源办公室	131026001
131026200008	文安县农机监理站	131026001
131026200009	文安县农机管理站	131026001
131026200010	文安县农业机械推广站	131026001
131026200011	文安县经济作物与蔬菜站	131026001
131026200012	文安县农业环境保护站	131026001
131026200013	文安县植保植检站	131026001
131026200014	文安县土肥站	131026001
131026200015	文安县技术站	131026001
131026200016	文安县农业技术推广中心	131026001
131026200017	文安县局机关	131026001
131026200018	河北省廊坊市文安县畜牧兽医局	131026001
131026200019	文安县渔政管理站	131026001
131026200020	文安县动物卫生监督站	131026001
131026200021	文安县畜牧兽医局机关	131026001
131026100001	文安镇动物防疫站	131026001
131026110001	孙氏镇动物防疫站	131026001
131026103001	大柳河镇动物防疫站	131026001
131026107001	赵各庄镇动物防疫站	131026001
131026101001	新镇镇动物防疫站	131026001
131026111001	德归镇动物防疫站	131026001
131026106001	史各庄镇动物防疫站	131026001
131026105001	滩里镇动物防疫站	131026001
131026200001	大围河乡动物防疫站	131026001
131026102001	苏桥镇动物防疫站	131026001
131026104001	左各庄镇动物防疫站	131026001
131026108001	兴隆宫动物防疫站	131026001
131026109001	大留镇镇动物防疫站	131026001
131026200022	文安县鱼种场	131026001
	单位个数	33

大厂回族自治县种植业

下属单位账号	下属单位名称	上级单位账号
131028000001	大厂回族自治县畜牧兽医局局机关	131028001
131028000002	大厂回族自治县动物卫生监督所	131028001
131028000008	大厂回族自治县家畜改良站	131028001
131028400002	大厂回族自治县畜禽防疫站	131028001
131028400003	夏垫镇畜牧兽医水产站	131028001
131028400004	祁各庄镇畜牧兽医水产站	131028001
131028400005	大厂镇畜牧兽医水产站	131028001
131028400006	陈府乡畜牧兽医水产站	131028001
131028400007	邵府乡畜牧兽医水产站	131028001
131028400008	大厂回族自治县农业局	131028001
	单位个数	10

霸州市

下属单位账号	下属单位名称	上级单位账号
131081000001	河北省廊坊市霸州市畜牧兽医局	131081001
131081000002	霸州市畜牧兽医局畜牧站	131081001
131081000003	霸州市畜牧兽医局疫控中心	131081001
131081000004	霸州市畜牧兽医局动物卫生监督所	131081001
131081000005	霸州市畜牧兽医局水产站	131081001
131081000006	霸州市畜牧兽医局鱼种场	131081001
131081000007	霸州市畜牧兽医局兽医院	131081001
131081000008	霸州市农业局	131081001
131081000021	中央农广校霸州分校	131081001
131081000009	霸州市新能源办公室	131081001
131081000020	霸州市农业行政综合执法大队	131081001
131081000017	霸州市农机监理站	131081001
131081000015	霸州市农业局蔬菜站	131081001
131081000013	霸州市农业局农经站	131081001
131081000011	霸州市植物保护植物检疫站	131081001
131081000010	霸州市农业技术推广中心	131081001
131081000016	霸州市农机管理站	131081001
131081000022	霸州市农业机械化技术学校	131081001
	单位个数	18

三河市种植业

下属单位账号	下属单位名称	上级单位账号
131082000004	三河市农机推广站	131082001
131082000003	三河市农机服务站	131082001
131082000002	三河市农机监理站	131082001
131082000001	三河市农业机械管理局	131082001
131082000006	三河市农机公司	131082001
131082000019	三河市动物总医院	131082001
131082000007	三河市畜牧水产局	131082001
131082000030	三河市种子公司	131082001
131082000028	河北省三河市土肥站	131082001
131082000027	三河市农业局植保站	131082001
131082000025	三河市人民政府新能源办公室	131082001
131082000029	三河市农事试验厂	131082001
131082000031	三河市农业局综合服务站	131082001
131082000024	三河市农业局	131082001
131082000026	河北省农业广播电视学校三河市分校	131082001
	单位个数	15

廊坊市农业综合服务

下属单位账号	下属单位名称	上级单位账号
131001000001	中共廊坊市委农村工作部	131000006
131002203013	中国共产党廊坊市安次区委员会农村工作部	131000006
131081000023	中国共产党霸州市委员会农村工作部	131000006
131028400009	中共大厂回族自治县委农村工作部	131000006
131025202006	中共大城县委农村工作部	131000006
131022203010	中共固安县委农村工作部	131000006
131003200004	中国共产党廊坊市广阳区委员会农村工作部	131000006
131082109004	中共三河市委农村工作部	131000006
131026200023	中共文安县委农村工作部	131000006
131024201005	中共香河县委农村工作部	131000006
131023204010	中国共产党永清县委员会农村工作部	131000006
	单位个数	11

衡水市

下属单位账号	下属单位名称	上级单位账号
131100001	衡水市种植业	131100
131100006	衡水市农工委	131100
	单位个数	2

衡水市种植业

下属单位账号	下属单位名称	上级单位账号
131101001	市辖区种植业	131100001
131102001	桃城区种植业	131100001
131121001	枣强县种植业	131100001
131122001	武邑县种植业	131100001
131123001	武强县种植业	131100001
131124001	饶阳县种植业	131100001
131125001	安平县种植业	131100001
131126001	故城县种植业	131100001
131127001	景县种植业	131100001
131128001	阜城县种植业	131100001
131181001	冀州市种植业	131100001
131182001	深州市种植业	131100001
	单位个数	12

市辖区种植业

下属单位账号	下属单位名称	上级单位账号
131100000001	衡水市农牧局	131101001
131100000002	衡水市农业技术推广站	131101001
131100000003	衡水市植物保护检疫站	131101001
131100000024	河北省衡水市土壤肥料工作站	131101001
131100000005	衡水市农经管理总站	131101001
131100000025	河北省农业广播电视学校衡水市分校	131101001
131100000026	衡水市农业环境与农畜产品质量监督管理站	131101001
131100000008	衡水市农业行政综合执法支队	131101001
131100000027	衡水市种子管理站	131101001
131100000011	衡水市农机安全监理所	131101001

下属单位账号	下属单位名称	上级单位账号
131100000013	衡水市新能源办公室	131101001
131100000014	衡水市动物卫生监督所	131101001
131100000015	衡水市动物疫病预防控制中心	131101001
131100000016	衡水市水产技术推广站	131101001
131100000028	衡水市畜牧技术推广站	131101001
131100000012	衡水市农机技术推广站	131101001
131100000023	衡水市畜禽屠宰管理办公室	131101001
131100000029	衡水市绿色农产品推广中心	131101001
131100000019	衡水市新能源技术推广站	131101001
131100000010	衡水市农机管理总站	131101001
131100000020	衡水市种鸡场	131101001
131100000021	河北省衡水农业机械总公司	131101001
131100000022	衡水市牧工商联合公司	131101001
131100000030	中共衡水市委农村工作委员会 (衡水市农业委员会)	131101001
	单位个数	24

桃城区种植业

下属单位账号	下属单位名称	上级单位账号
131102000019	衡水市桃城区农林局	131102001
131102000002	衡水市桃城区农业资源开发服务中心	131102001
131102000003	衡水市桃城区农业技术推广中心	131102001
131102000004	衡水市桃城区蔬菜技术推广站	131102001
131102000007	衡水市桃城区农机管理中心	131102001
131102000005	中央农业广播电视学校衡水市桃城区分校	131102001
131102000006	衡水市桃城区农作物种子监督检验站	131102001
131102000008	衡水市桃城区新能源办公室	131102001
131102000009	衡水市桃城区原种场	131102001
131102000020	河北省衡水市桃城区动物防疫站	131102001
131102000012	衡水市桃城区动物检疫站	131102001
131102000013	衡水市桃城区畜牧养殖服务中心	131102001
131102000014	衡水市桃城区水产工作站	131102001
131102000015	衡水市桃城区渔政管理站	131102001
131102000018	衡水市桃城区配种站	131102001
131102000021	衡水市桃城区水产良种示范场	131102001

下属单位账号	下属单位名称	上级单位账号
131102000016	衡水市兽医院	131102001
131102000022	衡水市国营苗圃场	131102001
131102000023	衡水市桃城区林业工作站	131102001
131102000024	衡水市桃城区林果病虫害防治检疫站	131102001
131102000025	衡水市桃城区林业行政综合执法队	131102001
	单位个数	21

枣强县种植业

下属单位账号	下属单位名称	上级单位账号
131121204002	枣强县农林局	131121001
131121000003	枣强县土壤肥料工作站	131121001
131121204003	中央农业广播电视学校枣强县分校	131121001
131121204004	枣强县植物保护工作站	131121001
131121204005	枣强县农业信息化服务中心	131121001
131121000007	枣强县农业技术推广站	131121001
131121204006	枣强县农村经济经营管理站	131121001
131121000009	枣强县农业区划委员会办公室	131121001
131121000011	枣强县种子管理站	131121001
131121204007	枣强县农业科技教育与农村经济指导站	131121001
131121204008	枣强县农村土地管理站	131121001
131121000023	枣强县动物卫生监督所	131121001
131121000025	枣强县动物疫病预防控制中心	131121001
131121204009	枣强县畜牧管理站	131121001
131121000010	枣强县农业机械化技术推广服务站	131121001
131121204010	枣强县农业机械监理站	131121001
131121204011	枣强县农业机械管理站	131121001
131121204012	枣强县农业环境与农产品质量管理站	131121001
131121000019	枣强县农业行政综合执法大队	131121001
131121000002	枣强县新能源办公室	131121001
131121204013	枣强县林业督查站	131121001
131121204014	枣强县林果技术推广站	131121001
131121204015	枣强县林果病虫防治检疫站	131121001
131121204016	枣强县林业生产站	131121001
131121000020	枣强县农产品质量安全检验检测站	131121001
131121204017	枣强县马屯农林技术推广区域站	131121001

下属单位账号	下属单位名称	上级单位账号
131121204018	枣强县张秀屯农林技术推广区域站	131121001
131121204019	枣强县新屯镇农林技术推广站	131121001
131121204020	枣强县王均农林技术推广区域站	131121001
131121204021	枣强县大营镇农林技术推广站	131121001
131121204022	枣强县城关农林技术推广区域站	131121001
	单位个数	31

武邑县种植业

下属单位账号	下属单位名称	上级单位账号
131122103004	武邑县农牧局办公室	131122001
131122000001	武邑县农牧局生产股	131122001
131122000002	武邑县农牧局农经股	131122001
131122000003	武邑县农业技术推广中心	131122001
131122000004	武邑县城关农业技术推广区域站	131122001
131122102001	武邑县审坡镇农业技术推广区域站	131122001
131122103001	武邑县赵桥镇农业技术推广区域站	131122001
131122101001	武邑县清凉店镇农业技术推广区域站	131122001
131122000008	武邑县农业机械化技术推广中心	131122001
131122000009	武邑县城关农业机械化技术推广区域站	131122001
131122102003	武邑县审坡镇农业机械化技术推广区域站	131122001
131122103002	武邑县赵桥镇农业机械化技术推广区域站	131122001
131122101002	武邑县清凉店镇农业机械化技术推广区域站	131122001
131122000013	武邑县动物疫病预防控制中心	131122001
131122000014	武邑县动物卫生监督所	131122001
131122100001	武邑县畜牧兽医武邑镇区域站	131122001
131122101003	武邑县畜牧兽医清凉店镇区域站	131122001
131122102004	武邑县畜牧兽医审坡镇区域站	131122001
131122103003	武邑县畜牧兽医赵桥镇区域站	131122001
	单位个数	19

武强县种植业

下属单位账号	下属单位名称	上级单位账号
131123202003	武强县农林局	131123001
131123000002	武强县动物卫生监督所	131123001

下属单位账号	下属单位名称	上级单位账号
131123202004	武强县动物疫病控制中心	131123001
131123202005	孙庄乡动物防疫站	131123001
131123202006	武强镇动物防疫站	131123001
131123202007	武强县农业及农机化推广区域站	131123001
131123202008	武强县孙庄农业及农机化推广区域站	131123001
131123202009	武强县信息中心	131123001
131123202010	武强县新能源办公室	131123001
131123202011	武强县执法大队	131123001
131123202012	武强县科教管理站	131123001
131123202013	武强县种子站	131123001
131123202014	武强县植保站	131123001
131123202015	武强县农机推广站	131123001
131123202016	武强县农业广播学校	131123001
131123202017	武强县农业技术推广站	131123001
131123202018	武强县五七农场	131123001
131123202019	武强县土肥站	131123001
131123202020	武强县农机培训班	131123001
131123202021	武强县农经站	131123001
131123202022	武强县原种厂	131123001
131123202023	武强县农机监理站	131123001
131123202024	武强县林业工作站	131123001
131123000025	武强县蔬菜管理局	131123001
单位个数		24

饶阳县种植业

下属单位账号	下属单位名称	上级单位账号
131124000020	饶阳县动物卫生监督所	131124001
131124000021	饶阳县动物疫病预防控制中心	131124001
131124000022	饶阳县畜禽屠宰管理办公室	131124001
131124100001	饶阳县饶阳镇动物防疫检疫站	131124001
131124102002	饶阳县五公镇动物防疫检疫站	131124001
131124101002	饶阳县尹村镇动物防疫检疫站	131124001
131124103001	饶阳县官厅动物防疫检疫站	131124001
131124202001	饶阳县留楚动物防疫检疫站	131124001

下属单位账号	下属单位名称	上级单位账号
131124203001	饶阳县里满动物防疫检疫站	131124001
131124200001	饶阳县同岳动物防疫检疫站	131124001
131124203002	饶阳县农林局	131124001
131124000002	饶阳县农业技术推广站	131124001
131124000003	饶阳县土壤肥料工作站	131124001
131124000004	饶阳县环保站	131124001
131124000005	饶阳县生产办公室	131124001
131124000006	饶阳县植物保护检疫站	131124001
131124000007	饶阳县蔬菜站	131124001
131124000008	饶阳县农业技术推广中心	131124001
131124000009	饶阳县新能源办公室	131124001
131124000010	饶阳县农经站	131124001
131124000011	饶阳县农广校	131124001
131124000012	饶阳县科教股	131124001
131124000013	饶阳县农机监理站	131124001
131124000014	饶阳县农机管理站	131124001
131124000015	饶阳县农业综合执法大队	131124001
131124000016	城关农业技术推广区域站	131124001
131124102001	五公农业技术推广区域站	131124001
131124101001	尹村农业技术推广区域站	131124001
单位个数	28	

安平县种植业

下属单位账号	下属单位名称	上级单位账号
131125204002	安平县农林局	131125001
131125000002	安平县农业综合执法大队	131125001
131125000003	安平县种子管理站	131125001
131125000004	安平县农业技术推广中心	131125001
131125000005	河北省农业广播电视学校安平分校	131125001
131125000006	安平县农产品质量安全检测中心	131125001
131125000007	安平县农业信息中心	131125001
131125000008	安平县新能源办公室	131125001
131125000009	安平县农经管理站	131125001
131125000010	安平县农机管理中心	131125001

下属单位账号	下属单位名称	上级单位账号
131125000011	安平县良种繁育场	131125001
131125204003	安平县畜牧技术推广站	131125001
131125204004	安平县动物疫病预防控制中心	131125001
131125204005	安平县动物卫生监督所	131125001
131125204006	安平县东黄城动物防疫站	131125001
131125204007	安平县大子文动物防疫站	131125001
131125204008	安平县大何庄动物防疫站	131125001
131125204009	安平县西两洼动物防疫站	131125001
131125204010	安平县种苗管理站	131125001
131125204011	安平县林业技术推广中心	131125001
131125204012	安平县造林股	131125001
131125204013	安平县林业项目办	131125001
131125204014	安平县林政资源管理股	131125001
131125204015	安平县林果病虫害防治检疫站	131125001
	单位个数	24

故城县种植业

下属单位账号	下属单位名称	上级单位账号
131126203002	河北省故城县农林局	131126001
131126000002	故城县技术站	131126001
131126000003	故城县土肥站	131126001
131126000004	故城县植保站	131126001
131126000005	故城县农经站	131126001
131126000006	故城县农广校	131126001
131126000007	故城县新能源	131126001
131126000008	故城县执法大队	131126001
131126000009	故城县种子农药综合管理站	131126001
131126000010	故城县质检站	131126001
131126000011	故城县粮油经作站	131126001
131126000012	故城县畜牧水产局	131126001
131126203003	故城县畜牧水产局畜牧技术推广站	131126001
131126203004	故城县畜牧水产局水产站	131126001
131126203005	故城县郑口镇畜牧站	131126001
131126203006	故城县武官寨镇畜牧站	131126001

下属单位账号	下属单位名称	上级单位账号
131126203007	故城县西半屯镇畜牧站	131126001
131126203008	故城县军屯镇畜牧站	131126001
131126203009	故城县建国镇畜牧站	131126001
131126203010	故城县三朗乡畜牧站	131126001
131126203011	故城县坊庄乡畜牧站	131126001
131126203012	故城县辛庄乡畜牧站	131126001
131126203013	故城县里老乡畜牧站	131126001
131126203014	故城县夏庄镇畜牧站	131126001
131126203015	故城县故城镇畜牧站	131126001
131126203016	故城县青罕镇畜牧站	131126001
131126203017	故城县饶阳店镇畜牧站	131126001
131126103002	故城县农业机械管理局	131126001
单位个数	28	

景县种植业

下属单位账号	下属单位名称	上级单位账号
131127000022	景县农业机械管理局	131127001
131127000023	景县农机技术推广服务中心	131127001
131127000024	景县农机监理站	131127001
131127105002	安陵农机技术推广区域站	131127001
131127107002	王千寺农机技术推广区域站	131127001
131127200002	刘集农机技术推广区域站	131127001
131127203002	温城农机技术推广区域站	131127001
131127101002	龙华农机技术推广区域站	131127001
131127109002	留智庙农机技术推广区域站	131127001
131127103002	王瞳农机技术推广区域站	131127001
131127202002	梁集农机技术推广区域站	131127001
131127203003	景县农林局（畜牧）	131127001
131127000019	景县动物卫生监督所	131127001
131127000020	景县畜牧站	131127001
131127000021	景县水产站	131127001
131127203004	河北省景县农林局（农业）机关	131127001
131127203005	景县农林局农业技术推广中心	131127001
131127203006	景县农林局农业技术推广中心区域站	131127001

下属单位账号	下属单位名称	上级单位账号
131127203007	景县农林局农业技术推广王瞳区域站	131127001
131127203008	景县农林局农业技术推广安陵区域站	131127001
131127203009	景县农林局农业技术推广温城区域站	131127001
131127203010	景县农林局农业技术推广刘集区域站	131127001
131127203011	景县农林局农业技术推广梁集区域站	131127001
131127203012	景县农林局农业技术推广王千寺区域站	131127001
131127203013	景县农林局农业技术推广龙华区域站	131127001
131127203014	景县农林局农业技术推广留智庙区域站	131127001
131127203015	景县农林行政综合执法大队	131127001
	单位个数	27

阜城县种植业

下属单位账号	下属单位名称	上级单位账号
131128104002	阜城动物疫病预防控制中心	131128001
131128104003	阜城动物卫生监督所	131128001
131128104004	阜城县农林局	131128001
131128000002	阜城县种子管理站	131128001
131128104005	阜城县农业技术推广站	131128001
131128104006	阜城县植保站	131128001
131128000013	阜城县农民科技教育培训中心	131128001
131128000007	阜城县土壤肥料工作站	131128001
131128104007	阜城县蔬菜办	131128001
131128104008	阜城县农业综合执法大队	131128001
131128104009	阜城农业区划与能源办	131128001
131128104010	阜城农业环保站	131128001
131128104011	阜城农机监理站	131128001
131128104012	阜城农机技术推广站	131128001
131128104013	阜城农机管理站	131128001
131128104014	阜城农经管理站	131128001
131128104015	阜城镇农牧技术推广站	131128001
131128104016	古城镇农牧技术推广站	131128001
131128104017	崔庙镇农牧技术推广站	131128001
131128104018	码头镇农牧技术推广站	131128001
131128104019	阜城县原种场	131128001
	单位个数	21

冀州市种植业

下属单位账号	下属单位名称	上级单位账号
131181000001	冀州市农牧局	131181001
131181000002	冀州市农业技术推广站 （河北省农业广播电视学校冀州市分校）	131181001
131181000003	冀州市植保植检站	131181001
131181000004	冀州市土壤肥料工作站	131181001
131181000005	冀州市新能源办公室	131181001
131181000006	冀州市经济作物站（冀州市农业信息服务中心）	131181001
131181000007	冀州市农村经济经营管理站 （冀州市农村土地承包仲裁委员会办公室）	131181001
131181000008	河北省冀州市农业区划委员会办公室 （冀州市农业环境和农产品质量监督管理站）	131181001
131181000009	冀州市农业机械化管理站	131181001
131181000010	冀州市农机安全监理站	131181001
131181000011	冀州市农机化技术推广服务站 （河北省冀州市农业机械化技术学校）	131181001
131181000012	冀州市农业行政综合执法大队	131181001
131181000013	冀州市城关农业技术推广综合区域站	131181001
131181104001	冀州市周村农业技术推广综合区域站	131181001
131181203001	冀州市小寨农业技术推广综合区域站	131181001
131181105001	冀州市码头李农业技术推广综合区域站	131181001
131181102001	冀州市官道李农业技术推广综合区域站	131181001
131181000018	冀州市畜牧水产局	131181001
131181000019	冀州市水产工作站	131181001
131181000020	冀州市畜牧技术推广服务中心	131181001
131181104002	冀州市周村动物防疫站	131181001
131181203002	冀州市小寨动物防疫站	131181001
131181105002	冀州市码头李动物防疫站	131181001
131181102002	冀州市官道李动物防疫站	131181001
131181000025	冀州市市郊动物防疫站	131181001
131181000026	冀州市动物卫生监督所	131181001
131181000027	冀州市疫病预防与控制中心	131181001
131181203003	冀州市定点屠宰办公室	131181001
	单位个数	28

深州市种植业

下属单位账号	下属单位名称	上级单位账号
131182000019	深州市农机总站	131182001
131182000020	深州市农机化技术学校	131182001
131182000021	深州市农机监理站	131182001
131182000022	深州市农业机械化技术推广站	131182001
131182200002	深州市兵曹农机化技术推广区域站	131182001
131182102003	深州市辰时农机化技术推广区域站	131182001
131182108002	深州市护驾迟农机化技术推广区域站	131182001
131182101003	深州市深州镇农机化技术推广区域站	131182001
131182207003	深州市高古庄农机化技术推广区域站	131182001
131182107002	深州市王家井农机化技术推广区域站	131182001
131182104003	深州市魏桥农机化技术推广区域站	131182001
131182000030	深州市农机局机关	131182001
131182000001	深州市农业局	131182001
131182000002	深州市农业技术推广中心	131182001
131182101001	深州市农业技术推广深州镇区域站	131182001
131182107001	深州市农业技术推广王家井区域站	131182001
131182207001	深州市农业技术推广高古庄区域站	131182001
131182104001	深州市农业技术推广魏桥区域站	131182001
131182102001	深州市农业技术推广辰时区域站	131182001
131182108001	深州市农业技术推广护驾迟区域站	131182001
131182200001	深州市农业技术推广兵曹区域站	131182001
131182207004	深州市畜牧水产局	131182001
131182101002	深州镇动物防疫站	131182001
131182100001	唐奉镇动物防疫站	131182001
131182104002	位桥镇动物防疫站	131182001
131182207005	前么头动物防疫站	131182001
131182109001	大屯乡动物防疫站	131182001
131182103001	于科镇动物防疫站	131182001
131182102002	辰时镇动物防疫站	131182001
131182207006	深州猪场	131182001
	单位个数	30

衡水市农工委

下属单位账号	下属单位名称	上级单位账号
131100000030	中共衡水市委农村工作委员会 （衡水市农业委员会）	131100006
131100000031	安平县农工委	131100006
131100000032	阜城县农工委	131100006
131100000033	故城县农工委	131100006
131100000034	中共衡水市冀州区委农村工作委员会	131100006
131100000035	景县农工委	131100006
131100000036	饶阳县农工委	131100006
131100000037	深州市农工委	131100006
131100000038	衡水市桃城区农工委	131100006
131100000039	武强县农工委	131100006
131100000040	武邑县农工委	131100006
131100000041	中共枣强委农村工作委员会	131100006
	单位个数	12

河北省农垦系统

下属单位账号	下属单位名称	上级单位账号
130000000016	河北省柏各庄农场	130000004
130000000017	河北省芦台农场	130000004
130000000018	河北省汉沽农场	130000004
130000000019	国营中捷友谊农场	130000004
130000000020	河北省国营南大港农场	130000004
130000000021	河北省大曹庄农场	130000004
130000000022	河北省国营察北牧场	130000004
130000000023	河北省国营沽源牧场	130000004
130000000024	河北省国营御道口牧场	130000004
	单位个数	9

广西壮族自治区 450000

广西种植汇总 450000001

广西壮族自治区区本级 450010

南宁市农业委员会 450100001

柳州市农业 450200001

桂林市农业局 450300001

梧州市种植业 450400001

北海市农业局（汇总）450500001

防城港市种植业 450600001

钦州市农业 450700001

贵港市种植业 450800001

广西玉林市农业委员会 450900001

百色市种植业 451000001

贺州市农业 451100001

河池市种植业 451200001

来宾市种植业 451300001

崇左市种植业 451400001

广西农业机械化局 450000002

白色市农机化 451000002

北海市农机化 450500002

崇左市农机化 451400002

防城港市农机化 450600002

贵港市农机化 450800002

桂林市农机化 450300002

河池市农机化 451200002

贺州市农机化 451100002

来宾市农机化 451300002

柳州市农机化 450200002

钦州市农机局 450700002

梧州市农机化 450400002

玉林市农机化 450900002

广西水产畜牧兽医局 450000003

广西壮族自治区区本级畜牧兽医 450010003

广西壮族自治区其他地市畜牧兽医 450099003

柳州市畜牧兽医 450200003

桂林市水产畜牧兽医局 450300003

梧州市畜牧兽医 450400003

北海市畜牧兽医 450500003

防城港市畜牧兽医（水产畜牧兽医局）450600003

钦州市畜牧兽医 450700003

贵港市畜牧兽医 450800003

玉林市畜牧兽医 450900003

广西百色市水产畜牧兽医局 451000003

广西贺州市水产畜牧兽医局 451100003

河池市畜牧兽医 451200003

来宾市畜牧兽医 451300003

崇左市畜牧兽医 451400003

广西壮族自治区农垦 450000004